보육학개론

서영숙 서혜전 안소영 안지혜 남미선 공저

YANGSEOWON
양서원

머/리/말

보육학개론을 새로이 발간하며

보육학개론은 보육교사가 되고자 하는 사람들에게 보육에 관해 알고 이해해야 하는 기초적이고 기본적인 내용을 총괄하여 담아야 하므로 사실 매년 그리 많은 수정을 필요로 하는 교재는 아닐 것입니다. 아동발달의 원리나 보육교사의 역할과 윤리가 시대에 따라 급격하게 달라지는 것은 아니기 때문입니다. 그럼에도 불구하고 사회문화적 환경에 따라 영유아의 성장환경도 달라지고, 정책적 변화에 따라 보육교사의 법적 책임과 근무환경도 달라집니다. 그러므로 예비보육교사는 보육에 관한 기본적인 원리에 대해서 잘 알아야 할 뿐 아니라, 변화된 보육 관련 사회문화적 환경과 정책에 대해서도 제대로 알아야 합니다.

그러므로 저자들은 이런 보육학개론의 성격을 고려하여 보육 관련 기초적이고 기본적인 내용과 사회문화적, 정책적 변화를 동시에 담고자 노력하였습니다. 최근에 이루어진 일련의 보육 관련 변화 중에서도 영유아(권리) 존중 보육 강조와 이를 반영한 평가항목이 포함된 어린이집 평가제로의 전환, 놀이중심 2019 누리과정 개정과 이에 따른 표준보육과정 개편, 그리고 코로나19 사태로 인한 영유아 성장환경과 어린이집 보육환경의 엄청난 변화 등과 관련하여 보육교사가 알아야 할 내용을 반영하고자 하였습니다.

이제 보육은 급격한 세계화, 뇌과학과 과학기술의 발전, 그리고 코로나19 사태로 더욱 그 역할이 중요하게 되었고, 보육의 질을 좌우하는 보육교사의 우수성과 윤리적 사명감 또한 더욱 막중하게 되었습니다. 특히 코로나19 사태는 이를 더욱 실감하게 했습니다. 영유아가 밖에서 자유롭게 노는 것이 아니라 실내에 머무르도록 하고, 다른 사람과의 상호작용을 통해 사회성을 키워가는 것이 아니라 오히려 사람을 피하도록 권장되고, 마주친다 해도 마스크를 낀 사람을 보니 얼굴로 전하는 그 수많은 정보를 받을 수가 없습니다. 점차 건강하고 자유로운 놀이 환경이 줄어들고, 보호자의 근무 상황의 변화로 양육환경이 불안정하게 되니, 어린이집에서 종일 생활하는 영유아의 성장발달은 보육교사에 더욱 의존하게 되었기 때문입니다.

보육의 질을 높이는 것은 무엇보다 보육교사의 전문성과 헌신성일 것입니다. 보육에 대한 전문성을 갖춘 보육교사의 노력 없이는 보육의 질을 높일 수 없기 때문입니다. 그러므로 보육교사는 그 양성과정에서부터 보육의 본질과 영유아의 발달을 제대로 이해하고 개별적인 특성과 집단적인 상황에 따라 영유아의 자율성과 주도성을 보장하며, 놀이 중심의 보육을 실천할 수 있도록 철저히 준비되어야 합니다.

그런가 하면 보육교사는 부모나 지역사회와 협력하고 연계하는 것의 의미와 방법도 알아야 합니다. 보육교사가 부모와 협력적인 동반자 관계를 형성할 때 더욱 질 높은 보육을 할 수 있으며, 보육은 영유아가 성장하고 있는 지역사회의 자원을 활용하기도 하고 지역사회의 영유아 성장환경을 이끌어 가는 등 지역사회와도 밀접한 영향을 주고받기 때문입니다. 즉 보육교사는 이제 어린이집 안에서의 교사만이 아니라, 교실 안팎과 어린이집 울타리와 지역사회를 넘나드는 영유아 놀이의 지원자이자 부모, 지역사회와 함께 하는 영유아권리 옹호자의 역할도 해야 하는 것입니다.

이 책은 1996년 우리나라에서 보육학개론으로는 처음 발간된 서영숙 교수와 김경혜 박사의 맥을 이은 책입니다. 그동안 여러 번의 내용 개정과 필진을 변경하면서 스테디셀러이자 베스트셀러로 발전해 온 것에 대해 자부심과 책임감을 느끼며 독자 여러분과 양서원에 깊이 감사드립니다. 이제 다시 새 필진과 함께 내용을 보강하여 새롭게 발간하고자 합니다. 부디 이 책이 앞으로 막중한 역할과 사명을 감당할 예비보육교사 교육에 유용하게 사용되기를 간절히 바라며, 독자 여러분의 충고와 격려로 더욱 발전되기도 바랍니다. 감사합니다.

2020년 9월

저자 대표 **서 영 숙**

차 / 례

Chapter 07 보육과정의 구성과 내용

Chapter 08 보육과정의 운영

Chapter 09 영유아의 건강, 영양, 안전

Chapter 10 어린이집 환경

Chapter 11 어린이집 유형과 운영

Chapter 12 보육평가

Chapter

1

보육의 이해

보육의 이해

보육은 사회적 요구나 상황에 따라 그 기능과 역할, 필요성 등이 변화되어 왔다. 최근에는 보육이 여성의 경제활동 참여와 가족구조의 변화, 저출산과 같은 사회변화에 따라 정책적으로도 큰 관심을 받고 있다. 보육 발전을 위해 다양한 제도 개선에 대한 노력이 요구되는 이 시점에서 보육의 진정한 의미는 무엇인지, 보육이 왜 필요하고 중요한지에 대한 올바른 이해가 요구된다. 이에 본 장에서는 보육의 목적, 시간, 대상, 장소, 담당자 등 여러 면을 살펴 보육의 개념을 정리하고, 아동의 측면, 부모 · 가족의 측면, 사회적 측면 등 다양한 각도에서 보육의 중요성을 확인하며 보육의 방향을 알아보고자 한다.

1. 보육의 개념

1) 보육의 목적

보육의 개념은 '보육의 궁극적 목적은 무엇인가?'를 중심으로 살펴볼 수 있다. 초기에 보육은 영유아가 자기 집에서 양육받기 어려운 경우 하루 중 일정한 시간 동안 영유아를 보호하는 서비스의 하나로 정의되었다. 그러나 영유아 시기의 중요성이 강조되고 아동권리에 대한 국제적 관심이 증대됨에 따라 보육이란 단순히 부모를 대신하여 영유아를 보호하는 차원의 서비스가 아니라 그들이 건강하고 행복하고 유능하게 발달할 수 있도록 지원하는 종합적인 서비스로 인식되고 있다. 이런 점에서 보육은 보호와 교육이 따로 분리될 수 없는 개념임을 강조하여 보호와 교육을 합한 'educare'라는 용어로 설명되기도 한다. 즉, 양질의 보육은 교육을 하는 것이고 양질의 교육은 보육을 하는 것(Drummond & Nutbrown, 1992)이라고 할 수 있다.

또한 보육은 영유아와 그 가족을 지원하는 서비스로서 「영유아보육법」에서도 보육의 목적을 "영유아의 심신을 보호하고 건전하게 교육하여 건강한 사회 구성원으로 육성함과 아울러 보호자의 경제적 · 사회적 활동이 원활하게 이루어지도록 함으로써 영유아 및 가정의 복지 증진에 이바지함을 목적으로 한다"(영유아보육법 제1조)라고 하여 영유아의 전인적 발달과 가정 복지 증진 모두를 언급하고 있다.

2) 보육시간

보육의 개념을 정리할 때 서비스 시간도 중요한 요인이 된다. 보육이 부모나 가정의 양육을 기반으로 하여 하루의 일정 시간동안 부모 이외의 사람으로부터 보호와 교육이 이루어지는 것이라고 할 때, 일정 시간이 어떠냐에 따라 보육서비스의 내용이 달라질 수 있으므로 보육시간은 보육 개념과도 직결된다.

어린이집의 운영시간과 보육시간은 다르다. 영유아보육법 시행규칙 제8조에서 어린이집은 주 6일 이상, 하루 12시간 이상 운영하도록 하고 있다. 다만, 보호자와 영유아에게 불편을 주지 않는 범위에서 보호자의 동의를 거쳐 운영시간을 변경할 수 있도록 되어 있다. 그리고 보육시간은 동법 제24조2(보육시간의 구분)에서 기본보육과 연장보육으로 구분하여 운영할 수 있도록 규정하고 있다. 이는 2019년 4월에 신설된 조항으로,

보육시간을 운영시간과 구분함으로써 보육교사의 과다한 근무시간과 영유아의 장시간 보육에 대한 비판이 어느 정도 수용되었다고 볼 수 있다. 기본보육시간은 오전 9시부터 오후 4시까지 하루 7시간으로 하며, 오전 9시 이전에는 담임교사들이 당번제 통합보육으로, 오후 4시 이후에는 연장 전담교사의 연장보육으로 이루어진다.

그런데 보호자의 근로시간이나 사회적 여건의 변화에 따라 보육서비스 시간이 다양해지고 있다. 시간제 일자리 및 비고정적인 일자리가 늘어남에 따라 고정적으로 종일 어린이집을 이용하는 것이 아니라 필요할 때마다 시간제로 보육서비스를 이용하는 가정도 많아지고 있다. 영유아보육법 제26조2(시간제보육서비스)는 무상보육이나 무상교육 지원을 받지 아니하는 영유아에 대하여 필요한 경우 시간제보육서비스를 지원할 수 있다고 규정하며, 어린이집이나 육아종합지원센터 등이 시간제보육서비스 제공 시설에 포함된다.

또한 부모나 가족의 근무조건이 2~3교대나 전일 근무 등인 경우 혹은 갑자기 야근을 하거나 출장을 가게 되면 야간 연장보육(19:30~24:00)이나 야간 12시간 보육(19:30~익일 07:30), 혹은 24시간 보육서비스를 필요로 한다(보건복지부, 2020). 일요일과 공휴일에 근무하는 보호자를 위해서는 휴일보육서비스도 제공된다. 부모의 입원이나 장기 출장처럼 상당 기간 동안 가정을 비우는 직업 등의 경우에는 일시적이지만 하루의 일정 시간이 아니라 일정 기간 종일 보육서비스를 필요로 하기도 한다. 이 경우 세끼 식사를 제공하고 세면과 목욕이 가능하며 편안하게 잠을 잘 수 있는 환경을 마련하고 응급상황 발생 시 대처할 수 있는 시스템 등이 확립되어야 한다.

이처럼 보육시간은 사회 변화와 보호자의 여건에 따라 다양하고 그에 따라 서비스의 내용도 조금씩 달라질 수 있다. 특히 보육시간에 따라 공적 보육비용 지출에 차이가 발생하므로 보육시간은 보육정책 수립의 중요한 기본 요인이 된다.

3) 보육대상

과거에는 가정 형편이 어렵거나 보호자의 사정으로 인하여 보호하기 어려운 영유아를 대상으로 하였다면 현재 보육은 모든 영유아를 대상으로 하는 보편적 서비스가 되었다. 보육은 주로 영유아를 대상으로 하고 있는데, 「영유아보육법」 제2조(정의)에서는 '영유아'를 6세 미만의 취학 전 아동으로 정의하고 있다.

그런데 보육이 보호자가 아닌 다른 사람이 돌보는 것을 의미한다면 취학아동을 대상으로 하는 모든 방과 후 서비스도 보육의 성격을 지닌다. 방과 전 · 후와 방학 중에 돌봐줄 보호자가 없는 취학아동의 경우 집처럼 편안한 분위기에서 안전하게 보호받고 또래와 어울리며 다양한 교육 경험을 제공받을 수 있는 지원을 필요로 하기 때문이다.

그러므로 필요한 경우 어린이집이 12세까지 보육할 수 있다는 규정을 두어 어린이집에서도 취학아동의 방과후 보육을 실시하였다. 그리하여 영아보육, 장애아보육과 더불어 방과후 보육이 취약보육의 한 형태가 되어 보육교사 재교육 과목으로 지금까지 운영되어 왔다. 그러나 이제는 영아보육, 장애아보육, 다문화아동보육 등을 취약보육의 하나로 하여 우선 실시하도록 영유아보육 제26조(취약보육의 우선 실시 등)에서 규정하고 있다. 그리하여 이제 방과후 보육은 초등학교 방과후 교실이나 지역아동센터, 청소년 방과후 아카데미, 또는 건강가정지원센터 등에서 제공하고 있다.

4) 보육장소

보육은 영유아 자신의 집이나 보육자의 집에서 이루어지기도 하고 가정이 아닌 기관에서 이루어지기도 한다. 자기 집 보육은 영유아가 자신의 집에서 가족 구성원이 아닌 다른 사람으로부터 보육서비스를 받는 것을 말한다. 양유아는 보육장소가 자신의 집이기 때문에 편안하고 익숙한 환경에서 정서적으로 안정감을 느낄 수 있다. 보육자의 집에서 이루어지는 가정보육은 영유아가 보육자의 가정으로 가서 보육이 이루어지는 것으로서, 가정적인 분위기에서 편안함을 느끼고 비슷한 또래와의 상호작용 기회도 갖게 된다. 기관 보육은 가장 일반적인 보육 형태로 영유아를 위해 준비된 기관에서 보육을 제공하는 것이다. 운영시간이 일정하고 보다 체계적이고 풍부한 교육 경험을 제공할 수 있다는 잠정이 있다.

이처럼 보육은 보호자의 위탁을 받아 영유아를 보육하는 기관인 어린이집(영유아보육법 제2조)뿐 아니라 영유아의 가정에서 이루어지기도 하고 어린이집이 아닌 다른 시설에서도 이루어질 수 있다. 가령 육아종합지원센터에서는 시간제 보육서비스를 제공하기도 하고, 놀이공간을 제공하거나 놀이 프로그램을 운영하면서 가정양육을 지원하고 있다. 또한 부모들이 모여 육아경험과 정보를 공유하며 소통하고 자녀들이 또래와 함께 장난감과 도서를 이용하며 놀이하는 공간인 공동육아나눔터도 늘어나고 있다. 그러므로 보육장소가 어디인가 하는 것은 다양한 해석이 가능하다.

그러나 어떤 장소에서 보육이 이루어지던 이를 제대로 수행하기 위해서는 영유아를 보육하기 위한 기본적인 설비나 재료 등이 갖추어져야 하므로 어디를 보육장소로 볼 것인가 하는 것도 보육 개념을 정리하고 정책을 수립하는 데 주요 요인이 된다.

5) 보육전문가

보육이 보호자가 아닌 다른 사람으로부터 보호와 교육을 받는 것이라고 할 때, 누가 영유아를 돌보는가 하는 것은 중요한 점이다. 단순히 친인척이나 형제자매, 이웃사람 등 보육에 대한 전문적인 교육을 받지 않고 영유아를 보호자 대신 돌보는 경우가 있다. 베이비시터가 돌보는 경우도 있고, 건강가정지원센터에서는 가족돌봄 나눔사업의 일환으로 부모의 맞벌이 등으로 양육 공백이 발생하여 아동을 돌보는 사람을 필요로 하는 가정에 아이돌보미를 파견하기도 한다.

그런데 보육사업에서 말하는 보육이란 보육에 대한 전문적인 교육을 받고 실습을 거쳐 국가에서 발행한 보육교사 자격증을 가진 전문가가 담당하는 영역이다. 즉 보육은 영유아의 발달 특성과 가정환경 등을 이해하고 영유아의 성장과 발달을 지원하며 부모 및 지역사회와 교류할 수 있는 지식과 기술, 직업의식을 가진 보육전문가가 보호자 대신 영유아를 보호하고 교육하는 것이다. 영유아보육법 제2조(정의)에서는 보육전문가에 해당하는 보육교직원이 하는 역할을 '어린이집 영유아의 보육, 건강관리 및 보호자와의 상담, 그 밖에 어린이집의 관리 · 운영업무를 담당하는 자'로 정의하였다.

이상과 같이 볼 때, 보육이란 하루의 일정 시간 동안 보육전문가가 아동의 건강과 행복, 전인적 발달이 이루어지도록 보호하고 교육함으로써 아동과 그 가족을 지원하는 공적 서비스를 말하는 것으로서 영유아를 주된 대상으로 하나 취학아동도 그 대상이 될 수 있다. 「영유아보육법」에 비추어 이를 다시 정리하면, 보육은 어린이집에서 보육교직원들이 영유아를 건강하고 안전하게 보호 · 양육하고 영유아의 발달 특성에 맞는 교육을 제공하여 영유아의 안녕과 행복을 지켜주고 건강한 사회 구성원으로 육성하며 가정에서의 양육이 잘 이루어지도록 지원함으로써 가정복지 증진에도 기여함을 목적으로 하는 공공서비스라고 할 수 있다.

2. 보육의 중요성

1) 영유아·아동권리 측면에서 본 보육의 중요성

영유아는 자신 또는 보호자의 성, 연령, 종교, 사회적 신분, 재산, 장애, 인종 및 출생지역 등에 따른 어떠한 차별도 받지 않고 건강하고 안전하게 성장할 권리가 있으며, 교육과 참여의 기회를 통해 자신의 잠재력을 최대한 발휘하며 행복하게 성장할 권리가 있다. 1989년 유엔총회에서 채택된 「아동권리협약(Convention on the Rights of the Child: CRC)」에는 아동을 단순한 보호의 대상이 아닌 존엄성과 권리를 지닌 주체로 보고 이들의 생존, 보호, 발달, 참여에 대한 기본 권리를 명시하고 있다.

생존권은 적절한 생활수준을 누릴 권리, 안전한 주거지에서 살아갈 권리, 충분한 영양을 섭취하고 기본적인 보건서비스를 받을 권리 등 기본적인 삶을 누리는 데 필요한 권리이다. 보호권은 모든 형태의 학대와 방임, 차별, 폭력, 고문, 징집, 부당한 형사처벌, 과도한 노동, 약물과 성폭력 등 어린이에게 유해한 것으로부터 보호받을 권리이다. 발달권은 교육받을 권리, 여가를 즐길 권리, 문화생활을 하고 정보를 얻을 권리, 생각과 양심과 종교의 자유를 누릴 수 있는 권리 등 잠재능력을 최대한 발휘하는 데 필요한 권리이다. 참여권은 표현의 자유, 양심과 종교의 자유, 평화로운 방법으로 모임을 자유롭게 열 수 있는 권리, 사생활을 보호받을 권리, 유익한 정보를 얻을 권리 등 자신의 생활에 영향을 주는 일에 대해 의견을 말하고 존중받을 권리이다.

그런가 하면 영유아기는 신체 · 정서 · 사회 · 인지 · 언어발달의 기초를 이루며, 성장 속도가 가장 빠른 중요한 시기로서 이 시기 경험의 질은 이후 성장과 발달에 큰 영향을 미친다. 따라서 영유아는 쾌적한 환경에서 안전하게 보호받으며 잠재력을 최대한 발휘할 수 있도록 지원받아야 한다. 그러나 가족의 구조와 여건의 변화로 이제는 가족이 아동양육을 전적으로 책임지고 감당하기에는 어려움이 있다. 그러므로 보육은 부모가 양육을 담당하지 못하는 가정의 영유아에게 건강하고 유능하고 행복하게 성장할 수 있도록 지원하는 공공서비스로서의 중요성을 지니게 되었다. 아동권리협약 가입국으로서 영유아의 권리를 보호하고 보장하는 법적 조치의 하나가 어린이집을 통한 보육을 제공함으로써 아동의 성장을 지원하는 아동복지로서 보육의 중요성이 강조된 것이다(서영숙, 서혜정, 김진숙, 2010).

2) 부모·가족 측면에서 본 보육의 중요성

가족구조의 변화, 가족 유형의 다양화, 맞벌이가정의 증가 등과 같은 가정환경의 변화로 인해 자녀양육 기능을 보충해 주는 보육의 중요성이 더욱 강조된다.

핵가족이 증가하는 가족구조의 변화에 따라 적절한 양육모델을 제공받기 어렵고 부부가 전적으로 자녀양육을 책임지기도 어려운 상황이 되었다. 뿐만 아니라 직업이나 교육 등의 이유로 주말부부가족이나 기러기가족 등과 같은 분거가족의 수도 증가하고 있어 부모들의 자녀양육을 지원하고 그들의 역량을 강화하는 사회적 지원체계인 보육서비스의 중요성이 부각되고 있다.

또한 부부 및 미혼자녀로 구성된 가족뿐 아니라 한부모가족, 조손가족, 다문화가족 등 가족 유형이 다양해짐에 따라 보육의 중요성이 강조되고 있다. 한부모가족의 경우, 부 혹은 모가 경제활동과 가사노동을 병행해야 하기 때문에 자녀양육을 지원해 주는 양질의 보육서비스가 더욱 요구된다. 조손가족인 경우에는 조부모가 어린 손자녀를 돌보는 데 어려움이 있을 수 있고, 다문화가족인 경우에도 언어나 문화 차이로 인해 자녀양육에 어려움이 있을 수 있으므로 이에 대한 지원체계가 요구되고, 이에 따라 보육서비스의 중요성이 더욱 증가하고 있다.

마지막으로 맞벌이가정이 증가함에 따라 보육서비스에 대한 요구도 함께 증가하였다. 맞벌이가정의 증가는 여성의 교육수준이 향상되고 자아실현에 대한 욕구가 강해지며 여성 취업에 대한 사회적 인식이 변화됨에 따라서 기혼 여성의 경제활동 참여가 높아짐에 기인한다. 여성의 경제활동 참여는 가정경제에 대한 기여도를 높이고 기혼 여성도 자신의 능력을 개발하거나 다양한 취미생활을 통해 자아실현을 이루는 기회를 높였으나, 더불어 자녀양육에 대한 어려움 또한 증가시켰다. 이에 자녀양육의 기능을 보충해 줄 수 있는 보육의 중요성이 강조된다. 그런데 보육을 여성의 경제활동 참여, 즉 여성 노동력의 활용을 강조하는 관점에서만 그 중요성을 강조하면 아동을 부정적인 존재로, 보육을 필요악으로 여길 수 있음을 유의해야 한다. 보육은 단순히 보호가 아니라 교육의 특성을 가지고 있음을 함께 생각해야 한다.

3) 사회·국가 측면에서 본 보육의 중요성

우리나라에서 보육이 특히 정책적 관심을 받게 된 것은 출산율 저하에서 오는 위기감이 크게 작용하였다. 출산율 저하는 생산가능인구 감소, 국방인력 감소 등의 문제와 더불어 전체 인구에서 젊은 인구 비중이 줄어들면서 고령화 현상에 직접적인 원인을 제공한다는 점에서 큰 어려움을 야기한다. 낮은 출산율의 원인으로는 자녀양육에 대한 경제적 어려움, 자녀양육에서 오는 정신적 · 육체적 노동 증가에 대한 부담, 일 · 가정 양립의 어려움 등을 들 수 있다. 따라서 부부로 하여금 자녀를 가지도록 격려하고 여성이 자녀를 키우면서 일과 가정의 책임을 조화롭게 양립해 갈 수 있도록 다양한 지원정책이 요구된다. 이런 맥락에서 자녀양육을 지원하는 보육의 중요성과 효과에 대한 기대가 더욱 커지고 있다.

한편 복지국가 구현의 측면에서도 보육의 중요성이 대두되었다. 복지국가는 국민 전체의 복지 증진과 확보, 행복 추구, 그리고 인간다운 생활 유지에 대한 책임을 갖는다. 이런 차원에서 아동양육수당의 확대, 가족친화적인 노동정책, 육아휴직정책, 보육료 지원, 질 높은 보육서비스 제공 등과 같이 영유아의 인권을 존중하고 가족을 지원하며 사회를 유지시키는 보육정책은 국가적 차원의 정책으로서 기본이고 필수라고 할 수 있다.

참고문헌

보건복지부 (2020). 2020년도 보육사업안내.

서영숙, 서혜정, 김진숙(2010). **보육교사용 아동권리협약과 함께하는 아동청소년의 권리.** 보건복지부, 세이브더칠드런.

Drummond, M. J., & Nutbrown, C. (1992). Observing and assessing young children. In G. Pugh (Ed.), *Contemporary issues in the early years* (pp. 87–103). London: National Children's Bureau/Paul Chapman Publishing.

Chapter

2

보육의 역사제도적 배경

보육의 역사제도적 배경

영유아를 안전하고 건강하게 보호하며 그들의 발달적 특성에 따라 전인적으로 행복하게 성장 · 발달할 수 있도록 하는 것이 보육의 본질이라고 본다면, 영유아를 능동적 존재로 인정하고 존중하는 것, 통합적 발달에 초점을 두는 것, 발달수준에 적합해야 하는 것, 개인차를 존중해야 하는 것, 부모와 지역사회와 밀접히 연계하는 것 등이 보육의 근본원리로 볼 수 있다. 어린이집에서 영유아에게 행해지는 모든 것은 이런 보육의 근본원리에 근간을 두고 이루어진다. 보육환경, 보육과정, 교사와 영유아 간의 상호작용, 교수 · 학습 방법, 안전한 환경 등 모든 것은 영유아를 존중하고 발달적 통합을 꾀하고 발달수준에 맞게 제공되어야 한다.

1. 우리나라 보육철학과 역사

1) 우리나라 보육철학

철학의 사전적 의미는 '인간과 세계에 대한 근본원리와 삶의 본질 따위를 연구하는 학문'이다. 이것을 토대로 보육철학을 '보육에 대한 근본원리와 본질'이라고 정의한다면, 보육의 본질은 무엇인가?

영유아를 안전하고 건강하게 보호하며 그들의 발달적 특성에 따라 전인적으로 행복하게 성장 · 발달할 수 있도록 하는 것이 보육의 본질이라고 본다면, 영유아를 능동적 존재로 인정하고 존중하는 것, 통합적 발달에 초점을 두는 것, 발달수준에 적합해야 하는 것, 개인차를 존중해야 하는 것, 부모와 지역사회와 밀접히 연계하는 것 등이 보육의 근본원리로 볼 수 있다. 어린이집에서 영유아에게 행해지는 모든 것은 이런 보육의 근본원리에 근간을 두고 이루어진다. 보육환경, 보육과정, 교사와 영유아 간의 상호작용, 교수 · 학습 방법, 안전한 환경 등 모든 것은 영유아를 존중하고 발달적 통합을 꾀하고 발달수준에 맞게 제공되어야 한다.

그러나 삼국시대나 고려시대에도 위와 같은 보육철학을 갖고 있었을까? 여러 문헌(강문희 외, 2006; 이기숙 외, 2007; 노명희 외, 2006)을 보면 현대사회와 전통사회의 보육철학은 차이가 있음을 보여준다. 전통사회에서는 영유아를 무력하고 수동적이며 아직 미숙하고 어른의 능력을 따라가지 못하는 미성숙한 존재로 보았다면, 현대사회에서는 영유아를 주변의 환경과 스스로 상호작용하며 성인과는 다른 나름대로의 독특한 사고방법과 문제해결 능력을 가지고 방안을 탐색해 나가는 자발적이고 적극적인 존재로 보고 있다.

아동을 바라보는 관점은 그 사회를 지배했던 가치관, 사상과 종교와 밀접한 관련이 있다. 그리고 한 사회에서 아동을 어떤 관점에서 바라보느냐 하는 것은 그 사회의 교육, 보육, 양육방향과 방법에 영향을 미치게 된다. 즉, 아동은 어떤 존재인가에 대한 인식에 따라 아동에게 요구하는 것, 제공하는 것, 기대하는 것 등이 달라진다. 여기서는 고려시대 이전과 이후로 구분하여 당시의 지배적 가치와 종교, 아동관에 대해 살펴보고 보육과 양육의 원리와 철학은 어떠하였는지 간단히 서술하고자 한다.

(1) 고려시대 이전(무속사상, 불교)

고대사회에서는 생활과 생존을 위협하는 여러 자연현상으로부터의 안전이 가장 중요한 것이었기 때문에 가족과 아동의 안전을 기원하는 무속적 민간신앙이 주를 이루었다(김승환, 2007). 신에게 모든 것을 맡기고 의지하고자 했던 무속적 신앙은 아동의 보육과 양육에 있어서도 그 기반이 되어 의도적 측면보다는 자연적 성장에 맡겨져 생활이 바로 교육의 과정이었다.

삼국시대에는 학교교육에 큰 영향을 준 사상은 유교였으나 통치이념에 강력한 영향을 준 것은 불교였다. 불교사상이 지배적이던 사회에서의 아동관은 우선 아동의 마음속에는 불성이 있으며, 여래와 같은 순수성을 갖고 있다고 보았다. 아동을 미숙하거나 어린 존재로 보는 것이 아니라 세속에 물들지 않고 순수한 마음을 갖고 있으며 본래 부처의 성품인 불성을 지니고 있어 성인과 마찬가지로 깨달음을 얻을 수 있다고 보았다. 따라서 불교적 사회에서의 아동보육의 궁극적 목적은 순수성을 바탕으로 깨달음을 통해 부처의 인격을 닮아 지혜와 자비를 갖춘 바른 인간으로 성장하도록 돕도록 하는 데 있었다(황옥자, 2007). 불교에서는 누구나 깨달음을 할 수 있는 가능성 있는 존재이며 그 깨달음을 통해 부처가 될 수 있다고 보기 때문에 불교사상이 지배적이던 사회에서는 깨달음이 아동보육과 양육의 주요 목표이다. 그러나 깨달음은 부모의 가르침이나 훈련을 통해 이루어질 수 없고 자신 내면의 순수한 본성을 이해하고 지키며 살아가는 스스로의 노력으로 이루어질 수 있다고 보았다. 이는 불교사상이 아동을 한 인간으로서 주체적 인격을 가진 존재로 인정하고 있음을 보여준다.

(2) 고려시대 이후(유교, 실학사상, 동학사상)

고려시대에는 불교뿐만 아니라 유교, 도교, 무속신앙 등 여러 종교가 함께 어우러져 발달하였고, 조선시대에 들어오면서 '억불숭유정책'에 의해 불교가 박해받고 유교가 생활지표가 되었다. 삼국시대에 도입된 유학은 조선에 이르러 불교적 세계관을 전면적으로 배제하고 유교의 성리학적 세계관이 지배적 세계관이 되었다(조기제, 2011).

유교의 성리학에서는 천지의 리(理)가 인간에게도 내재하고 있고 그런 리(理)에 충실하는 것, 인간 본성에 충실하는 것을 삶의 목표로 보고 있다(신양재, 권은주, 2004). 따라서 아동들도 가장 기본적인 삼강오륜 효제충신의 덕목을 실천하도록 요구되었다. 아동은 미성숙한 자로서 보호대상으로 보고 있었으나 이런 덕목을 실천하고 학습해야 함이 강조되었다. 특히 조선시대에는 가문 중심 문화가 강했기 때문에 아동들의 개별적이고 자유로운 의지보다는 윗사람을 공경하고 복종하며 순종적인 인간, 전체에 순응하는 인간으로 육성하는 것에 초점을 두었음을 알 수 있다. 이와 함께 유교적 사회에서는 아동을 양육하고 보육하는 데 있어 습관교육, 예의교육, 교육환경, 태교 등이 강조되었다.

조선 후기에는 기존의 성리학과 모순된 봉건사회의 구조 타파를 역설하면서 실학사상이 대두되었고(노명희 외, 2006), 실학의 인간평등사상으로 아동을 사회 구성원으로 인식하였다. 실학사상에서는 아동의 자연성 및 감성, 자발적 능력을 인정하고 그에 따른 무한한 가능성을 권장하는 등 자율적 존재로서의 아동관을 가지고 있었다. 실학사상에서는 사물에 대한 일관성 있는 이해, 이치에 맞는 합리적 사고를 가르치는 데 초점을 두고 있다. 아동교육에 있어서도 아동 자신의 경험과 일관성 있는 개념 이해, 그리고 감각적 · 자연적 · 객관적 · 귀납적 사고를 일깨워 주는 것을 중요하게 여겼다(정희숙, 1997). 그러나 실학사상에 기반을 둔 아동교육에 대한 정밀한 이론체계가 세워지지 않았기 때문에 실제 적용하는 데 있어 여러 한계점이 있었다.

이후 조선 말 개화기에 봉건체제의 청산을 요구하면서 일어난 동학혁명의 사상적 기반은 동학사상이었다. 성선설을 강조하는 동학에서는 인간이 깨끗하고 선한 성품으로 태어나고 가장 선한 본성을 지닌 아동을 이상적인 존재로 인식하였다. 그리고 만민평등사상을 기반으로 하고 있어 모든 아동은 존중받으며 양육되어야 한다고 보았다. 이런 동학사상의 아동관은 소파 방정환의 아동 중심 사상으로 발전하였다.

(3) 근현대사회(기독교와 민주주의 사상)

근현대 보육의 근본원리는 민주주의 사상의 팽창, 기독교 사상의 전파, 진보주의 교육사상 도입 등이 토대가 되었다. 민주주의 사상의 팽창으로 개인의 독특한 개성을 인정하며, 개인이 가지고 있는 잠재능력과 가능성을 최대한으로 이용하고 개발하는 것에 매우 큰 가치를 두게 되었다(강문희 외, 2006). 또한 신 앞에 평등한 인간관과 내세관이 중심이 되는 기독교의 전파는 당시 지배적이던 유교적 전통에 의한 권위주의를 타파하고 평등의식을 가지게 하는 중요한 역할을 하였다(서영숙 외, 2013). 더욱이 우리나라에 기독교를 전파한 외국선교사들은 진보주의 교육이념과 듀이의 교육철학사상에 바탕을 둔 교육을 받은 사람으로서 기독교 전파와 함께 그들의 진보주의 교육사상을 전하였다(나성식, 2005). 민주주의 사상, 기독교 정신, 듀이의 교육사상 등은 아동을 바라보는 관점을 변화시키는 데 크게 기여하였다. 또한 과학기술의 발달로 영유아의 생각과 심리를 이해하는 이론들도 발달하면서 '영유아는 성인의 축소물이 아니고 스스로의 방법으로 사고할 수 있는 인격적 존재'라는 이전과는 새로운 시각의 아동관으로 변하게 되었다.

2) 우리나라 보육의 역사

우리나라 보육은 1991년 영유아보육법 제정으로 보육 기반이 마련되었으며, 2004년 영유아보육법 전문 개정으로 새로운 전환점을 맞고 양적 성장을 이루게 된다. 이후 정부는 '보육은 미래를 위한 투자'라는 정책 기조에 따라 '중장기 보육계획'을 수립하여 시행함으로써 국가가 책임지는 보육지원의 틀을 단계적으로 확립하게 된다. 그것이 2006년부터 2010년까지 시행된 '제1차 중장기 보육계획(새싹 플랜)'이며, 이를 수정 · 보완한 '아이사랑 플랜(2009~2012)', 제2차 중장기 보육계획(2013~2017)를 시행 완료하였으며, 제3차 중장기 보육계획이 2018년 수립되어 2022년까지 수행된다. 여기서는 우리나라 보육의 역사를 영유아보육법이 제정된 1991년 이전, 1991~2004년까지, 2004년 영유아보육법 전문 개정 이후부터 새싹 플랜과 아이사랑 플랜 시행 완료기였던 2012년까지, 제2차 중장기 보육계획 시행 시기, 제3차 중장기 보육계획 시행시기로 나눠 주요 요점과 변화를 살펴보고자 한다.

(1) 영유아보육법 제정(1991년) 이전: 구빈적·직장여성 지원을 위한 탁아사업

우리나라의 보육사업은 1921년 태화기독교사회관의 탁아프로그램에서 빈민아동을 위한 구빈사업의 일환으로 시작되었다. 이후 1926년 부산공생탁아소와 대구탁아소의 2개 시설이 설치된 것을 계기로 1939년에는 전국에 11개소의 공 · 사립 교육시설에서 435명의 어린이가 보육받은 것으로 기록되어 있다(보건복지부, 2013). 이후 1950년 6 · 25 전쟁을 전후하여 전쟁고아나 기 · 미아 등 요보호아동에 대한 여러 수용보호시설이 주로 외국의 원조에 의하여 몇몇 곳에 설치되었으며, 이는 임시구호적 성격을 강하게 띠고 있어 진정한 보육의 기능을 하지는 못하였다.

극빈자녀에 대한 임시구호적 성격으로 극히 일부에서 시행되던 탁아사업은 1961년 아동복리법이 제정 · 공포됨으로써 종래의 구빈사업적 성격을 벗어나 아동복리를 증진시키기 위한 사업으로 그 성격이 변화 · 발전하였다(서영숙 외, 2013). 이때의 아동복리법에는 보육시설의 설치기준, 직원 배치기준, 보육기간, 보호내용 등이 구체적으로 규정되어 있었으며, 1962년의 아동복리시설 기준령에는 아동복리 증진과 보장을 위한 내용이 명시되었다.

1950년대 후반에 경제개발정책에 따라 보육의 수요가 늘어나면서 시설이 부족하게 되자 1958년 정부는 미인가 보육시설의 임시조치령을 공포하였다. 이로 인해 시설 확대 및 시설의 질적 향상과 아울러 '탁아소'를 '어린이집'으로 그 명칭을 바꾸어 부르게 되었다.

이후 정부는 1982년 유아교육진흥법을 제정하여 기존의 어린이집(당시 보건사회부 관장),

새마을협동유아원(내무부 관장), 농번기 탁아소(농촌진흥청 관장) 및 보건소의 민간유아원을 '새마을유아원'으로 흡수 · 통합하여 운영하게 된다(서영숙 외, 2013). 이때 새마을유아원에 대한 지원체계를 분류하여 시설(설치 운영 및 행정지도 등)은 내무부가, 교육 · 탁아내용(종합계획 수립, 장학지도, 재정지원, 교사 양성, 교재 · 교구 개발 보급)은 교육부가, 아동에 대한 보건 · 의료지원은 보건사회부(현, 보건복지부)가 담당하기로 부처 간의 역할을 구분하였다.

이렇게 하여 우리나라에서 아동을 위한 프로그램을 운영하는 기관은 새마을유아원과 유치원으로 이원화되었다. 이 과정에서 서울시는 1989년 영세민의 생활안정을 돕기 위해 보육시설이 없는 저소득층 밀집지역 33개 지역을 선정하여 이들 지역에 88개 탁아소를 개설하였으며, 이후 점차 확대 설치하여 140개소를 운영하였다.

그러나 새마을유아원은 교육의 성격이 강하였고, 여성의 사회 참여 증가 및 가족구조의 핵가족화에 따라 급격히 증가한 보육수요를 한정된 새마을유아원이 충족시키기에 미흡하여, 취업여성의 자녀양육 문제가 큰 사회적 문제로 등장하게 되었다(서문희 외, 2009). 이에 따라 1987년 12월 노동부에서는 남녀고용평등법에 의한 직장탁아제도를 도입하였고, 1989년 9월부터는 보건복지부가 주관이 되어서 보육사업을 실시하였다. 1982년 유아교육진흥법이 제정되면서 삭제된 아동복지법의 탁아시설 설치 · 운영에 관한 근거 조항을 부활시켜 아동복지법에 의한 보육사업을 실시하게 되었다.

(2) 1991~2003년: 영유아보육법 제정으로 탁아에서 보육으로 발전

보육사업의 관장부서가 내무부, 노동부, 교육부, 보건복지부 등으로 다원화되면서 정부재정의 비효율적 투자는 물론 체계적이고 효율적인 영유아보육을 실시하는 데 어려움이 노출되었고, 별도의 입법과 주관부서의 일원화가 필요하다는 인식이 제기되었다. 이에 정부는 1991년 1월 보육사업을 위한 독립법 「영유아보육법」을 제정 · 공포하고 1991년 8월에 시행령 및 시행규칙을 제정 · 시행함으로써 보육사업 주관부처를 보건복지부로 일원화하고 종전의 단순 탁아사업에서 보호와 교육을 통합한 보육사업으로 확대 · 발전시키고자 하였다(서영숙 외, 2013).

영유아보육법과 시행령은 제정 이후 세 차례의 개정을 거쳤고, 시행규칙은 여러 차례 개정되었다. 동법은 무상보육의 근거를 마련했을 뿐 그 근본적인 취지나 방향에서는 별다른 변화를 보이지 않았고, 주로 시행령과 시행규칙 개정을 통하여 정책의 변화를 뒷받침해 왔다. 시행령 및 시행규칙의 개정 내용을 보면 보육시설의 양적 확충을 도모하기 위해 시설 설치 및 종사자의 자격기준을 완화시키는 데 개정의 방향이 맞추어져 있음을 알 수 있다. 더욱이 법 제정 당시(1991년 1월)에는 인가제(가정어린이집만 신고제)였으나, 1998년 7월부터는 신고제로 완화되었다(향후 2004년 1월에 다시 인가제로 강화). 이런 법 개정들은 보육시설의 양적 확충은 도모했으나 시설의 질적 수준이 보장되지 못하는 문제와 보육 공급구조를 민간 위주로 고착시키는 결과를 낳는 조치로 여러 비판을 받게 되었다.

(3) 2004~2012년: 영유아보육법 전면개정에서 새싹 플랜, 아이사랑 플랜 시행기까지

2000년대에 들어오면서 어린이집의 양적 확충보다는 질적 수준의 제고가 주요 관심사로 부각됨에 따라 보육서비스의 질적 수준을 제고할 수 있는 구체적인 방안들에 대한 논의가 활발하게 이루어졌는데, 이러한 결과로 2004년에 영유아보육법이 전문 개정되었다. 또한 정부조직법 개정으로 2004년 6월 12일부터 영유아보육 업무가 보건복지부에서 여성부(현, 여성가족부)로 이관되었다.

이 시기에는 저출산 · 고령화 사회문제와 맞물려 육아부담을 줄이고 출산율을 제고하기 위한 정부의 육아지원정책이 많이 시행되었다. 2004년 6월에는 제1차 육아지원정책의 '보육 및 유아교육지원의 공공성 확대(고령화 및 미래사회위원회)' 대책으로 육아부담을 소득에 따라 50% 경감, 1년간 육아휴직 포함, 평가인증제 도입, 보육국가자격제도 시행이 발표되었다. 또한 정부는 보육이 미래를 위한 투자라는 정책기조에 따라 중장기 보육계획인 새싹 플랜(2006~2010)과 아이사랑 플랜(제1차 계획 보완 · 수정 2009~2012)을 단계적으로 추진해 나갔다.

제1차 중장기 보육계획(보건복지부, 2006)인 새싹 플랜('06~'10)(보건복지부, 2013)에는 국 · 공립어린이집 시설을 2010까지 2배, 이용아동 30% 수준까지 확충, 기본 보조금 확대 지원, 차등보육료를 평균소득 130% 이하까지 확대하는 것으로 제시되어 있다. 비슷한 시기에 저출산고령사회위원회에서는 세계 최저의 저출산문제 해결을 위해 '새로마지 플랜 2010'을 발표하였다. 이는 국 · 공립어린이집 시설을 30% 확충, 영아기본보조금 도입, 차등보육료 확대, 만 5세 무상보육 확대, 아동수당 도입 검토 등이 명시되어 있다.

2008년 3월에는 보육업무가 여성가족부에서 보건복지부로 다시 이관되었다. 이는 양적으로 큰 성장을 이룬 보육의 질적 수준 향상, 수요자 중심 정책으로 전환을 목적으로 이루어졌다. 2009년에는 제1차 중장기 보육계획(새싹플랜 '06~'10)을 수정 · 보완하여 보육에 대한 국가책임 강화, 수요자 중심의 보육정책으로 개편하는 보완계획 수립 · 시행을 위한 '아이사랑 플랜'이 시행되었다. 이는 2012년 수행 완료되었는데, 어린이집 이용자에 대한 보육료 지원 확대, 시설 미이용 가구에 대한 양육수당 도입, 어린이집 평가인증 활성화, 보육전자바우처(아이사랑카드) 도입, 보육서비스 품질 제고(보육프로그램, 아동의 건강 · 영양 · 안전 등), 5세 누리과정 도입, 공공형 어린이집 사업 도입 등이 대표적으로 시행된 제도이다.

(4) 2013~2017년: 제2차 중장기 보육계획 시행기

그간의 보육정책의 성과와 한계를 되짚어보고 새 정부의 공약 및 국정 철학에 부합하는 중장기 보육계획 수립이 필요하다고 보고 2013년 '제2차 중장기 보육계획'을 발표하고 2017년까지 시행하였다. 2차 계획은 무상보육 도입과 함께 보육서비스의 질 강화에 중점을 두어 '아이는 행복하고 부모는 안심할 수 있는 세상'을 비전으로 설정하고, 공급자 중심 양적 확충보다는 수요자인 아동의 건전한 발달과 부모의 선택권을 높이는

촘촘한 맞춤형 지원에 역점을 두었다. 취약계층 중심의 보육 지원에서 무상보육으로 확대하여 어린이집 수와 시설 이용 영유아가 증가하였다(이미화 외, 2017).

2004년 영유아보육법 전면 개정 이후 2006년부터 2017년까지의 1, 2차 중장기보육계획의 비전, 전략, 추진과제를 제시하면 〈그림 2-1〉과 같다.

〈그림 2-1〉 **1, 2차 중장기 보육계획(2006~2017). 보건복지부**

(5) 2018년~현재: 제3차 중장기 보육계획 시행기

보건복지부(2017)는 2017년 12월 중앙보육정책위원회 심의를 거쳐「제3차 중장기 보육기본계획」을 발표하였다(〈그림 2-2〉 참조). 그간의 보육 기본계획이 보육서비스 공급 확충과 무상보육 확대에 초점이 맞춰졌다면, 제3차 계획은 보육의 공공성 강화와 보육서비스 품질 향상에 중점을 두고 수립되었다. 무상보육 도입, 여성의 경제활동 증가 등으로 어린이집 이용률이 증가하는 상황에서 부모들은 믿고 맡길 수 있는 어린이집에 대한 수요와 국·공립어린이집에 대한 수요가 높으며, 질적으로는 어린이집의 충분한 이용시간 보장과 양질의 보육서비스에 대한 요구가 높아지고 있는 상황이 반영되었다.

3차 중장기 보육 기본계획은 '영유아의 행복한 성장을 위해 함께 하는 사회'라는 비전을 설정하였으며, 국정과제인 '보육 · 양육에 대한 사회적 책임 강화'를 실현하기 위한 4개 분야 17개 과제로 구성됐다.

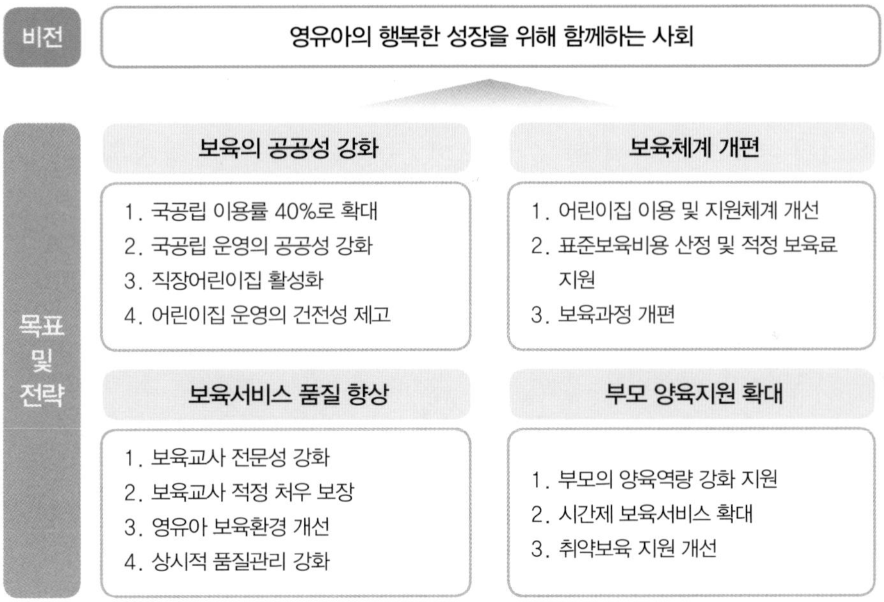

〈그림 2-2〉 3차 중장기 보육계획(2018~2022). 보건복지부

2. 우리나라 보육정책과 제도

보육정책은 보육제도와 서비스 등을 계획하고 총괄하는 활동을 의미하며, 이러한 정책적 활동들은 보육 관련법들을 근거로 한다. 「영유아보육법」을 비롯하여 여러 법이

보육과 관련된 정책과 활동을 규정하고 명시하고 있다. 보육행정은 보육정책과 관련 법들이 원활히 집행될 수 있도록 예산을 마련하고, 인력을 구성하고, 조직체계를 갖추는 것을 의미한다. 보육정책, 관련법, 행정은 유기적으로 서로 연결되어 함께 변화하고 발전해 간다.

1) 보육정책과 제도

우리나라의 보육정책은 보육인프라 공급, 비용 지원, 서비스 질 관리 및 제고, 맞춤형 보육지원 부문으로 나눠 볼 수 있으며, 중앙정부 또는 지방정부 주관으로 정책과 제도를 마련하여 시행하고 있다.

〈표 2-1〉 **보육정책 부문과 세부시행정책**

정책 부문	시행정책
보육인프라 공급	국 · 공립어린이집 확충, 농어촌 공동아이돌봄센터 확충, 공공형 어린이집 선정 및 지원, 직장어린이집 설치 · 운영, 육아종합지원센터 설치 · 운영
비용지원	0~5세 보육료 지원, 가정양육수당 지원
서비스 질 관리 및 제고	어린이집 평가제, 어린이집 정보공시제도, 어린이집 부모모니터링단 제도, 대체교사/교사 수당 지원, 표준보육과정(누리과정 포함) 운영 지원
맞춤형 보육지원	시간연장형 보육 지원, 시간제 보육, 장애아 보육 지원, 다문화가족 보육 지원, 아이돌봄서비스 지원

*육아정책연구소(2015). 2015 보육정책의 성과와 과제의 일부 내용을 참고로 정리한 것임.

또한 우리나라 보육정책을 제3차 중장기보육계획의 목표별 세부과제 기반으로 살펴보면 다음 〈표 2-2〉와 같다.

〈표 2-2〉 **제3차 중장기보육계획의 목표별 세부과제 기반으로 본 보육정책**

목표	세부 과제
1. 보육의 공공성 강화	• 국공립어린이집 이용률을 '17년 13%에서 '22년까지 40%로 확대 - 국 · 공립어린이집의 획기적인 확충을 위해 앞으로는 신축되는 500세대 이상 공동주택 관리동 어린이집과 공공임대 주택 단지 안에 원칙적으로 국공립어린이집을 설치토록 할 계획 - 기존 민간 어린이집의 국공립 장기임차 방식을 새로 도입하고, 매입 · 전환 활성을 위해 매입지원액을 올릴 계획('17년 기준 국비 2억 1,000만 원/개소) - 지방자치단체의 확충에 따른 재정부담 완화를 위해 신축 지원단가 등 지원기준도 지속적으로 개선할 계획 • 국 · 공립의 확충과 함께 국 · 공립어린이집 운영의 공공성이 보장될 수 있도록 사전 컨설팅, 현장평가 및 사후관리를 강화 - 시간연장, 장애통합보육 등 취약 보육서비스 제공도 확대 • 취업 부모 선호가 높은 직장어린이집의 설치도 확대하여 의무이행률을 90% 이상으로 높여갈 계획 - 이를 위해 설치의무 사업장*이 직장어린이집을 직접 설치 · 운영토록 위탁보육 인정을 최소화하고, 사업장 내 보육수요에 맞는 적정규모의 직장어린이집을 설치토록 최소 설치기준을 마련함
1. 보육의 공공성 강화	• 이와 함께 전반적인 어린이집 운영의 건전성을 제고하기 위하여 원장의 자격기준 요건을 강화하고, 유치원의 원감과 같은 중간 관리직 신설 등의 방안을 검토할 계획: 어린이집 원장은 2급 보육교사 취득 후 최소 6년(가정어린이집은 4년) 필요하다고 봄
2. 보육체계 개편	• 어린이집 이용욕구, 이용의사 등 부모의 보육 수요에 부응하고, 영유아 발달 등을 고려하여 충분한 시설 이용을 보장할 수 있도록 어린이집 보육지원체계를 개선한다. - 국가가 기본으로 보장하는 '표준보육시간' 제도를 도입하고, 부모 필요에 맞춰 어린이집 이용시간을 선택할 수 있도록 개선 • 아동의 어린이집 이용 보장과 적정한 발달을 지원할 수 있도록 적정한 보육료 지원 : 보육과정, 시설 규모 · 유형, 지역 등의 요건을 고려하여 표준보육비용 재계측 실시 및 추진 • 누리과정의 개편 및 0~2세 표준보육과정도 영아의 놀 권리 및 균형적 발달을 고려하여 개정 - 특별활동에 대한 부모부담 최소화를 위해 운영기준을 개선하고, 특별활동 공급기관 등록제 도입으로 부모의 알권리를 보장하고, 투명한 운영을 위한 기반 조성

목표	세부 과제
3. 보육서비스 품질 향상	• 보육교사와 유치원 교사와의 양성체계 및 자격체계 간 격차 해소를 위해 자격체계를 1 · 2급 중심으로 개편 - 유치원 교사와 같이 대학을 중심으로 한 신규 자격취득 과정을 활성화하고, 대학 외 보육교사 교육원, 학점은행제 방식의 양성과정을 정비해 나갈 계획 • 재직교사에 대한 보수교육도 관리를 강화하여 교사의 전문성이 지속적으로 유지 · 관리되는 체계를 만듦 - 각 시 · 도별로 위임된 보수교육의 체계적 관리를 위해 총괄관리기관을 두어 보수교육의 지역별 · 기관별 편차를 해소할 방침 • 보육교사가 영유아에게 집중할 수 있도록 보조교사('17년 1만 9000명) 및 대체교사('17년 2,000명)를 현장 수요를 고려하여 확대 - 보육체계 개편과 함께 보육교사의 적정 근로시간 보장과 초과근무 수당 지급을 보장하는 체계도 마련할 계획 • 영유아가 건강하게 발달할 수 있는 쾌적한 보육환경을 조성할 수 있도록 탄력보육을 필요 최소한으로 운영토록 하고, 어린이집의 영유아 반 구성 기준(교사 대 아동 비율) 개편방안 마련 • 전체 어린이집을 대상으로 하는 평가제를 의무화하여 어린이집 평가관리의 사각지대를 해소하고 평가수준별 사후관리로 어린이집의 보육서비스 제공 수준의 상향을 유도 • 영유아가 생활하는 공간으로서 건강과 안전에 대한 관리도 지속해서 강화 - 안전사고 예방과 대응체계 강화를 위해 찾아가는 이동안전 체험관과 안전컨설팅을 연 100개소 이상 실시 - 어린이집 식중독 예방, 통학차량 안전사고 방지 등을 위해 관계부처간 협조체제를 통한 정기적인 합동점검 지속 실시
4. 부모 양육지원 확대	• 육아관련 정보와 가정 내 양육을 지원하기 위한 서비스 확대 - 보육료 · 양육수당 신청 시 자녀양육 및 부모교육에 대한 정보 제공 안내를 확대하고, 교육 커리큘럼도 체계적으로 제공함 • 가정양육가구의 단시간 · 일시적 보육시설 이용을 지원하기 위한 시간제 보육반을 5년간 단계적으로 확대 - 가정양육 지원을 위해 육아종합지원센터를 '22년까지 거점형 · 이동형 등의 다양한 방식으로 전국 시 · 군 · 구 단위에서 서비스가 제공될 수 있도록 확대해 나감 • 장애아 · 다문화아동 등 부모가 양육과정에서 보다 취약할 수 있는 영역에 대한 지원 확대를 위해 취약보육 관련 실태조사('18년) 등을 거쳐 지원방안 검토

목표	세부 과제
실행기반 개편	• 보건복지부는 '제3차 기본계획'의 차질 없는 추진을 위해 관련 조직 및 전산시스템 등 실행기반도 함께 개편 • 어린이집 평가기관의 전문성 강화를 위해 민법상 재단인 '한국보육진흥원'의 법정기관 전환과 기능 강화를 추진하고 '안전공제회'는 안전사고 예방 · 관리기관으로 기능을 확대할 계획 • 세부 시행계획을 매년 수립하여 지속적 관리

*보건복지부 보도자료(2017.12.27.) 제3차 중장기보육 기본계획(2018-2022) 발표자료를 요약정리한 것임

2) 보육 관련 법

보육정책은 보육제도와 서비스 등을 계획하고 총괄하는 것으로, 보육 관련 법들을 근거로 한다. 우리나라 보육은 「영유아보육법」을 비롯하여 매우 다양한 법들이 보육과 관련된 다양한 정책과 서비스들을 규정하고 명시한다. 여기서는 보육과 관련된 국내법으로 영유아보육법, 유아교육법, 아동복지법, 근로기준법, 사회복지사업법 5개 법의 개요와 각 법이 보육과 어떤 관련성이 있는지 살펴본다.

(1) 영유아보육법

현재의 영유아보육법은 1991년 보육사업을 위한 독립법의 필요성에 의해 제정 · 공포된 이후 여러 번의 개정을 거쳐 왔다. 어린이집의 양적 확충보다는 질적 수준을 제고할 수 있는 구체적인 방안들의 법적 근거를 마련하기 위해 2004년에 영유아보육법이 전문 개정되었다. 2004년 1월 29일 전문 개정된 영유아보육법의 시행에 따라 보육서비스의 질적 수준 향상과 보육의 공공성 강화 등을 통해 보육사업이 획기적으로 발전할 수 있는 계기가 마련되었다. 개정된 영유아보육법은 그동안 논의된 개선방안을 대부분 수용하고 전반적으로 보육에 대한 국가와 사회의 책임을 강조하고, 보육의 기본방향으로 보육의 보편성, 아동의 보육받을 권리 및 보육에 대한 국가와 사회의 책임

을 분명하게 밝히고 있다. 또한 보육교사 자격관리 강화, 어린이집 평가인증에 대한 조항이 마련되어 보육서비스의 질적 수준을 관리할 수 있는 토대가 마련되었다.

그 이후에도 여러 번의 개정이 있었고, 현재 영유아보육법은 제9장 제56조로 구성되어 있고, 영유아의 심신을 보호하고 건전하게 교육하여 건강한 사회 구성원으로 육성함과 아울러 보호자의 경제적 · 사회적 활동이 원활하게 이루어지도록 함으로써 영유아 및 가정의 복지 증진에 이바지하는 것을 이 법의 목적으로 명시해 놓고 있다.

(2) 유아교육법

유아교육법은 교육기본법 제9조의 규정에 따라 유아교육에 관한 사항을 정할 목적으로 제정되었다. 유아교육법은 총 제5장 제35조로 구성되어 있다. 유아교육법은 유아를 교육대상으로 한다는 점에서 영유아보육법과는 밀접한 관계를 갖고 있고 상호 영향을 받는다.

(3) 아동복지법

영유아보육법이 1991년에 제정되기 이전에 보육에 대한 규정은 아동복지법하에서 이루어졌고 국가 보육사업이 실시된 것도 1961년 아동복리법이 제정 · 공포되면서부터이기 때문에 아동복지법은 영유아보육법의 모법이라고 할 수 있다. 그러나 아동복지법에 의한 탁아사업이 시설 설립주체의 제한으로 인한 보육사업 확대 곤란, 관장부처의 다원화로 인한 체계적 보육사업 추진의 문제점이 있어 1991년 영유아보육법이 제정되었고 보육은 아동복지법에서 별도로 분리되었다. 이로 인해 아동복지시설의 범주에 어린이집은 포함되지 않게 되었으나, 현 아동복지법이 전체 아동을 대상으로 하고 있어 기본적인 맥락은 같아야 한다.

특히 아동복지법과 영유아보육법 모두 보편적 관점의 목적을 제시하고 있고, 기본이념이 동일하다는 점에서 두 법은 밀접한 관련성을 갖고 있다.

(4) 근로기준법

근로기준법은 제12장 제116조로 이루어져 있으며, 헌법에 따라 근로조건의 기준을 정함으로써 근로자의 기본생활을 보장 · 향상시키며 균형 있는 국민경제의 발전을 꾀하는 것이 이 법의 목적이다.

보육교사는 교사임에도 법적 교원으로 되어 있지 않아 근로기준법에 의해 그 신분이 보장된다. 따라서 근로기준법은 어린이집에 근무하는 보육교직원의 근로조건의 기준, 기본생활 보장과 향상 등의 기준을 제시하고 있어 보육과 밀접한 관련이 있다.

특히 근로기준법 제65조(사용금지), 제70조(야간근로와 휴일근로의 제한), 제71조(시간 외 근로), 제73조(생리휴가), 제74조(임산부의 보호), 제74조의2(태아검진시간의 허용 등), 제75조(육아시간)의 조항은 임산부와 여성 근로자에 대한 조항들이어서 남자보다는 여성 근로자가 많은 어린이집의 근로규정의 토대가 된다.

또한 근로기준법 제6조의 균등한 처우, 제23조, 제26조, 제27조의 적법한 절차에 의한 해고 등이 규정되어 있어 보육교사의 기본적 신분에 대해 보장하고 있으나 이는 교원으로 구분되는 유치원 교사와는 차이를 보인다(서문희 외, 2009). 유치원 교사는 교원으로서의 전문성이 인정되어 전문성 존중이라는 규정이 명시되어 있으나 근로기준법에는 모든 근로자의 기준에 대한 것이어서 보육교사의 교사로서의 전문성에 대한 인정과 존중에 대한 규정은 없다.

(5) 사회복지사업법

사회복지사업법은 국민기초생활보장법, 아동복지법, 노인복지법, 장애인복지법 등 사회복지와 관련된 광범위한 사업들에 적용되는 법률로, 제2조 '사회복지사업'의 정의에 영유아보육법에 의한 사업을 포함하고 있으며, 제3조에서 다른 법률과의 관계를 명시하고 있어 영유아보육법에 별도의 규정이 없는 경우 영유아보육서비스가 사회복지사업법의 적용을 받도록 되어 있다. 그러나 영유아보육사업은 사회복지사업과 구별

되는 특성이 있기 때문에(서영숙 외, 2013; 서문희 외, 2009) 영유아보육법에 모두 명시하여 기타 사회복지사업과 구분해 줄 필요가 있다.

3) 보육행정

보육행정은 보육 관련 법들을 근거로 보육정책과 서비스가 계획되면 정책과 서비스가 원활히 실현될 수 있도록 예산을 마련하고 인력을 구성하고 조직체계를 갖추는 것을 말한다.

(1) 보육예산

2020년도의 총 보육예산(국비기준)은 5,872,783백만 원으로 전년 대비 3.2% 증가하였다(보건복지부, 2019). 부문별로는 영유아보육료 지원이 60.2%/3,416,288백만 원, 가정양육수당 15.2%/892,330백만 원으로 전체 예산의 75.4%를 차지한다. 보육예산은 매해 증가하였으나 2015년에 소폭 감소하였다가 2016년에 다시 증가하였다.

〈표 2-3〉 2020년 보육예산(국비기준) (단위 : 백만원)

구 분	'19예산		'20예산 (B)	증 감 (B-A)		비 고
	본예산	추경(A)			%	
합 계	5,669,714	5,689,214	5,872,783	183,569	3.2%	
□ 영유아보육료지원	3,416,288	3,416,288	3,432,821	16,533	0.5%	
• 영유아보육료 지원	3,405,282	3,405,282	3,416,221	10,939	0.3%	• 어린이집 이용 영유아 보육료 지원
• 시간제 보육지원	11,006	11,006	16,600	5,594	50.8%	• 시간제 보육 이용 영유아 보육료 지원

구 분	'19예산		'20예산 (B)	증 감 (B-A)		비 고
	본예산	추경(A)			%	
□ 어린이집 기능보강	79,367	98,867	85,359	25,492	△25.8%	
• 어린이집 기능보강	10,527	30,027	10,527	△19,500	△185%	• 어린이집 증개축, 개보수, 장비비 등 환경개선
• 어린이집 확충	68,840	68,840	74,832	5,992	8.7%	• 국·공립신축 102개소, 국·공립장기임차 123개소, 공동주택리모델링 225개소, 장애아전문 2개소, 기자재비 452개소
□ 어린이집 관리	33,297	33,297	42,512	9,215	27.7%	
• 보육사업관리	3,783	3,783	3,999	216	2.7%	• 보육사업 행정지원 및 홍보
• 육아종합지원센터 지원	11,789	11,789	16,459	4,670	39.6%	• 부모 및 영유아에게 종합적인 육아서비스 제공
• 어린이집 교원 양성 지원	2,826	2,826	2,474	△341	△12.1%	• 교직원 보수교육, 보육자격관리 관련 운영비 지원
• 보육진흥원 운영 지원	13,098	13,098	17,021	3,923	29.9%	• 효율적인 보육진흥체계 구축
• 부모 모니터링단 운영 지원	905	905	1,282	377	41.7%	• 어린이집의 급식, 위생, 건강 및 안전관리 분야 모니터링을 위한 모니터링단 운영

구 분	'19예산		'20예산 (B)	증 감 (B-A)		비 고
	본예산	추경(A)			%	
• 공익제보자 신고 포상금	165	165	165	-	0.0%	• 어린이집의 보조금 부정수급, 아동학대 등 위반행위 신고자 포상금 운영
• 어린이집 부정 이용 불편신고 및 현지 조사지원	731	731	1,112	381	52.1%	• 현지조사 12명, 부정수급 상담 10명 인건비 및 운영비 지원
□ 어린이집 지원	1,249,744	1,249,744	1,487,024	237,390	19.0%	
• 공공형 어린이집	62,915	62,915	62,955	40	0.1%	• 공공형 어린이집 운영비 지원, 사후품질관리
• 보육교직원 인건비 및 운영지원	1,186,829	1,186,829	1,424,069	237,340	20.0%	• 국·공립, 법인, 취약보육 담당 교직원 인건비 지원 • 보조교사, 대체교사 인건비 • 농어촌보육교사특별수당, 교사근무환경개선비 등
□ 가정양육수당 지원 사업	892,330	892,330	815,717	△76,613	△8.6%	• 취학 전 가정양육 영유아 양육수당 지원

출처: 보건복지부(2019). 보육통계 2019년 12월 말 기준.

(2) 보육조직: 보육서비스 전달체계

보육서비스 전달체계란 보육서비스를 어떻게 전달할 것인가와 관련된 것으로 보육서비스가 기획되어 최종적으로 보육수혜자인 영유아들에게 전달되기까지의 구조와 과정이라 할 수 있다. 수요자의 보육욕구에 대한 양질의 서비스가 이루어질 수 있도

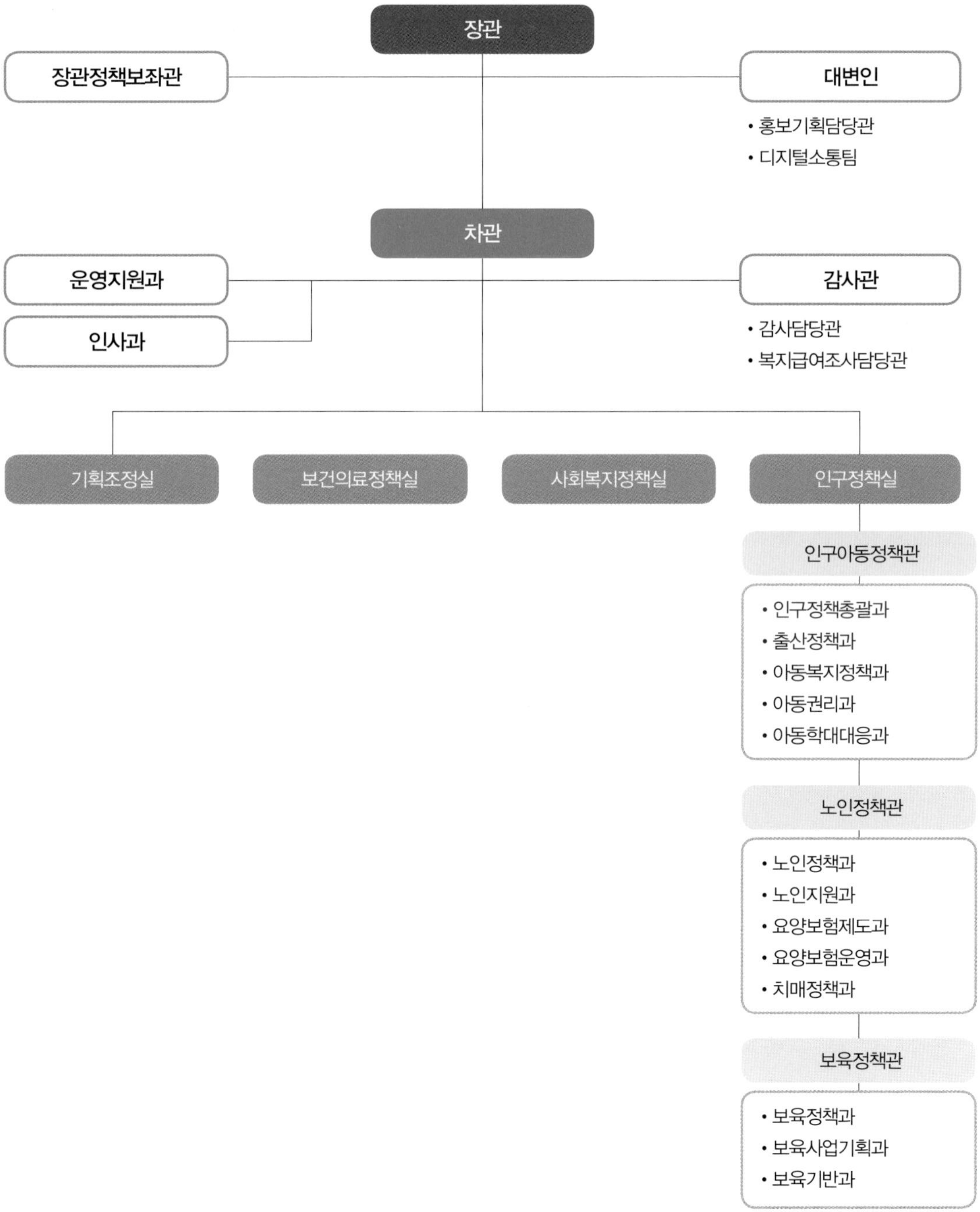

〈그림 2-3〉 **보육서비스 전달체계**

록 공급자와 수요자를 연결하는 조직과 인력, 재정 및 제도의 배열과 조정이라 할 수 있다.

우리나라 보육서비스 주관 부서는 보건복지부이다. 보건복지부의 4개 정책실(기획조정실, 보건의료정책실, 사회복지정책실, 인구정책실) 중에서 보육 관련 부서는 인구정책실이다. 이는 다시 인구아동정책관, 노인정책관, 보육정책관으로 분류되며 보육정책관 산하의 보육정책과, 보육사업기획과, 보육기반과에서 보육을 담당한다.

그리고 보육서비스는 시 · 도(서울특별시 · 광역시 · 도)의 보육담당 부서–시 · 군 · 구 단위의 보육담당 부서– 각 유형의 어린이집으로 전달되고 최종적으로 어린이집을 통해 영유아와 가족에게 서비스가 전달된다.

보육서비스 전달체계는 행정체계와 집행체계라는 두 개의 하위체계로 구성된다. 어린이집이라는 일정한 장소에서 영유아와 그 보호자와 대면하여 보육서비스를 직접 제공하는 집행체계와 그러한 집행체계를 지원하고 규제하며 감독하는 행정체계로 나눠질 수 있다.

4) 보육 관련 기관

(1) 육아종합지원센터

육아종합지원센터는 영유아보육법 제7조 및 시행령 제12조의 설치 근거를 토대로 보육 및 양육에 관한 정보의 수집 · 제공 및 보육교직원 · 부모상담 등을 제공하기 위하여 보건복지부장관과 지방자치단체의 장이 설치 · 운영하는 육아지원기관이다. 즉, 지역사회 내 육아지원을 위한 거점기관으로서 보육컨설팅, 교직원 상담 및 교육 등 어린이집 지원 기능과 부모상담 및 교육, 일시보육서비스 등 가정양육 지원 기능의 지역 내 육아지원서비스를 제공하며, 중앙육아종합지원센터, 시 · 도 단위 육아종합지원센터, 시 · 군 · 구 단위 육아종합지원센터가 있다. 보건복지부의 2019 보육통계에 따르면 2019년 12월 30일 기준으로 중앙육아종합지원센터 1개소, 시 · 도 육아종합지원센터 18개소, 시 · 군 · 구 육아종합지원센터 94개소로 총 113개 센터가 운영되고 있다. 중앙육아종합지원센터는 지역육아종합지원센터의 업무 전반에 대한 관리 · 지원 · 평가를 수행하고 그 밖의 정부의 보육사업 시행을 지원한다. 지역육아종합지원센터는 관할 지역의 어린이집과 보육 수요자에 대하여 지역 특성에 기초한 서비스를 제공한다.

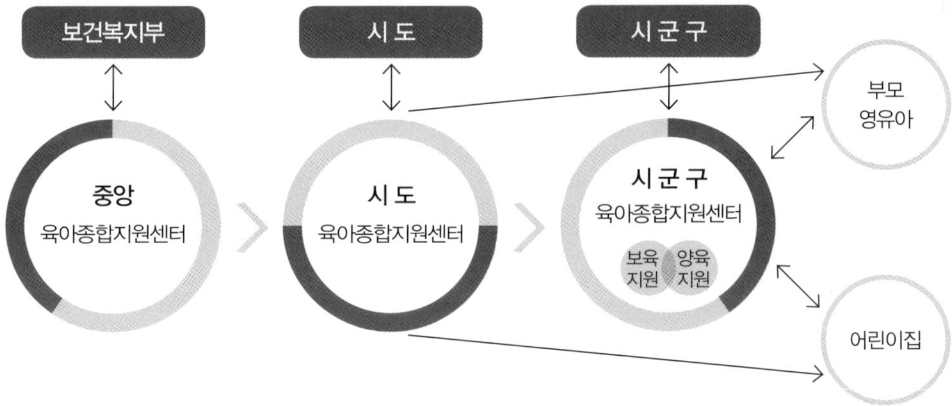

〈그림 2-4〉 **육아종합지원센터 전달체계**

(2) 육아정책연구소

육아정책연구소는 육아정책연구를 체계적이며 통합적으로 수행하고, 육아관련 정책 사업을 효율적으로 지원하기 위하여 설립된 국무조정실 산하 경제 · 인문사회연구회 소속 국가정책 연구기관이다.

2005년 9월 29일 경제인문사회연구회와 3개 기관(한국교육개발원, 한국보건사회연구원, 한국여성정책연구원) 간 육아정책개발센터 설치 · 운영을 위한 양해각서 체결로 설립된 기관으로 2009년 12월 28일에 육아정책연구소로 개칭되었다. 2005년 12월에 여성가족부로부터 위탁받은 어린이집 평가인증 업무와 2006년 12월에 위탁받은 보육교직원 자격관리가 육아정책개발센터의 주요 업무였으나 육아정책연구소로 개칭 후 어린이집 평가인증 사업과 어린이집 교직원 자격관리 업무가 2009년 12월로 종료되고 한국보육진흥원에서 그 실무업무를 맡게 되었다.

육아정책연구소의 현행 주요 기능은 육아 관련 현안 및 정책방안 연구, 육아지원프로그램 개발 및 교재 개발, 육아지원 인력의 자격제도의 관리 및 교육 훈련, 육아정책 관련 국내 · 외 정보의 공유 및 관리, 기타 육아정책 관련 주요 사항 연구 등이며, 육아정책연구를 수행하여 유아교육과 보육의 발전을 위한 합리적 정책방안을 제시하는 중심점 역할을 수행하고 있다.

(3) 한국보육진흥원

한국보육진흥원은 보육 관련 정책과 사업을 수행하기 위해 2010년 설립된 보건복지부 산하 공공기관으로 시작했으며, 2019년 영유아보육법에 따른 법정기관(2019.6.12)으로 출범하였다. 육아정책연구소의 전신인 육아정책개발센터의 주요 사업국인 평가인증국과 보육인력개발국이 중심이 되어 어린이집 평가사업, 보육교직원 자격 검정 및 자격증 교부 · 관리 · 교육사업을 중점적으로 수행하고 있으며, 중앙육아종합지원센터를 위탁하고 있어 보육정책의 전달체계로서의 위치도 갖추고 있다. 또한 국 · 공립 확충 지원, 공공형 품질관리 등의 공공사업도 수행하고 있다.

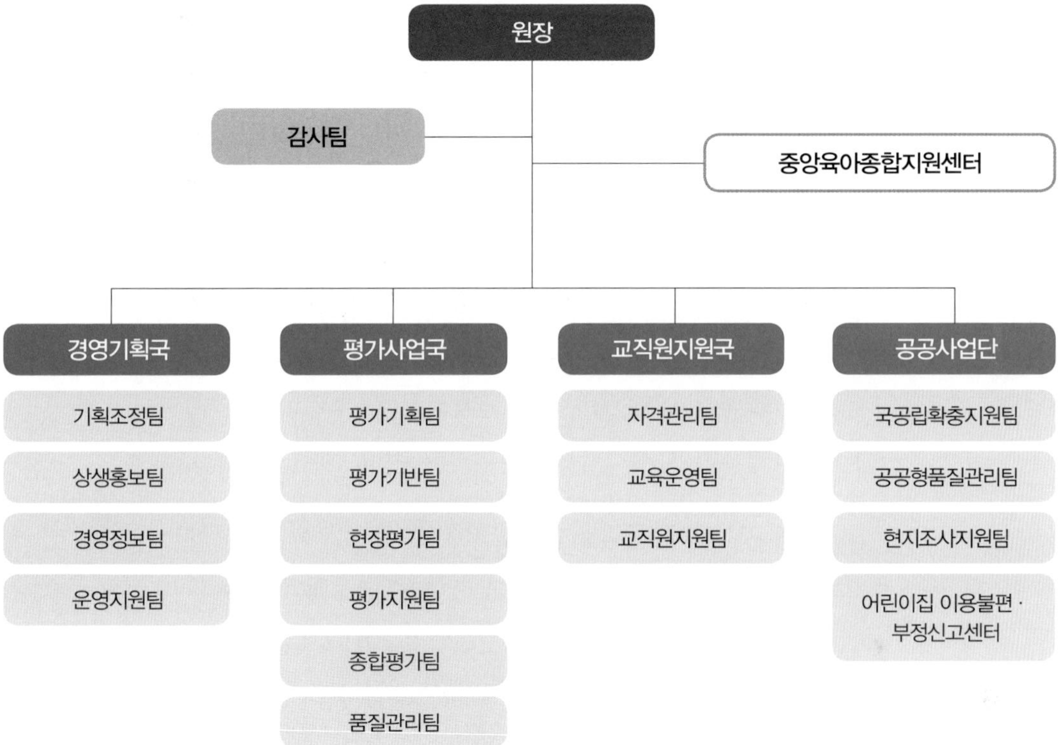

〈그림 2-5〉 **한국보육진흥원 조직체계**

참고문헌

강문희, 신현옥, 정옥환, 장정옥 (2006). **아동발달**. 경기: 교문사.

경제 · 인문사회연구회, 육아정책연구소 (2016). 정부 육아지원 정책 안내.

김승환 (2007). 불교경전에 나타난 아동교육론 연구. **교육논총**, 26(2), 301-326.

나성식 (2005). 존 듀이 교육론의 유아교육적 함의. **유아교육학논집**, 9(1), 103-128.

노명희, 윤은종, 안연경 (2006). **유아교육개론**. 서울: 동문사.

보건복지부 홈페이지 (www.mohw.go.kr) 2020.6.30. 인출.

보건복지부 (2006). 제1차 중장기 보육계획(2006-2010).

보건복지부 (2013). 제2차 중장기 보육계획(2013-2017).

보건복지부 (2017). 보건복지부 보도자료 2019.12.27. 일자.

보건복지부 (2019). 2019년 보육통계.

보건복지부 (2020). 2020 보육사업안내.

서문희, 안재진, 유희정, 이세원 (2009). **보육정책 개편방안연구**. 육아정책연구소 2008 수탁과제.

서영숙, 김경혜 (2006). **보육학개론**. 경기: 양서원.

서영숙, 서혜전, 김영명, 채혜선, 김진숙 (2013). **보육학개론**. 경기: 양서원.

서영숙, 서혜전, 정영희, 양영아, 안소영, 이종현, 남미선 (2012). **보육과정**. 경기: 공동체.

신양재, 권은주 (2004). 고려시대의 아동교육. **유아교육연구**, 24(1), 5-27.

육아정책연구소 홈페이지 (www.kicce.re.kr) 2020.6.30. 인출.

육아정책연구소 (2015). 2015 보육정책의 성과와 과제.

이기숙, 장영희, 정미라, 엄정애 (2007). **유아교육개론**. 경기: 양서원.

이미화, 이정원, 최윤경, 유해미, 강은진, 권미경, 도남희, 최효미, 김동훈, 임준범 (2017). 제 3차 중장기보육 기본계획(2018~2022) 수립방안 연구. 보건복지부, 육아정책연구소.

정희숙 (1997). 한국 실학사상에 나타난 아동교수론. **교육과학연구**, 26(1), 33-47.

조기제 (2011). 조선에서의 유교적 아동관과 아동도덕. **초등도덕교육**, 35, 359-388.

중앙육아종합지원센터 홈페이지 (central.childcare.go.kr) 2020.6.30. 인출.
한국보육진흥원 홈페이지 (www.kcpi.or.kr) 2020.6.30. 인출.
황옥자 (2007). **불교아동교육론.** 불교시대사.

Chapter

3

보육의 사회문화적 배경

보육의 사회문화적 배경

보육은 여러 사회문화적 배경에 영향을 받으며 발전한다. 본 장에서는 보육방향에 영향을 미칠 수 있는 오늘날의 주요 사회문화적 배경에 대해 알아보고 이 사회문화적 배경이 보육에 시사하는 바가 무엇인지를 중심으로 사회문화적 환경 변화에 따른 보육의 필요성과 중요성에 대해 다룬다.

1. 뇌에 대한 새로운 발견: 뇌과학의 발달

미래창조과학부(2016)는 2023년까지 뇌연구 신흥강국으로 도약할 준비를 하기 위해 '뇌과학 발전 전략'을 수립 발표하였다. 우리나라뿐 아니라 전 세계적으로 뇌연구는 인류가 해결해야 할 미래에 가장 기대되는 분야의 하나로 보고 있으며, 최근 미국 등 주요국가에서 뇌작동원리를 뇌회로 차원에서 정밀하고 통합적으로 이해하기 위한 뇌지도(brain map) 작성 프로젝트가 추진 중에 있다.

뇌과학(brain science)은 뇌의 신비를 밝혀내서 인간의 물리적 · 정신적 기능을 심층적으로 탐구하는 응용학문이다(조현준, 2017). 뇌의 신비를 밝히기 위해서 수학 · 물리학 ·

화학 · 생물학 등 기초과학 분야는 물론 공학 · 인지과학 등을 복합적으로 적용하여 뇌 정보처리 메커니즘의 이해를 바탕으로 모방과 응용을 통해 인간의 두뇌와 유사한 지능형 기계를 개발하는 것까지 포함한다. 건강한 뇌는 어떻게 정상적으로 작동하는지, 지적 능력이 어떻게 기대 이상의 통찰력을 만들어 내는지 등의 물음에 답을 구하려는 학문이다.

뇌과학의 발달은 우리에게 뇌에 대한 새로운 사실을 알려주기도 하고, 이전까지 알고 있는 뇌 관련 지식이 잘못된 것이라는 것도 발견하게 하였다. 무엇보다 뇌에 대한 진실이 밝혀지면서 뇌과학 지식을 의학, 경제경영, 법정치, 교육 등 여러 실용학문에 어떻게 융합시킬 것인가에 대한 노력이 이뤄지고 있다. 뇌과학은 뇌의 작용원리와 의식 현상에 대한 연구를 통해 인간의 정체성을 밝혀내고, 이를 통해 과학 · 의학 · 교육 · 산업 · 문화 전반에 근본적이고 실제적인 변혁을 가져오는 것을 목표로 하기 때문이다(서영숙 외, 2017). 예를 들어 인간의 뇌 정보처리기능을 기계에 적용해 인간의 신경망 같은 신경 회로망을 개발, 현재의 컴퓨터보다 더 능동적인 업무를 수행할 수 있는 장치를 고안하는 등이 이에 해당한다.

뇌과학과 여러 학문의 융합은 인간을 더 정확히 이해함으로써 사회에 도움을 주는 것이고, 뇌과학을 기초로 삼아 현대사회의 여러 현안에 종합적으로 접근할 수 있다(서영숙 외, 2017). 예를 들어, 뇌과학과 AI를 융합하여 인간 두뇌를 닮은 차세대 AI를 만들 수 있으며 이미 범죄학, 정치, 건축학, 심리학 등의 분야와 뇌과학의 융합이 실제 활용되고 있다. 공간에 뇌가 어떤 반응을 보이는지 분석해 업무나 학습 효율, 행복감을 높여주는 공간을 과학적으로 연구하여 안정감을 주는 공간 또는 집중도를 높이는 공간 등 새로운 형태의 공간을 설계하고 건축하는 일들도 이루어지고 있다.

특히 뇌과학은 영유아에 대해 새로운 생각을 하게 하고, 뇌과학에 기반한 교육은 무엇인지 우리에게 도전을 준다. 이와 관련하여 신성욱(2014)은 두뇌가 발달하는 결정적 순간이 놀이이며, 쓸데없는 이런저런 이야기가 아이의 뇌를 키운다고 주장한다. 보육

분야에서 놀이의 중요성은 오래전부터 강조되어 왔기에 새로운 주장이라고 할 수는 없으나, 이런 주장은 영유아의 뇌발달과 놀이의 밀접한 연관성, 영유아 시기에 마음껏 노는 것의 중요성을 강조하는 것이다. 이와 관련하여 우리나라 어린이집과 유치원에 2020년부터 적용되고 있는 '2019 개정 누리과정'은 '유아 · 놀이 중심의 교육과정'으로, 유아가 각자 자신에게 가장 적합한 방식으로 스스로 놀이하며 배운다는 점에 주목하여 유아가 주도하는 놀이를 강조하고 있다.

이처럼 뇌과학의 발달이 보육에 시사하는 바는 다음과 같다.

첫째, 전 세계적으로 학문 간 경계를 넘어 융합적 인재를 요구하기 때문에, 보육과정의 통합 · 연계를 계획하고 실행함으로써 보육 현장에서 융합적 교육을 실천하는 것이 필요하다.

둘째, 어린이집에서 학습 중심의 교육, 교사 주도 활동을 최대한 지양하고 영유아 주도의 놀이 중심 보육과정을 실행할 것이 요구된다. 유아가 주도하는 놀이를 강조하고 있는 2019 개정 누리과정에서는 무엇보다 놀이의 가치와 의미를 이해하고 놀이를 통해 배울 수 있다는 것을 신뢰하는 교사의 태도가 중요하다.

셋째, 교사의 새로운 역할이 요구된다. 영유아가 자신의 관심과 흥미에 따라 주도적이고 자발적으로 놀이에 참여하고, 교사는 영유아가 놀이를 통해 더 잘 배우고 균형 있게 성장할 수 있도록 돕고, 유아 주도 놀이에 대한 가치를 믿고 놀이를 통한 배움을 잘 지원하는 교사의 역할이 필요하다.

넷째, 보육교직원은 뇌와 관련된 새로운 정보를 습득하는 데 노력하고, 이를 영유아의 교육에 어떻게 적용할 것인지 탐색하는 것이 요구된다.

2. 4차 산업혁명

2016년에 개최된 세계경제포럼(World Economy Forum)에서 포럼의 창립자이자 회장인 클라우스 슈밥(Klaus Schuwab)은 지금까지 인류가 경험해 보지 못한 빠른 전환으로서 지능정보기술 기반의 '제4차 산업혁명'을 언급하면서 세계적인 이슈로 대두되었다. 4차 산업혁명은 인공지능, 빅데이터 등 신기술로 촉발되는 초연결 기반의 지능화 혁명으로, 인공지능이라는 가상세계가 로봇이라는 실물세계로 구현되고, 이미 존재하는 빅데이터와 기술을 이용해서 연결하는 산업이 발달할 것이라는 것이 4차 산업혁명의 핵심이다(대통령직속4차산업혁명위원회, 2020). 4차 산업혁명의 중심에는 '네크워크(IoT, 5G), 빅데이터(Cloud, Big Data), 인공지능 SW(기계학습, 알고리즘)' 등 디지털 과학 기술이 각 분야의 기반 기술과 융합하여 급속한 경제, 사회 변화를 일으키고 있으며, 산업뿐만 아니라 국가시스템, 사회, 삶 전반의 혁신적 변화를 가져오고 있다. 소프트웨어 기술을 기반으로 생성되는 디지털 연결성이 사회를 근본적으로 변화시키고 있는 것이다.

우선, 지능화 기술은 제품과 서비스의 경쟁력을 좌우하는 핵심요소로 부상하여 기존 산업구조의 변화를 일으킬 것이다. 또한 전체 산업의 디지털화, 산업 간 경계의 약화와 함께 지능형 자동화로 생산성이 제고되어 생산가능인구 감소 문제를 해결하고 경제성장의 새로운 기반을 제공할 것이다. 그리고 4차 산업혁명은 고용구조와 노동구조에도 큰 영향을 미칠 것이다. 4차 산업혁명으로 일자리 감소(위기)와 새로운 직업 창출(기회)이 공존하는 고용구조로 재편되고 노동의 형태 및 노동시장도 변화한다. 또한 고용 · 노동시장이 변화하면서 미래사회가 요구하는 핵심역량을 갖춘 창의 · 융합형 인재양성이 중요해지고 있다.

4차 산업혁명 시대에 부합된 인재를 양성하기 위해서는 교육방법이 달라져야 함이 계속 강조된다. 마윈 알리바바 회장은 중국 '빅데이터박람회'에서 "교육방식을 바꾸지 않으면 아이들은 30년 후 아무도 직업을 찾지 못할 것이다. 아이들에게 많은 경험을 제공하지 않고 쓰고, 외우고, 셈하는 교육만 지속하면 미래에는 모두 일자리를 잃게 된다. 사람의 신체가 기중기와 내연기관을 이기지 못하듯 사람은 속도와 정확성에서 기계 지능을 이길 수 없다"라고 말한 바 있다(교육을 바꾸는 사람들 누리집, 2020.7. 인출). 교육은 언제나 삶과 맞닿아 있으며 현 사회의 모습을 반영하기에, 우리를 둘러싼 환경이 변할 때마다 교육도 이에 맞춰 변화해야 한다. 특히 4차 산업혁명으로 인한 기술 변화는 노동시장을 비롯해 우리의 삶을 그 어느 때보다 크고 빠르게 변화시킬 것이다. 따라서 이 시대에 우리의 교육은 어떻게 변화해야 할 것인가?

우선, 모홍철(2017)은 기계는 결코 따라 할 수 없는 '사람다운' 역량을 기르는 교육을 해야 한다고 주장한다. 사람다운 역량이 무엇인지 알기 위해선 결국 사람에 대한 공부를 해야 할 것이고, 이는 곧 삶에 대한 공부, 삶을 통한 공부가 된다. 시대가 변해도 우리가 지향해야 할 것은 기술을 활용한 최첨단 교육이 아니라, 아이들이 본연의 모습을 살리며 성장할 수 있는 교육이 필요하다는 것이다.

또한, 4차 산업혁명 시대에는 새로운 발명과 발견이 학문 간 접경인 융·복합영역에서 도출될 것이기 때문에 특정 학과나 지식에 집중하는 교육은 한계가 있으며, 전문지식인보다는 이를 따라갈 수 있도록 기초과학 지식이 탄탄한 융합형 인재를 양성하는 것이 필요하다. 그리고 이제 학교는 지식 전수가 아닌 지식의 연계, 문제해결능력을 키우는 곳이어야 한다. 실제 핀란드의 초·중등 교육과정에서는 1년에 몇 주 동안은 단일과목 수업이 아니라 현장에서 발생하는 문제 중심의 학제 간 연계 수업을 이수하도록 하고 있다. 예를 들어 유조선이 좌초돼 바다에 기름이 유출되었을 때 이를 해결하는 방법을 학습하는데, 학생들은 먼저 역사교사와 함께 이전 사례를 찾아 대책들을 살펴본다. 다음 화학교사와 어떤 약품을 써야 하는지 실제 실험을 해보고, 마지막으로 수학교사와 화학약품 비율을 조절했을 때 변화라든지 빅데이터를 동원해 어떤 대책이 가장 효율적이었는지 등에 대해 배운다(한겨레신문, 2017.1.24).

이처럼 4차 산업혁명은 경제, 사회, 교육 등 모든 분야에 영향을 미치고 있고 보육에도 여러 시사점을 준다. 첫째, 어린이집과 유치원의 국가수준의 공통 교육과정인 누리과정이 미래 핵심역량을 반영하여 2019년 개정되었다. 개정 누리과정에서 제시한 인간상은 건강한 사람, 자주적인 사람, 창의적인 사람, 감성이 풍부한 사람, 더불어 사는 사람으로 교사는 유아가 놀이를 통해 인간상을 통합적으로 경험하도록 지원하는 것이 필요하다(교육부, 보건복지부, 2019)고 제시되어 있다. 즉, 미래 핵심역량 중심의 인간상을 양성하기 위해서 유아가 스스로 주도하는 놀이를 강조한다. 따라서 보육 현장에서 모든 보육교직원은 유아가 하고 싶은 놀이를 하면서 가장 잘 배우며, 다양한 놀이 경험을 통해 성장해 감을 믿고 기다려주고 귀기울여 주고 어린이집에서의 경험이 유아에게 의미 있는 경험이 될 수 있도록 놀이를 지원할 필요가 있다.

둘째, 인공지능 기술을 중심으로 다양한 융합형 기술이 개발되고 활용되는 상황에서 제4차 산업혁명의 다양한 신기술을 보육에의 활용을 모색할 필요가 있다. 또한 보육현장에서 교사들도 4차 산업혁명으로 인해 급변하게 될 사회 변화와 트렌드에 관심을 가지는 것이 중요하다.

3. 여성 노동의 강조와 사회참여 확대

우리나라의 1960년대와 1970년대는 여성 근로자가 대량으로 노동시장에 유입된 시기이다. 이는 당시 정부가 여성 근로자의 저임금을 바탕으로 고도의 경제성장을 이루는 경제개발정책을 강력히 추진하면서 여성 노동을 강조하였기 때문이다. 그러나 당시 여성 근로자들은 대부분 미혼 여성이었고 결혼과 동시에 직장을 떠나는 것이 당연시되는 사회풍조였으며 여성 근로자의 근로조건이 매우 열악했기 때문에 여성 근로자의 자녀양육이나 일 · 가정 양립 지원에 관한 정책 · 법이 마련될 수 있는 여건이 아니었다.

1980년대 이후 경제성장으로 인한 여성 노동력의 수요와 여성 인력이 요구되는 직업 확대, 여성 취업에 대한 긍정적인 사회적 인식, 생활수준의 향상, 여성의 학력수준 향상, 강해진 자아실현욕구, 경제적 자립욕구 증가, 남녀평등의식 증가 등으로 인해 여성의 사회참여는 계속 확대되고 있다. 한국 여성의 경제활동참가율은 1995년 48%에서 2007년 50.2%, 2017년 53%로 꾸준히 높아졌으며(통계청, 2017), 현재보다 여성 취업률을 높이기 위해서 국가는 상대적으로 사회경제참여율이 낮은 '자녀출산 및 양육기'에 있는 여성의 참여율을 높이는 방안과 정책을 강구할 것으로 보인다. 그리고 전 세계적으로도 여성의 사회참여로 맞벌이가족이 늘면서 이제 대부분의 OECD 국가에서도 맞벌이가족을 보편적인 가족 형태로 보고 있으며(홍승아 외, 2009), 여성의 경제활동이 가정의 경제적 안정과 가족 구성원 간의 화합을 유인할 수 있는 새로운 기회나 조건으로 인식하고 있다.

이런 여러 상황으로 볼 때 맞벌이가족의 영유아, 일하는 엄마를 둔 영유아가 더 많아질 수밖에 없다. 따라서 국가는 그 부모가 일과 양육을 양립할 수 있도록 사회적 기반을 마련하여 맞벌이가족과 그 자녀를 지원하는 것이 국가의 책임임을 분명히 수립해야 한다.

여성의 사회참여 증가라는 사회적 배경이 보육에 시사하는 바는 다음과 같다. 첫째, 자녀양육과 일·가정 양립과 관련된 여러 정책이 보육, 여성, 복지 등 다양한 분야에서 수립되고 있으나 이런 정책들은 여성의 관점에 치우쳐 있는 경우가 많다. 적어도 보육정책은 엄마의 취업으로 가장 어려움을 겪는 영유아의 관점에서 정책 수립이 이루어져야 한다.

둘째, 맞벌이가정이라 하더라도 자녀양육의 1차적 책임은 부모에게 있으며 영유아 자녀가 부모와 있을 때 가장 행복하고 안정감을 느낄 수 있음을 부모들이 인식할 수 있도록 지원하며, 국가는 일을 하면서도 자녀를 잘 양육할 수 있도록 사회적 기반을 마련하여 맞벌이가족과 그 자녀를 지원하는 것이 국가의 책임임을 인식해야 한다. 이를 보육정책 수립의 근본원리로 보아야 한다.

셋째, 맞벌이가정의 부모들은 영유아 자녀와 함께 지낼 시간이 절대적으로 부족하기 때문에 적은 시간이라도 자녀와 어떻게 함께 질적으로 좋은 시간을 보낼 것인지, 어머니의 사회경제적 진출로 인하여 약화된 가족기능을 어떻게 보완해 줄 수 있는지 등 자녀발달과 지도에 대한 보다 구체적인 부모교육을 계획하여 실행하는 것이 필요하다.

넷째, 맞벌이가정의 영유아 자녀들은 어린이집에서 보내는 시간이 더 많기 때문에 가정과 같은 편안한 보육실 환경으로 구성하고 편안히 쉴 수 있는 공간이 마련되어야 한다. 또한 어린이집에서는 부모와 다양한 방식으로 긴밀하게 의사소통하는 등 어린이집과 가정과의 밀접한 협력과 연계가 필요하다.

4. 저출산과 사회적 아이

우리나라는 2019년 합계출산율이 0.92명으로 2011년(1.24명)보다 0.32명 감소해 역대 최저를 기록했으며 전 세계 203개국 중 최하위 수준으로(통계청, 2019), '저출산'은 현재 우리나라의 중요한 사회문제 및 위험요소 중 하나이다. 저출산 현상은 산업화 이후 이미 선진국에서 나타났던 보편적 · 사회적 현상 중 하나였으나, 이들과 우리나라 저출산 현상이 갖고 있는 다른 특징 중 하나는 출산율 감소 속도가 빠르다 보니 빠른 대응을 하지 못하고 있으며 일반 국민이 저출산에 대한 문제를 체감하지 못하고 있다는 점이다(서혜전, 2010).

경제개발과 때를 같이하여 1960년대 인구 증가를 억제하기 위한 정책에 따라 우리 사회는 1960년 6.0명이던 합계출산율이 산업화가 본격적 궤도에 오른 1970년대에 약

4.5명에서 1980년에 2.8명으로 감소하였고 1983년에 인구대체수준(현재의 인구 규모를 유지하는 데 필요한 출산율 수준)에 도달하였다. 그리고 1995년의 목표로 설정하였던 1.75명을 10년 앞당겨 1985년에 도달하게 됨으로써 1990년대 초에 인구억제정책의 존폐에 관한 논쟁이 불거졌고 1995년도에 각계 전문가들로 인구정책심의위원회를 구성하고 다음 해 1996년에 인구증가억제정책을 폐지하였다(대한민국정부, 2006).

2002년에는 국민연금발전위원회에서 분석한 결과 저출산으로 인한 연금재정 고갈의 우려가 대두되고, 합계출산율이 1.17명으로 감소됨에 따라 저출산 대책이 공론화되기에 이르렀다. 이에 따라 2004년 2월 대통령 자문기관인 '고령화 및 미래사회위원회'가 설치되고 2005년에는 저출산 및 인구고령화에 대응하기 위한 법적 근거로서 '저출산·고령사회기본법'이 제정되었으며, 2006년에는 '저출산 종합대책' 발표 및 '제1차 저출산 고령사회 기본계획'이 수립되었다(대한민국정부, 2006). 그리고 2020년까지 저출산사회에 대응하여 전반적 사회, 경제구조 개혁을 추진하여 구체적 정책성과를 가시화하기 위해 정부는 매 5년마다 단계적 목표를 설정하고 제2차 계획(2011~2015 새로마지플랜 2015), 제3차 계획(2016~2020 브릿지플랜 2020)을 수립·추진하였다. 3차 저출산·고령사회 기본계획(대한민국정부, 2016)에서는 지난 10년간의 정책을 평가하고 저출산·고령사회 대응 패러다임을 전환할 필요가 있음을 제시하며 청년 일자리·주거대책 강화, 난임 등 출생에 대한 사회적 책임 강화, 맞춤형 돌봄 확대·교육 개혁, 일·가정 양립 사각지대 해소 등을 저출산 중점 대책으로 제시하고 있다.

이러한 정책적 시도에도 불구하고 출산율은 증가되지 않는 상태로 여러 원인에 의해 우리 사회에 저출산을 유지하는 삶의 양식과 특정한 심리적 상황이 자리 잡은 것으로 보인다. 저출산 현상은 여러 사회문제를 야기한다. 저출산은 생산가능인구의 감소로 국가경쟁력 약화, 국방자원 감소, 사회활력 감소, 국민연금 재정 부족, 건강보험의 재정부담 증가, 일자리 감소와 국가 저생산 등과 밀접하게 연관되어 있는 국가적 주요 사안이다(황성하, 남미경, 서혜전, 2010). 한 기사(연합뉴스, 2020.7.22)는 2020년 태어나는 신생아가 만 40세가 되는 2060년에 인구가 절반으로 감소하고, 40년 뒤 우리나라의 생산가능인구, 학령인구, 현역입영대상자 수 등이 절반 이하로 감소하는 반면 노년부양비는 현재보다 4.5배 증가할 것이라고 관측하고 있다. 이제 자녀를 낳고 기르는 것이 개인 · 가족 차원의 문제가 아니라 가족 · 사회 · 국가가 함께 하는 사회책임이어야 하며, 아동을 국가의 인적 자원으로 인식하고 이들에 대한 투자를 더 강화해야 한다. 최근 YTN 뉴스(2020.1.26)에서 주요 선진국에서 경제활동을 많이 하는 여성이 아이를 더 많이 낳는다는 연구결과를 발표하였다. 이는 경제활동을 하는 맞벌이 부모의 자녀에 대한 국가적 돌봄정책이 다양하게 마련되어 지원되어야 할 것이다.

저출산 현상이 보육분야에 주는 시사점은 첫째, 국가적으로는 '사회적 아이 · 국가적 아이'란 개념을 세우고 한 나라를 지속시킬 양질의 국가 노동력 생산이라는 큰 목표 아래 보육의 공공성 강조, 누리과정 시행으로 사실상 의무교육 기반 마련, 국가관리 체제하에서 영유아들이 경험하는 보육의 질 평가 등을 시행하는 등 보육분야의 여러 정책과 제도가 마련되고 시행되는 데 영향을 미쳤다.

둘째, 영유아를 위한 질 높은 보육프로그램에 대한 필요성이 더욱 강조된다. 아동을 더 나은 국가의 가용노동력으로 성장시키기 위한 국가적 요구와 더불어 적은 수의 자녀에 대한 부모의 높은 양육 관심 등이 함께 맞물려 양질의 보육에 대한 요구가 높기 때문이다.

셋째, 어린이집에서 가족의 중요성, 행복한 가족, 형제자매의 필요성과 중요성, 타 가정과 어울릴 수 있는 기회를 더 많이 제공할 필요가 있다. 그리고 유아기부터 행복한 결혼과 건강한 가정을 꿈꿀 수 있는 교육을 실시해야 할 것으로 보인다. 행복한 가족과 역할이나 부모됨의 행복함과 같은 것은 가치관과 관련된 것으로 가치관 정립과 변화는 장시간의 교육과 경험을 통해 가능할 수 있기 때문이다.

넷째, 어머니 및 형제와의 관계 경험이 좋고 정신건강 상태가 안정적일수록 자녀관계를 긍정적으로 예측하게 되어 출산의향 자녀 수에 긍정적 영향을 미친다(이경숙 외,

2009). 이 연구결과는 보육 현장에서 부모교육을 실시하여 부모-자녀 간의 안정적이고 긍정적 애착을 형성할 수 있도록 지원함으로써 이들 자녀가 성인으로 성장하여 더 많은 자녀를 출산할 의향을 가질 수 있도록 해야 함을 시사한다.

5. 가족의 변화

우리나라는 전통적으로 확대가족의 형태를 띠고 있었으나 산업화 · 도시화와 같은 사회환경의 영향으로 가족을 둘러싼 제반 환경에도 급격한 변화를 가져와서 '가족구조, 가족기능, 가족주의 가치관' 등이 크게 변화하게 되었다.

산업화와 더불어 우리나라 가족에 있어 가장 특징적인 변화는 '가족구조의 변화'이다. 가족구조의 변화시기는 다르지만, 핵가족화의 사회적 추세와 아울러 가족 규모의 축소, 가족주기의 변화, 가족세대의 단순화, 다양한 가족 형태의 증가라는 구조적 변화 양상을 보인다. 첫째, '가족 규모의 축소'이다. 산업화 과정에서는 대규모 가족보다는 소규모 가족이 용이하다는 점, 1990년대 이전까지 강력히 추진해 왔던 출산억제정책, 외환위기 이후의 경기불황, 국민소득 증가에 따른 생활수준 향상, 결혼과 자녀에 대한 개인주의 가치관 변화에 영향을 받아 우리나라의 합계출산율이 낮아지면서 가족의 규모는 급속히 감소되어 왔다. 실제로 통계청(2007) 자료에 따르면 평균 세대원 수가 1960년에 5.7명이었으나 2005년에는 2.9명으로 감소하였으며, 2세대는 점차 감소추세에 있고 1세대와 1인 가구는 증가추세에 있다.

둘째, '가족주기의 변화'이다. 가족주기는 부부의 결혼에서부터 사망까지의 기간을 가족생애 사건발생 시기에 따라 단계별로 구분한 것을 말한다(김승권 외, 2003). 초혼 연령의 상승과 출산율 감소에 따른 자녀 규모의 축소, 그리고 사망률 개선에 따른 평균수

명 연장 등으로 각 단계별 기간의 변화양상이 뚜렷하다(한국보건사회연구원, 2005). 가족주기 단계의 변화양상은 자녀의 출산 및 양육기간이 짧아지고 혼자 남는 빈 둥지 시기는 점차 길어지고 있어, 전업주부의 재취업과 여가생활의 욕구를 높이게 한다.

셋째, '가족세대의 단순화'이다. 가족세대의 단순화는 3세대 이상 확대가족과 직계 및 방계 친척이 함께 사는 복합가족이 감소하는 반면, 1세대 가족이 증가하는 것을 의미한다. 이런 현상은 한부모가족과 독신가족 증가, 성인 자녀 독립으로 인한 노인부부만이 남게 되는 경우나 노인 단독세대의 증가 요인에 의해 더욱 촉진된다.

넷째, '가족 형태의 다양화'이다. 가족해체 증가와 다양한 생활 형태로 인해 이혼가족, 한부모가족, 재혼가족, 입양가족, 다문화가족, 분거가족, 양육미혼모가족, 비혼동거가족, 무자녀가족, 1인 가족 등 가족의 형태가 다양해졌다(서영숙 외, 2012). 이처럼 가족 규모 축소, 가족주기 변화, 가족세대 단순화, 가족 형태 다양화는 사회에 여러 문제를 야기하기도 하며 보육분야에 여러 시사점을 제공한다.

한편 '가족의 기능'도 변화하였다. 전통적으로 가족은 외부의 도움 없이 경제적 기능, 세대유지의 기능, 자녀양육과 사회화 기능, 정서적 지지 기능 등을 가족공동체 안에서 자급자족하면서 수행해 왔으나, 사회 변화로 가족이 기존에 수행하던 많은 기능을 다른 사회제도로 넘겨주거나 혹은 공유하게 되었다. 자녀양육과 사회화는 교육제도의 발달로 학교로, 경제적 기능은 직장과 시장으로, 의존적 가족 구성원에 대한 보살핌은 사회적 서비스의 발달로 사회복지영역의 기능으로 이전되어 왔다(최옥채 외, 2009). 특히 자녀양육 및 사회화 기능의 약화는 현대 부모들의 자녀양육 역할을 지원할 수 있는 질 높은 보육의 필요성을 강조한다. 또한 자녀를 출산하지 않으려는 젊은이들이 늘면서 가족의 보편적 기능 중 하나인 종족보존기능이 약화되어 결혼은 해도 되고 안 해도 된다는 결혼에 대한 유연한 인식, 이혼과 재혼에 대한 수용의식, 평등적 부부관계 선호 등 가족가치관 변화에도 영향을 미쳐 향후 가족기능이 또 다르게 변화할 것으로 예측할 수 있다.

그리고 산업화와 더불어 결혼 및 자녀 출산에 대한 의식이 변화하면서 집단주의적 가족 중심주의가 약화되고, 개인주의가 강화되는 과정에서 '가족주의 가치관'이 변화되었다. 이는 자녀 중심 가치관으로 효 이데올로기의 퇴조를 가져오게 하거나, 아동양육에 있어 가족책임 의식의 약화를 가져올 수 있는 문제를 낳기도 하여 자녀양육의 사회적 책임감을 증가시키는 요인으로 작용하기도 하고 있다.

이제까지 살펴본 가족구조 변화, 가족기능 변화, 가족주의 가치관 변화 등이 보육에 시사하는 바를 정리하면 다음과 같다.

첫째, 자녀의 출산 및 양육기간이 짧아져 전업주부의 재취업 욕구를 높이게 되어 맞벌이가정이 증가하고 있다. 이는 보육내용에서 성차별적 요소를 배제해야 하며, 어린이집의 운영방향이 맞벌이가정을 고려할 수 있어야 함을 시사한다.

둘째, 가족 규모의 축소와 가족세대의 단순화로 형제자매가 없거나 조부모나 친척들과의 교류가 많지 않을 수 있다. 이는 개인주의적 가치관을 더욱 강화시킬 수 있기 때문에 '함께, 더불어' 할 수 있는 보육활동을 의도적으로 계획하여 접할 수 있도록 함이 적절하다.

셋째, 가족의 유형이 다양하기 때문에 보육교사는 자신과 또는 자신의 가치관과 다른 유형의 가족에 대해서는 수용할 수 있어야 하며 편견적 시각과 태도를 가져서는 안 된다. 그리고 영유아들이 친부모와 자녀가 함께 사는 핵가족 형태의 가정만을 전형적으로 보는 편견적 시각을 벗어나 다양한 가족의 유형이 있음을 알고 가족 유형의 다양성에 대해 이해하는 교육내용이 다루어져야 한다. 또한 다양한 유형의 가족이 가지는 욕구가 무엇인지 파악하여 지역사회 자원과 연계할 수 있도록 도와줌으로써 가족의 유형과 무관하게 자녀가 그 가족 내에서 잘 성장할 수 있도록 지원해야 한다.

넷째, 핵가족화로 가정의 자녀양육과 사회화 기능이 약화되고 있으나 가족으로서 그 기능을 할 수 있도록 부모교육과 부모상담을 계획 · 실행함으로써 부모를 지원할 필요가 있다.

6. 다문화사회

최근 우리 사회의 인구 구성은 국제결혼에 의한 이주민들의 유입과 외국인 노동자, 그리고 새터민 수의 급격한 증가로 인해 매우 빠르게 다양화되고 있으며 이들은 우리 사회의 새로운 사회집단으로 성장하고 있다. 다문화사회는 인구 구성 변화에 따른 사회 변화를 근거로 판단되는데, 다른 인종의 유입과 사회계층화 현상, 빈부격차 등의 빠른 진행을 볼 때 우리나라 또한 다문화사회로 진입하여 이미 전환의 단계에 있다(전숙자, 2009). 실제로 국제결혼 건수는 2008년 36,024건, 2011년 29,762건, 2019년 23,643건으로 줄어들었으나, 결혼이민자는 2010년 141,654명에서 2019년 166,025명으로 증가하였다(e-나라지표, 2020). 그리고 2018년 다문화 가구는 334,856가구, 다문화 가구원은 총 1,008,520명이며(국가통계포털누리집, 2020), 2010년 전국 다문화가정 학생의 수는 최근 3년간 약 2배가량 증가하였고(가족여성연구원, 2011), 2020년이 되면 한국에 정착한 국제결혼이민자의 자녀가 전체 어린이의 20%를 차지할 것(정귀순, 2008)이라는 전망이 나왔다.

특히 행정안전부(2009) 자료에서는 국내에 거주하는 외국인의 자녀가 11만 명 선이고 이들 중 59%가 만 6세 미만의 영유아이며 이들 중 80% 이상이 초등학교에 재학할 것이라고 보고하였다. 또한 2009년 만 5세 이하 전체 영유아 중에서 다문화가정의 만 5세 이하 영유아가 차지하는 비율은 2.12%로 매년 증가하고 있으며, 다문화가정 영유아 중 만 5세 이하 영유아의 인구 비율은 54.3%로 나타났다. 2018년 전국다문화가족 실태조사(한국여성정책연구원, 2018)에 따르면 다문화가구 자녀의 평균 연령은 8.32세로 학령전기에 해당하는 6세 미만 자녀의 비율이 39.0%, 초등학령기에 해당하는 만 6~11세 자녀의 비율이 38.2%, 중학교 학령기인 12~14세 자녀의 비율이 8.6%, 고등학교 학령기에 해당하는 15~17세 비율은 5.8%, 성인 연령층인 18세 이상의 비율이 8.3%를 차지한다(한국여성정책개발원, 2018). 이런 통계결과는 이제 우리 사회는 다문화사회임을 말해

주고 있으며 다문화가정에 대한 접근은 만 5세 이하 영유아 자녀가 재원 중인 어린이집과 초등학교를 전달매개체로 할 수 있는 가능성을 보여주고 있다. 다문화사회로의 변화에 대응하기 위해 보육계에서도 다각적인 노력을 기울여야 한다.

또한 언어, 문화, 인종, 민족이 다른 여러 문화들이 함께 공존하고 있는 다문화사회에서는 무엇보다 다문화주의적 가치관을 가지는 것이 필요하다. 여러 문화가 함께 공존하기 위해서는 다양한 문화를 수용하고 이해하는 사회적 분위기가 기반되어야 한다. 이런 기반이 마련되지 않은 다문화사회에서는 문화적 갈등, 정체성 혼란, 무시와 소외, 차별과 편견 등 여러 문제에 당면하게 된다. 우리나라는 다문화사회에 대비하기 위해 「다문화가족지원법」이라는 근거법을 마련하고 다양한 제도와 정책을 시행하고 있으나 단일민족사회에서 다문화사회로의 불가피한 변화를 맞는 과도기적 시점에서는 무엇보다 우리 사회의 인식 전환이 선행되어야 한다. 단일민족의 가치관으로 사고하면 민족중심주의에 사로잡혀 편견이나 인종차별 등을 낳게 되지만 다문화주의적 가치관을 가지게 되면 문화적 상대주의적 관점에서 사고하고 바라보게 되어 각자의 문화는 그 문화의 관점에서 파악하고 이해하는 것을 가능하게 한다. 단일민족적 가치관과 의식의 변화는 교육적 접근을 통해 가능하기 때문에 다문화사회에 살아가는 일반 국민들의 가치관 변화를 위한 홍보와 교육이 이루어져야 하며, 특히 유아기는 모든 분야에 대한 선호가 결정되는 시기이고 사회문화적 환경의 영향을 많이 받는 시기이기 때문에(이은화 외, 2000), 유아기부터 체계적이고 장기적으로 다문화사회에 부합되는 교육을 마련하여 의도적 · 비의도적으로 접근해야 한다.

다문화란 사회적 배경이 보육에 시사하는 바는 다음과 같다. 첫째, 오늘날 다문화 교육의 중요한 목적은 '문화적 감수성'이다. 문화적 감수성이란 다양한 문화적 환경 속에서 개인이 적절하게 행동하기 위해 문화적 차이를 인식하는 것으로 인간이 타 문화 집단과 어울려 지내기 위해 가장 필요한 것으로 보고 있다. 따라서 보육교사는 문화적 감수성, 다문화주의, 문화적 상대주의에 대한 이해를 토대로 자신과 다른 인종과 문화에 대한 편견을 가지지 않도록 노력해야 한다.

둘째, 유아기는 모든 분야에 대한 선호가 결정되고 사회문화적 환경의 영향을 많이 받는 시기임을 인식하고 유아기부터 다양한 문화를 이해하고 경험할 교육적 기회를 가져야 한다. 따라서 보육교사는 다문화교육의 적절한 목표, 내용 선정, 교수 · 학습방법에 대한 구체적 계획을 세우고 어떻게 실행하고 보육과정에 어떻게 반영할 것인지에 대해 구체적 실행 노력이 필요하다. 그리고 유아 대상의 다문화교육을 시행할 수 있는 교육적 능력을 교사가 갖추어야 하기 때문에 체계적이고 구체적인 교사 연수가 필요하다.

셋째, 어린이집에서 유아들에게 다문화를 이해하는 교육을 계획하고 실행할 때 다문화부모들을 지역사회 연계 자원으로 활용하도록 하며, 한국문화에서 자녀양육을 원활히 수행할 수 있도록 보육활동에 자주 참여시켜 직접 볼 수 있는 기회를 마련해야 한다.

넷째, 다문화사회는 다양성이 강조된다. 문화적 다양성뿐 아니라 자신과 다른 타인의 생각을 틀리다고 하지 않는 것, 작품의 재료부터 유아가 선택하여 다양한 모습의 작품이 나올 수 있도록 하는 것 등 다양한 생각, 사고 등을 받아들이고 수용할 수 있도록 해야 한다.

다섯째, 만 5세 이하 영유아가 전체 다문화가정 아동의 약 40%를 차지하기 때문에 만 5세 이하 영유아 자녀가 재원 중인 어린이집이 다문화가정과의 전달 매개체 역할을 충분히 할 수 있다. 따라서 어린이집 교사들은 다문화가정과 밀접한 관계를 형성하는 것이 중요하다.

7. 과학기술의 발전과 생활환경의 변화

인공지능이나 과학기술의 발전은 영유아의 성장환경과 보육환경에도 큰 영향을 주고 있다. 집 안에서 로봇청소기가 돌아다니고, 지니 로봇이 아이의 명령어도 알아듣고 반응하기에 이르렀고, 학습용 로봇은 물론, 아이와 놀아주는 로봇 친구도 등장하였다. 점점 더 어린 시기부터 핸드폰 등의 미디어에 접속하기 시작하였고, 이를 겨냥하여 영유아용 프로그램도 속속 개발되고 있다. 손에 잡은 게임기로 게임에 몰두하여 주변 사람과 직접 상호작용하는 시간이 줄어들 지경이다. 보육교사도 과학기술의 발전에 따른 영유아의 성장환경 변화에 대한 이해를 더 잘 할 수 있도록 해야 할 뿐 아니라, 새로운 교육용 기기를 사용하는 프로그램과 기기 사용에 계속 적응하며 발전해야 한다.

생활환경의 변화도 영유아의 성장환경과 보육환경에 크게 영향을 준다. 코로나19 사태는 그 영향을 더욱 강력하게 경험하게 하였다. 그렇지 않아도 안전 문제와 적절한 놀이 장소나 또래 부족 등으로 줄어들던 실외놀이 활동은 코로나 사태로 거의 금지되고 있다. 바깥에 나가면 주로 마스크를 끼고 말이 없는 사람들을 만나고, 실내에서도 활발한 대화나 활동이 억제되는 환경에 놓이게 되었다. 영유아가 자연스럽게 다양한 인간관계를 경험하며 사회성을 키우던 성장환경이 아니라, 낯선 사람뿐 아니라 모든 사람에 대해 가까이하기 꺼리고 심지어는 두려워하도록 하는 환경에 처한 것이다.

매일 어린이집에 와서 또래나 선생님과 종일 잘 놀다 집에 가던 생활은 이제 상당히 달라졌다. 부모가 재택근무나 휴직 등으로 집에 있는 시간이 늘어나 부모와 함께 지낼 시간이 늘어난 영유아도 있고, 재택근무하는 부모를 둔 영유아는 부모가 바로 옆 방에 있는 것을 알면서도 접촉이 차단되는 좌절을 경험하기도 한다. 더 오랜 시간을 가정에 머무르게 되고 육아와 가사 노동 등의 어려움으로 자녀와 함께 하는 시간이 더 힘들게 느끼는 부모라면 자녀와 즐겁게 지내는 데는 한계가 있을 것이다. 이렇게 변화된 영유아의 성장환경은 그들의 어린이집에서의 생활에도 영향을 줄 것이다. 이로 인한 영유아의 또래나 교사와의 관계와 발달의 변화에 대해 교사는 주의 깊게 살펴보아야 할 것이다.

영유아의 성장환경뿐 아니라 교사의 근무환경과 업무 내용도 변하고 있다. 코로나19 사태로 등원하지 않고 가정에 머무르는 영유아에게 필요한 도움을 주려고 부모와 더욱 빈번하게 연락을 주고받으며, 어린이집의 생활에 대해 더 자세히 알려주려는 노력도 하게 된다. 심지어는 놀잇감이나 놀이 방법을 담은 바구니를 집으로 보내기도 한다. 동영상을 비롯해 부모 열람용 자료를 더 많이 만들게 되고, 직접 접촉하지 않고 의사소통이나 교육을 할 수 있도록 하는 다양한 비대면 소통 기술을 사용해야 한다. 이를 익히기 위해 교사는 비대면 기술 관련 공부에도 열심을 내어야 한다.

또 교사 중에는 학교에 가지 않고 가정에 머무르는 어린 자녀를 둔 교사도 적지 않아 다른 성인의 도움을 청하기 위해 동분서주해야 하는 교사도 있을 것이다. 저출산 등으로 어린이집이나 교육기관의 수, 그리고 교사의 수가 감소될 것이 예견되어 왔기 때문에 계속 교사로 근무할 수 있을지에 대한 걱정은 이미 하고 있었으나 여기에 코로나 사태로 학교 가지 못하고 집에 있는 자녀에 대한 걱정까지 더해진다. 이런 문제는 보육교사만의 문제는 아니라 해도 보육교사도 극복해야 하는 과제이다.

참고문헌

가족여성연구원 (2011). 2010년 전국 다문화가정 학생 수 보고자료.

교육부, 보건복지부 (2019). **2019 개정 누리과정 해설서.**

교육을 바꾸는 사람들 누리집 (2020). https://21erick.org 2020.7. 인출

국가통계포털 누리집 (2020). http://kosis.kr/index/index.do 2020.7. 인출

김승권 외(2003), 2003년 전국 출산력 및 가족보건복지 실태조사. 한국보건사회연구원.

대통령직속 4차 산업혁명위원회 누리집 (2020). https://www.4th-ir.go.kr 2020.7. 인출.

대한민국정부 (2006). 제1차 저출산 · 고령사회 기본계획.

대한민국정부 (2016). 제3차 저출산 · 고령사회 기본계획.

모홍철 (2017). 삶과 맞닿아 있는 교육이 필요하다. **격월간 민들레**, 5, 6월호.

미래창조과학부 (2016). 뇌과학 발전전략. 2016.5.26.

서영숙, 서혜전, 안소영, 정영희, 양영아, 남미선, 이종현, 안지혜 (2017). **보육과정**. 경기: 공동체.

서영숙, 서혜전, 정영희, 양영아, 안소영, 이종현, 남미선 (2012). **보육과정**. 경기: 공동체

서혜전 (2010). 한국의 저출산 및 육아지원 현황과 과제. 한일공동학술세미나 자료집, 25-33.

서혜전, 김수영, 김인아 (2010), 일-자녀양육을 양립하여 살아가는 여성의 삶 살펴보기. 열린부모교육 연구 추계학술대회 발표자료집, 23-43.

신성욱 (2014). 조급한 부모가 아이 뇌를 망친다: 뇌과학이 알려준 아이에 대한 새로운 생각.

연합뉴스 (2020). "40년 뒤 인구 반토막난다...저출산 대책 다시 고민해야". 2020.7.22. 뉴스. https://www.yna.co.kr/view/AKR20200722060700003?input=1195m

이경숙, 정석진, 박진아, 신의진 (2009) 저출산에 대한 여대생의 인식 및 심리적 이해. **한국심리학회지 여성**, 14(1), 93-108.

이은화, 이영애, 이경미, 박희숙 (2000). 전통문화교육에 대한 유아교사의 인식과 실태조사. **한국영유아보육학**, 20, 135-154.

전숙자 (2009). **다문화사회의 새로운 이해**. 서울: 그린.

정귀순 (2008). 2020년 어린이 5명중 1명 '다문화가정 자녀'. 한겨레일보 2008년 11월 3일자.

조현준 (2017). **왜 팔리는가**. 서울: 아템포.

최옥채, 박미은, 서미경, 진석균 (2009). **인간행동과 사회환경**. 경기: 양서원.

통계청 (2007). 2005~2030 장례인구추계 결과.

통계청 (2017). 2017 통계로 보는 여성의 삶.

통계청 (2019). 2019년 인구동향.

한겨레신문 (2017). "실행은 인공지능에 맡기고, 문제해결형 인재 키워라" 2017. 1. 24 기사.

한국보건사회연구원 (2005). 기혼부인의 가족주기 단계별 경제실태와 정책방향.

한국여성정책연구원 (2018). 2018년 전국다문화가족실태조사 연구. 여성가족부. 연구보고 2019-01.

행정안전부 (2009). 2009년 지방자치단체 외국인주민 현황 조사결과.

홍승아, 이미화, 김영란, 유계숙, 이영미 (2009). 일-가족양립 정책의 국제비교연구: 정책이용 실태 및 일-가족양립현실. 한국여성정책연구원

황성하, 남미경, 서혜전 (2010). 한국과 일본 취학 전 유아 어머니의 육아 및 육아지원에 대한 인식과 실태 비교. **생태유아교육연구**, 9(2), 105-124.

e-나라지표 누리집. http://www-index-go-kr.nciashield.org 2020.7월 인출

YTN 뉴스(2020). "경제활동 많이 하는 여성 출산율도 높아" 2020.1.26. 뉴스. https://www.ytn.co.kr/_ln/0102_202001261057189531

Chapter

4

영유아 발달의 이해

영유아 발달의 이해

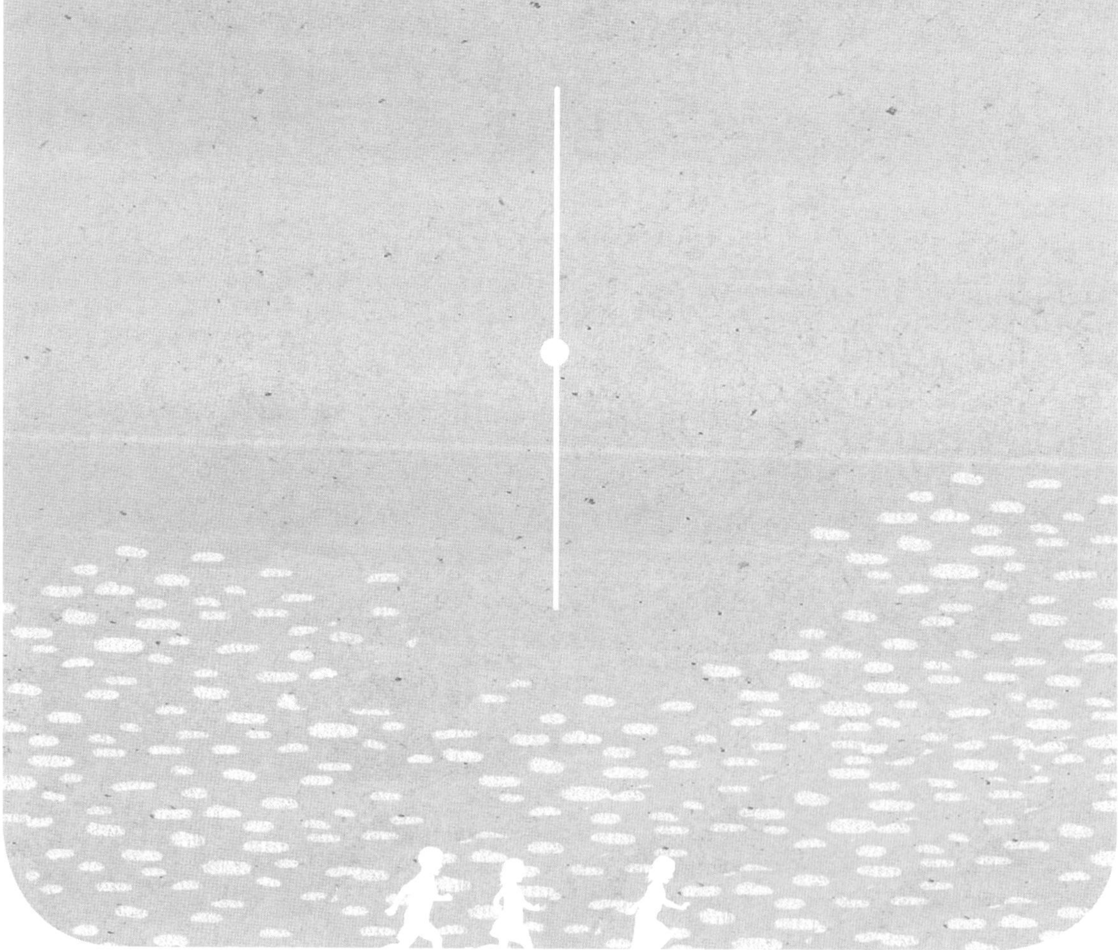

본 장에서는 영유아 발달 심리이론, 영유아기의 주요 발달 특징과 발달과제를 살펴보고, 이것이 보육에 시사하는 바가 무엇인지 알아보고자 한다. 영유아 발달을 설명하는 각 발달심리이론의 강조점에 따라, 생애주기별 발달과제를 성취하기 위해 어린이집에서 중점적으로 다루어야 하는 분야 중심으로 서술한다.

1. 영유아 발달이론과 보육

보육을 논할 때 영유아의 발달을 설명하는 이론들을 살펴보는 것은 필요하다. 각 심리발달이론들의 아동관, 발달관, 영유아 교수–학습, 보육방법 등 강조점에 따라 보육의 방향은 달라질 수 있기 때문이다. 영유아의 발달과 능력에 대해 설명하는 다양한 이론들은 영유아의 발달에 있어 다르게 접근하고 있으나, 그들의 이론을 근거로 보육에 여러 시사점을 제공한다. 성숙주의 이론은 신체적 · 지능적 발달에 초점을 두고 영유아 발달에 있어 '보편적인 영유아 발달 패턴'을 강조한다. 반면, 정신분석이론과 심리사회적 이론은 사회적, 감정적, 성격 발달에 관심을 두고 영유아 발달과업을 지원하는 것이 보육의 목표임을 강조한다. 행동주의자와 사회학습이론은 지능과 성격발달에 초점을 두었고, 인지이론은 지능발달과 그것이 어떻게 인지와 사회적 성장에 영향을 미치는지에 관심을 두고 있다.

1) 성숙주의 이론

(1) 기본 개념

성숙주의 이론의 초점은 보편적인 발달 패턴을 토대로 예정된 단계에 거쳐 발달이 전개된다는 것이다. 성숙주의 이론은 홀(Hall)과 게젤(Gesell)에 의해 발전된 이론이며, 기본적으로 인간발달의 과정이 유전적으로 이미 결정되어져 있다고 설명한다. 즉, 인간의 발달을 유전인자의 통제를 받는 신경계통의 성숙에 기인하는 것으로 보며, 인간은 이미 태어날 때부터 성숙에 대한 내적인 계획을 가지고 있다고 주장한다.

홀(Hall)은 아동에 대한 관찰을 토대로 『아동의 마음(The Contents of Children's Minds)』(1883)을 썼으며 이후 많은 연구자들이 영유아의 발달을 지속적으로 관찰하고 서술하는 연구를 확대해 나갔다.

홀의 제자였던 게젤(Gesell)은 그의 동료들과 함께 수십 년간 실시한 유아 관찰, 검사, 부모와의 면담을 통해 '연령에 따른 행동의 표준'을 수립하게 되었다(Gesell & Ilg, 1946). 게젤은 모든 측면의 발달이 개별 영유아의 '생물학적 시간표'의 결과로써 일어난다고 보았다. 즉, 어떤 경험의 영향보다는 '생물학적 준비도'가 영유아 학습능력의 최우선적 요인이라는 것이며(Weber, 1984), 발달과 학습에 있어 영유아의 성숙수준과 준비도가 중요하다는 것이다.

게젤은 이런 자신의 주장을 『아동 행동의 개체 발생(The Ontogenesis of Infant Behavior)』(1954)이라는 책을 통해 밝혔고, 아동의 성숙수준을 측정하는 일련의 행동 테스트를 만들어 아동들이 어떻게 성장하며 발달하는지의 기준을 제시하였다. 이 테스트는 운동영역, 적응영역, 언어영역, 개인-사회성 영역이라는 네 가지 영역으로 되어 있다. 이 테스트는 1928년에 처음 만들어졌지만 그 후에도 큰 수정 없이 사용되었고 이후 게젤 연구소에서 제작한 게젤발달검사(Gesell Preschool Test)가 2세 반부터 6세까지 유아를 대상으로 검사할 수 있는 도구로 많이 활용되었다. 이 검사도구는 유아가 어떤 나이수준의 수행능력을 보이는지, 유아의 발달이 자신의 연령보다도 어린지, 성숙한지를 알아보거나 각 영역 간의 수행능력이 균등하게 발달되었는지 아니면 불균등하게 발달되었는지를 알 수 있게 해준다.

게젤의 성숙주의 이론과 '연령별 학습에 있어 영유아의 성숙수준과 준비도' 개념은 연령수준에 따라 보육과정을 설계하는 데 정보를 준다. 또한 게젤에 의해 개발된 성장의 원칙들은 오늘날에도 발달의 중요한 원리로 남아 있다. 예를 들면, 성장은 머리에서부터 꼬리(말미)로 진행된다는 것, 몸 중앙에서부터 손과 발 같은 말단으로 진행된다는 것 등이다.

성숙주의 이론은 영유아의 타고난 유전적 요인에 의해 성장과 발달이 결정된다고 보며, 모든 성장은 사전에 결정된 유전적 요소로 구성된 틀에 의해 이뤄진다고 본다. 영유아의 발달에 미치는 환경적 영향을 최소한으로 인정하고 발달의 보편성에 관심을 두고 발달의 가장 중요한 힘은 바로 유아 내부로부터 나온다고 본다.

(2) 보육에의 시사점

보편적인 발달 패턴을 토대로 예정된 단계에 거쳐 발달이 전개된다고 보는 성숙주의 이론이 보육에 시사하는 바는 다음과 같다(서영숙, 김경혜, 2006; 서영숙 외, 2017).

첫째, 성숙주의 이론은 영유아 발달에 있어 '보편적인 영유아 발달 패턴'을 강조한다. 아동의 자연적 발달순서에 맞는 보육활동을 실시하며, 교사는 보편적 발달(표준행동목록)에 대해 잘 알고 있어야 하며 교육은 영유아의 발달상황을 파악하는 데서 시작되어야 한다고 본다.

둘째, 성숙주의에서는 영유아의 준비도 개념을 중시하고 있어 영유아의 발달수준과 준비도에 적합한 경험과 환경구성을 강조한다. 영유아는 자신의 내적 계획에 따라 발달할 수 있고 자발적 참여가 이루어질 수 있도록 따뜻하고 편안하며 허용적인 교실 분위기가 강조된다.

셋째, 영유아가 내적 흥미에 따라 활동할 수 있도록 영역별 활동을 풍부하게 제시해야 한다. 그리고 자발적 활동 참여가 이루어질 수 있게 충분한 시간과 허용적 환경이 주어진다면 모든 영역에서 자신의 가능성을 점진적으로 발전시켜 나갈 수 있다.

넷째, 성숙주의에서는 영유아의 흥미와 욕구를 중요하게 여기기 때문에 학습에 있어 교사가 지나치게 개입하지 말고 영유아의 요구에 바탕을 두고 개입해야 함을 명시하고 있어 수용자, 안내자, 촉진자로서의 교사 역할을 강조한다. 성장의 기본 방향은 영유아의 내부에서 나오기 때문에 발달수준에 적합하지 않은 경험이나 특정한 학습을 하도록 강요해서는 안 된다고 본다.

다섯째, 성숙주의에서는 영유아의 내적 계획에 따라 발달하기 때문에 혼합연령으로 집단을 구성하기보다는 동일 발달수준에 따라 집단을 구성하는 것이 학습 운영에 가장 중요한 요소라고 보고 있다(Wortham, 2006). 그럼에도 같은 연령이라고 해서 똑같은 내용을 같은 방법으로 가르치는 것은 바람직하지 않다고 본다.

2) 정신분석이론

정신분석이론은 인간의 성격발달 분야에 크게 영향을 미쳤으며, 인성의 발달과 인간에게 내재되어 있는 욕구를 중시하고 있다. 프로이트는 잠재의식이 인간의 행동에 어떻게 영향을 미치는지에 관한 심리성적 이론을 주장하며, 에릭슨은 사회적 관계에서 생겨나는 갈등을 극복하는 방식으로 심리사회적 이론을 설명한다.

(1) 기본 개념

정신분석이론의 대표적 학자인 프로이트는 영유아를 무의식적 존재, 갈등적 존재로 보았다. 우선 영유아의 정신세계는 의식세계와 무의식세계가 있으며, 의식보다 훨씬 커다란 무의식세계에서 일어나는 복잡한 심리역동들이 영유아의 의식적 행동과 사고에 깊은 영향을 미친다(Santrock, 2002). 그래서 영유아의 행동과 사고는 의식적이고 합리적이기보다는 오히려 무의식적이고 비합리적이기 때문에 프로이트는 영유아를 '무의식적 존재'로 보았다. 예를 들어, 한 영유아가 갈등을 회피하는 방책으로 사회적으로 바람직하지 못한 본능적 충동이나 생각들을 무의식 속에 눌러 넣게 되고 이로써 갈등은 비록 의식의 표면에서는 사라지지만, 무의식 속에 잠재되어 있기에 항상 영유아의 행동에 영향을 미치게 된다. 따라서 그는 아동의 초기 경험이 이후의 생활에서 나타나는 행동과 성격에 영향을 미친다고 믿었다.

또한 프로이트는 인간의 성격이 원초아(id), 자아(ego), 초자아(super-ego)로 형성되어 있으며, 이 세 영역 간의 조화로써 성격이 이루어진다고 설명하고 있다. 원초아(id)는 본능적 욕구를 관장하며, 자아(ego)는 본능과 욕구를 현실적 합당한 방법으로 충족시키는 기능을 하며, 갈등과 충동을 해결할 논리적이고 현실적 사고의 과정이다. 초자아(super-ego)는 4~5세쯤에 발달하여 양심이나 도덕성으로 발달한다. 한 개인의 성격 체계에서 원초아(id)가 지배적이면 충동적이고 원시적인 성격 특성을 나타내고, 초자아(super-ego)가 지배적이면 도덕적인 면에 치중하게 된다.

프로이트는 성적 에너지인 리비도가 행동을 유발하는 원동력이며, 그 리비도가 연령에 따라 일정 순서로 신체 부위에 집중되는데, 이것의 연령적 변화에 따라 구강기, 항문기, 남근기, 잠복기, 생식기라는 다섯 개의 발달단계를 제시하고 있다. 특히 인간의 성격형성과 발달에 결정적 역할을 하는 것은 앞의 세 개의 발달단계-구강기, 항문기, 남근기-라고 설명하고, 성장과정에서 적절한 만족, 적절한 좌절을 경험하면서 자아와 초자아가 정상적인 발달과 조화가 이루어지면 정신적으로 건강한 사람이 되지만, 이런 정상적 발달이 손상을 입게 되면 여러 부적응 행동이 유발된다.

에릭슨(Erikson)은 프로이트와 달리 출생에서 사망에 이르는 생의 전 과정에 걸쳐 발달이 이루어진다고 보고 전 생애를 여덟 개 발달단계로 분류하고 각 시기에 성취해야 할 심리적 발달과업이 있다(Erikson, 1963)고 설명한다. 즉, 출생하여 약 1세까지는 신뢰감, 1~4세까지는 자율성, 5~6세경에는 주도성, 초등학령기에는 근면성이 중요한 발달과업이다.

에릭슨은 각 시기마다 극복해야 하는 발달적 위기를 긍정적 발달 측면과 부정적 발달 측면의 '양극 개념'으로 설명하고 있으며, 이 위기를 성공적으로 극복하면 건전한 성격과 자아발달이 이루어지고, 그렇지 못하면 바람직하지 못한 성격이 형성되어 그 시기에 발달시켜야 할 긍정적 행동 및 사고유형이 획득되지 못한다고 본다. 예를 들어 생후 1년까지는 신뢰감이 중요 발달과업이나 여러 이유 때문에 신뢰감을 형성할 수 없으면 불신감이라는 부정적 발달을 하게 된다는 것이다. 즉, 각 발달단계에서 있을 수 있는 위기나 갈등을 어떻게 해결하느냐에 따라 성격이 결정되며 각 단계의 발달이 전 단계의 심리사회적 갈등 해결과 통합을 토대로 이루어진다고 설명하였다.

또한 에릭슨은 발달의 심리사회적 측면을 강조하며, 인간행동과 발달을 성적 요인보다는 사회적 요인에 의해 설명하고 있다. 즉, 개인의 발달은 내적 · 성숙적 요인과 사회문화적 요인들의 상호작용 결과로 이루어지며, 특히 가족과 학교와 같은 사회적 요인에 의해 영유아의 성격과 발달이 결정된다고 보았다.

(2) 보육에의 시사점

생애주기별 각 발달단계에서의 성취해야 하는 발달과업이 있으며 무의식적 요소가 인간의 발달에 큰 영향을 미친다고 보는 정신분석이론이 보육에 시사하는 바는 다음과 같다.

첫째, 보육교사는 영유아기의 주요 발달과업이 무엇인지, 발달과업을 지원하기 위한 성인의 역할이 어떠해야 하는지 인식할 필요가 있음을 강조한다. 인간은 평생 발달 · 변화하는 존재이며 이전의 발달은 그 다음 발달에 영향을 미치기 때문이다. 또한 발달단계별로 양극단 중 어느 한쪽만을 경험할 수는 없으나 이 둘 간의 적절한 비율을 경험하도록 배려한다.

둘째, 영유아기 보육의 목표는 안정된 애착과 신뢰감 형성, 자율성과 주도성을 획득하여 건강한 자아발달의 기초를 이룰 수 있도록 하는 것이라고 본다. 특히 에릭슨은 0~2세의 영아기 때 양육자의 안정된 보살핌과 지원은 기본적 신뢰감을 형성하는 데 기여하게 되고, 이 신뢰감은 자신, 타인, 사회에 대한 신뢰감의 토대가 된다고 주장하며, 인간의 전 발달단계 중 영아기를 가장 중요한 단계임을 밝히고 있다.

셋째, 영유아는 가족뿐 아니라 사회문화적인 맥락에서 폭넓게 이해되어야 한다. 영유아 발달에 사회적 요인이 긍정적 지지를 제공할 수 있으며, 문화적 다양성의 영향을 인정해야 한다.

넷째, 보육과정을 계획할 때 전인적인 존재로서의 아동을 고려하는 것은 중요하다. 아동이 자기의 자원을 강화함에 따라 모든 영역에서 성장은 통합적으로 일어난다.

다섯째, 놀이의 중요성을 강조한다. 영유아는 놀이를 통해 감정과 생각을 마음껏 표현함으로써 창의성을 발달시킬 수 있기 때문에 다양한 놀이가 이루어지는 보육활동에 영유아가 적극 참여하도록 지원할 필요가 있다. 또한 놀이를 통한 내적 긴장이나 갈등을 자유롭게 표출할 수 있는 허용적 분위기를 구성한다. 영유아가 스트레스나 욕구 좌절상황에 접하게 될 때 친숙한 놀이를 통해 내적 긴장이나 갈등을 표출할 수 있도록 지원해야 한다.

3) 행동주의 이론

(1) 기본 개념

행동주의 이론은 인간의 모든 행동이 학습과 경험에 의한 것으로 학습원리에 의해 새로운 행동을 하게 할 수도 있고 이제까지의 행동을 하지 않도록 할 수도 있다고 보는 관점에서의 접근이다.

행동주의 학습이론에는 파블로프(Pavlov) 이론과 같은 자극과 반응의 연합을 강조하는 입장, 스키너(Skinner)나 손다이크(Thorndike) 이론처럼 강화를 강조하는 입장, 신행동주의로 불리는 헐(Hull)의 학습이론, 반두라(Bandura)가 제안한 관찰학습이론 등이 있다.

행동주의에서는 자극에 대한 반응을 통해 학습이 이루어진다고 보고 자극(외적 요인)의 중요성을 강조하기 때문에 적절하고 단계적인 외적 경험을 제공함으로써 영유아의 바람직한 행동과 학습이 이루어질 수 있다고 본다(Santrock, 2002). 부적응 행동도 내면적 갈등의 산물이 아니라 부적절한 반응을 하도록 학습되었거나 바람직한 반응을 전혀 학습하지 못했기 때문이라고 본다.

따라서 행동주의 이론에 근거한 학습의 목적은 바람직한 행동과 경험을 하도록 적절한 환경을 마련하고 그 바람직한 행동이 지속될 수 있도록 강화를 제공하며, 잘못 학습된 부적응 행동은 새로운 학습환경을 마련하여 제거시키고 바람직한 행동이나 기술을 새롭게 학습하도록 한다는 것이다.

행동주의 이론가 중 스키너(Skinner)는 적절한 행동과 바람직한 학습을 위해 보상, 강화, 소거의 개념을 강조했으며 이 개념들은 오늘날 모든 학습환경에서 활용되고 있다. 스키너는 부정적인 행동을 없애고자 할 때 아동을 벌주는 방법보다는 소거시키고 바람직한 행동에 대한 정적인 강화를 결합시켜 아동의 행동을 수정해야 한다고 보았다.

반두라는 스키너와는 달리 직접적인 외적 강화 없이 관찰이나 모방을 통해서도 새롭고 바람직한 행동이 학습되기 때문에 모델링을 관찰하거나 대리적(간접적) 강화를 통해서도 새로운 행동을 하도록 할 수 있다고 보았다. 또한 행동은 단순한 환경적 자극에 대한 반응을 통해 학습되는 것이 아니라, 상황(자극)에 대한 개별적 반응과 해석을 통해 결정되는 것으로, 같은 자극을 받고 같은 상황에 있어도 그 사건에 대한 개별적 해석에 따라 다른 반응으로 나타날 수 있다는 것이다(Bandura & Walters, 1963). 따라서 인간은 단순히 다른 사람의 행동을 기계적으로 모방만 하는 것이 아니라 타인의 행동을 능동적으로 판단하고 재구성하여 행동하게 된다고 본다.

(2) 보육에의 시사점

첫째, 행동주의 이론은 강화와 벌을 사용함으로써 바람직한 행동을 하도록 하고 바람직하지 않은 행동은 점차적으로 소거시킬 수 있다고 강조한다. 이런 개념들을 영유아의 일상 훈육이나 문제행동 지도에 적절하게 활용할 수 있다. 이를 위해 보육교사는 관찰자, 강화자, 평가자 등 다양한 역할을 수행하면서 영유아의 발달을 도와야 함이 강조된다(서영숙 외, 2013).

둘째, 보육에 있어 환경과 보상의 중요성을 강조한다. 스키너는 만약 습득되기 원하는 행동을 촉진할 수 있는 환경만 마련된다면 영유아는 그 행동을 하게 될 것이며, 적절한 행동에 대한 성인의 보상은 그 행동을 더욱 강화시킬 것이라고 주장하였다. 보육환경, 보육프로그램, 하루 일과, 인적 자원 등이 조직적이고 체계적으로 구성되어야 한다고 본다.

셋째, 보육교사는 영유아기에 형성해야 할 바람직한 행동 조성과 긍정적 학습을 위해 영유아에게 어떻게 강화할 것인지를 정확히 알고 제공해야 하며, 영유아의 학습에 있어 부모, 교사, 또래 친구의 모델링을 강조한다.

4) 인지이론

(1) 기본 개념

피아제는 발달이란 객관적인 환경적 요인에 의해 결정되는 것이 아니라 인간이 어떻게 환경적 요인들을 받아들이고 처리해 가느냐의 주관적인 경험내용에 의해 결정되는 것으로 보고 있다. 즉, 인간의 능동적인 성숙요인과 함께 물리적 · 사회적 환경과의 계속적인 상호작용을 통해서 이루어진다고 보는 것이다(서영숙 외, 1998). 피아제는 영유아를 호기심 많고 능동적인 존재로 보고, 자발적이고 적극적으로 환경과의 끊임없는 상호작용을 통해서 발달한다고 하였다.

한편 피아제는 영유아의 사고과정이 성인의 사고과정과는 근본적으로 다르며 나름대로 독특한 사고 특성을 갖고 있으며, 질적으로 다른 네 가지 수준의 인지발달단계를 거친다고 주장한다. 개인에 따라 각 단계에 이르는 나이는 좀 늦고 빠름이 있으나 그 단계를 거치는 순서는 모든 문화권을 초월하여 동일하게 나타난다고 하였다.

피아제의 인지발달단계에 따르면, 출생 후부터 만 2세까지는 '감각운동기'로서 이 시기 영아는 감각적 경험과 신체활동을 통해 환경과 상호작용함으로써 정보와 지식을 획득한다. 이 시기는 오감각을 통해 경험할 수 있는 다양한 기회를 갖는 것이 필요하다.

만 3세부터 5세까지의 '전조작기' 단계의 인지적 특징은 상징적 사고, 자기중심적 사고, 물활론적 사고, 비가역성, 실재론적 사고 등이다(Wortham, 2006). 이 시기의 유아는 지각적 경험을 통해 지식을 구성할 수 있기 때문에 지각할 수 있고 구체적 경험을 할 수 있는 활동을 제공할 필요가 있다.

초등학교에 들어갈 시기의 아동은 구체적 사고를 하게 된다. '구체적 조작기' 단계의 아동은 구체적 사물이나 사건에 한해 논리적 사고를 할 수 있고, 읽기학습과 같은 상징을 사용하면서 배울 수 있게 된다. 가역적 활동이 가능하며 보존능력이 나타나기 시작한다. '형식적 조작기'는 12세 이후의 청소년기로 완전한 사고가 가능하고 추상적 개념과 상징물을 대상으로 한 지적 조작이 가능하다. 또한 가설 설정, 연역적 추리,

실증적 검증 등 과학적 사고방법이 가능하다. 이 시기 아동의 인지적 특징은 조합적 사고, 가설검증적 사고, 명제적 사고이다.

인지발달을 설명하는 또 다른 학자인 비고츠키는 '학습에 있어 사회적 상호작용이 중요한 역할을 한다'고 보고 있다. 사회적 상호작용을 돕는 사회적 환경에는 가족, 학교, 지역사회, 문화 등이 포함되며, 이들의 차이는 생각하는 방식에 영향을 주기 때문에 영유아의 문화적 · 개인적 배경을 중요하게 생각한다(Wortham, 2006). 그러나 피아제와는 달리 비고츠키는 '학습이 발달을 주도한다'고 믿었다. 피아제는 영유아의 사고수준과 인지발달단계는 정신적 능력을 통제한다고 주장했으나 비고츠키는 인지발달을 위해 학습이 일어나야 한다고 주장했다(서영숙 외, 2017).

비고츠키는 자신의 이론을 '근접발달지대(Zone of Proximal Development; ZPD)'와 '스캐폴딩(scaffolding)'이라는 두 가지 용어로 설명하고 있다. 근접발달지대란 영유아가 독립적으로 스스로 수행할 수 있는 실제 발달수준인 '독립수행수준'과 성인이나 또래의 도움을 받아 성취할 수 있는 잠재적 발달수준인 '원조수행수준' 간의 차이를 말한다(Vygotsky, 1978). 스캐폴딩이란 영유아의 학습과 인지발달을 지원하기 위해 교사와 성인이 수행하는 모든 것을 말한다. 즉, 영유아의 실제적 발달수준을 기초로 하여 잠재적 발달수준으로 나아갈 수 있도록 도움을 주고 도전해 볼 수 있는 기회를 제공하는 것이다. 따라서 교사는 영유아의 실제 발달수준을 이해하고 교수자료 및 교수방법, 교재 · 교구, 영유아를 지원할 다양한 경험 등을 제공하여 근접발달지대를 지원함으로써 잠재적 발달수준으로 나아갈 수 있도록 해야 한다.

(2) 보육에의 시사점

첫째, 구체적 경험을 통한 학습을 강조한다. 영유아는 구체적 활동을 통해 가장 잘 학습할 수 있다고 보기 때문이다. 또한 영유아 시기에 다양한 경험을 제공해야 함을 강조한다. 인지발달이론에서는 영유아와 환경 간의 상호작용과 경험을 통한 인지적

구조가 영유아의 지능을 결정짓는다고 본다. 접하게 되는 정보와 경험이 많아지게 되면 영유아의 지식은 점차 확장된다. 발달에 있어 구체적이며 적절한 경험, 능동적 활동, 영유아와 환경과의 상호작용이 필수적이며 각 발달단계에서 경험한 자극의 풍부함과 적절성의 정도 또한 중요하다. 특히 영아는 오감각을 통해 느낄 수 있는 다양한 교육활동이 강조된다. 영아는 신체활동과 감각을 통해 환경과 상호작용함으로써 정보를 획득할 수 있다고 보기 때문이다.

둘째, 피아제 이론은 영유아의 생각을 읽도록 도와주는 효과적인 대화방법에 대한 정보를 제공한다. "어떻게 그렇게 생각하게 되었니?", "네가 왜 그렇게 생각하는지에 대해 말해 주겠니?" 등의 질문은 영유아의 생각을 알 수 있도록 도와준다. 또한 영유아는 왜 그렇게 행동하는지를 이해하는 데 도움을 준다. 예를 들어 영유아가 틀린 답을 해도 자기 나름대로 모두 옳은 대답을 하고 있다고 믿고 있다는 점, 영유아의 생각과 어른의 생각은 질적으로 다르다는 점 등을 이해하도록 도와준다.

셋째, 영유아에게는 스스로 탐색과 조작할 수 있는 기회가 주어져야 한다. 인지이론에서는 스스로의 탐색과 조작으로 인지구조의 변화를 가져온다고 보기 때문이다. 즉, 영유아 스스로 흥미, 호기심, 탐구심을 가지고 환경과 상호작용할 수 있도록 내적 동기유발 중심의 학습을 강조한다. 피아제는 보상을 주거나 칭찬 등의 '외적 동기유발'보다는 영유아 스스로 호기심과 흥미를 가질 수 있는 내적 동기유발을 중요시한다 (김옥련, 박찬옥, 1990).

넷째, 비고츠키는 사람과의 사회적 상호작용이 영유아의 인지발달을 돕는다고 주장하고 있다. 따라서 또래 간 소집단 협력활동을 제공하는 등 또래 간의 사회적 상호작용할 기회를 많이 제공하는 것이 필요하다.

다섯째, 영유아의 인지발달을 지원하기 위한 교사의 역할에 대해 시사점을 제공한다. 교사는 영유아의 자발적 학습을 유발하는 환경 조성과 영유아를 직 · 간접적으로 도와줌으로써 독립수행수준이 늘어날 수 있도록 지원해야 한다. 영유아가 알고 있는 것을 더욱 명확하게 해주고, 지식을 재구성하여 성장하도록 적시에 적절한 질문을 하는 교사의 자질이 중요하다(김옥련, 박찬옥, 1990). 영유아의 인지갈등을 불러일으키는 적절한 정도의 새로운 사물과 질문을 제시할 필요가 있다. 또한 교사는 교수자료 및 교수방법, 교구 · 교재, 영유아를 지원할 다양한 경험 등을 제공하여 영유아가 새로운 능력을 획득할 수 있게 해야 한다. 그리고 처음에는 교사가 목표 성취를 위해 최대한의 도움을 주지만, 점차 영유아의 능력이 증가함에 따라 영유아가 과제에 대해 보다 많은 책임을 맡을 수 있도록 도움을 줄여나가고 최종적으로는 도움 없이 목표를 성취할 수 있도록 지원해야 한다(서영숙 외, 2017).

5) 생태체계이론

(1) 기본 개념

생태체계이론은 환경적 맥락이 영유아의 발달과 양육에 영향을 가장 많이 미치고 있으며, 영유아는 그들을 둘러싸고 있는 복잡한 수준의 체계와의 관계 속에서 이해되어야 함을 강조한다. 생태체계이론의 대표 학자인 브론펜브레너(Bronfenbrenner)는 사회구성원인 한 인간이 직접적으로 상호작용하고 인간발달에 영향을 미치는 네 가지 환경체계를 제시하였다.

첫째, 미시체계(microsystem)는 영유아에게 가장 인접되어 있는 체계로 가정, 학교, 또래집단, 이웃처럼 영유아 발달에 직접적으로 영향을 미치는 환경을 말한다. 영유아는 이들 환경에서 개인이 경험하는 활동양식, 역할 그리고 인간관계 및 물리적 환경 등의 관계 속에서 영향을 받는다.

둘째, 중간체계(mesosystem)는 미시체계 간의 상호관계(미시체계 내의 구성요소들 간의 관계가 서로 연관성을 갖고 영향 미침)를 말한다. 예를 들면 영유아의 학습능력은 가정에서 부모 등으로부터 어떻게 격려받았는지에 따라 달라질 수 있으며, 가정에서 가족과의 경험이 또래 간 경험 또는 교사와의 경험과 관계가 있다는 것이다. 또한 부모로부터 거절을 많이 경험한 영유아라면 보육교사와의 관계에서 긍정적인 관계를 맺는 데 어려움을 갖게 된다는 것이다(서영숙 외, 2017). 중간체계가 말해주는 것은 어린이집에서 보이는 영유아의 행동만이 아니라 그를 둘러싼 가족, 또래, 형제 간의 경험과 상호관계를 고려해야 한다는 것이다.

셋째, 외체계(exosystem)는 사회경제적 요인, 부모의 직장과 직업, 정부기관, 사회복지기관, 교육위원회, 대중매체, 직업 분야 등과 같이 영유아가 주도적으로 활동하지는 않지만 영유아 발달에 영향을 미치는 체계를 말한다(Santrock, 2002). 예를 들어 부모가 다니는 직장은 육아를 지원하는 곳인가 하는 것, 정부가 영유아의 생활과 관련된 공원, 놀이터, 도서관 설치와 질 규정을 만드는 것, 지역의 보건소와 병원의 질 등은 영유아와 관련이 없다고 볼 수 있으나 영유아의 삶에 절대적 영향을 미친다.

넷째, 거시체계(macrosystem)는 중간체계와 외체계를 포괄하는 체계로서 각 문화권 특유의 가치, 태도, 신념, 이데올로기, 행동양식 등이 이에 속한다. 이러한 거시체계는 영유아의 삶에 간접적으로 강력한 영향을 미친다. 예를 들면, 한국에서 성장한 영유아와 미국에서 성장한 영유아는 서로 다른 사회적 이데올로기를 경험한다. 영유아가 속해 있는 사회문화적 배경에 따라 부모의 양육태도와 양육신념은 다르고 이것은 그들의 발달에 계속 영향을 미친다. 따라서 영유아가 속해 있는 사회문화적 측면을 토대로 영유아의 행동과 발달을 이해하고 보육에 반영하여야 한다.

생태체계이론은 사회체계들과의 관계 속에서 영유아의 발달과 행동이 이해되어야 함을 강조하였고, 영유아가 가지고 있는 생물학적 속성은 환경의 영향력과 상호작용하며 발달이 일어난다고 본다.

(2) 보육에의 시사점

첫째, 보육현장에서는 영유아를 둘러싼 생태체계를 고려해야 한다. 영유아의 부모,

가정환경, 부모와의 관계, 부부간의 상호작용 등 영유아를 둘러싼 환경을 이해하는 것이 선행되어야 한다. 따라서 교사는 어린이집에서 보여지는 영유아의 행동으로만 그들을 이해하는 것이 아니라 다른 환경적 측면에서의 영향이 있는지를 고려해 보는 것이 필요하다. 영유아의 발달을 잘 지원하기 위해서는 다양한 환경상황, 즉 가족, 또래, 기관 등의 상황에서 영유아의 행동을 잘 관찰하는 것이 매우 중요하다.

둘째, 생태체계 간에는 서로 연계가 되어 있기 때문에 보육현장에서는 영유아의 가정, 어린이집, 지역사회가 서로 협력적으로 연계하여 지원해야 한다. 예를 들어 알림장을 통해 어린이집과 부모가 서로 의사소통함으로써 영유아 발달을 위한 협력체계가 형성되는 것이다. 그 외에도 부모면담, 부모 참여수업 등은 영유아를 이해하고 가정과의 협력적 토대가 될 수 있다.

셋째, 보육에 대한 국가정책이나 지방자치단체의 의사결정 등이 보육의 질을 좌우할 뿐 아니라 보육에 대한 거시체계의 문화적 특성이 보육의 방향에 영향을 주는 것을 간과하지 않아야 한다(서영숙, 김경혜, 2006).

넷째, 영유아는 환경과 상호작용하기 때문에 질 좋은 환경을 제공하는 것이 필요하며, 영유아가 다양하면서도 긍정적 환경과 상호작용할 수 있는 경험을 제공하는 것이 필요하다.

2. 영유아 발달 특징과 보육에의 시사점

영유아기의 주요 발달 특징과 발달과제를 살펴보고, 이것이 보육에 시사하는 바가 무엇인지 알아보고자 한다. 특히 영아기와 유아기로 구분하여 각 시기의 중요한 발달과제를 성취하기 위해 어린이집에서 중점적으로 다루어야 하는 분야 중심으로 서술한다.

1) 영아기 발달 특징

영아기는 모든 발달의 급속한 성장이 이루어지는 시기이기 때문에 보육교사는 영아기의 신체, 인지, 정서 · 애착 · 기질의 발달 특징을 이해하고 영아기 주요 발달과제를 토대로 보육활동 및 경험의 지원이 이루어져야 한다.

(1) 신체·지각·인지발달

영아는 출생 시 평균신장 50cm, 몸무게는 약 3.4kg으로, 생후 1년간 신장은 1.5배, 몸무게는 3배 정도 증가한다(대한소아청소년과학회, 2020). 이처럼 영아기는 일생 중 신체적 성장과 발달이 가장 빠른 시기로 신체의 모든 부분이 급속한 성장을 보인다.

신체발달은 신체 크기의 변화뿐 아니라 대근육, 소근육과 같은 근육조절능력의 발달을 포함한다. 영아기에는 머리를 들고, 앉고, 뒤집고, 기고, 서고, 걷는 등의 대근육 운동기능이 발달하게 되고, 소근육은 팔, 손, 손가락 순으로 발달하며 점차 눈과 손의 협응능력도 좋아지게 된다. 근육발달과 운동기능의 발달은 뇌발달과 밀접한 관련이 있다. 손을 사용하고 음식을 먹고 몸을 구부리고 걷고 달릴 수 있는 것은 손이나 턱, 몸통, 다리 등의 근육이 뇌에서 명령하는 대로 움직이기 때문이다. 즉 운동기능은 뇌신경과 근육조직의 발달로 인해 발달하게 된다.

또한 영아기는 뇌의 기본 골격이 형성되며 신경세포끼리의 연결망(시냅스)이 만들어지는 시기로서 뇌의 무게뿐 아니라 모양, 뇌의 신경세포 간의 연결의 밀집도와 전달속도가 변화한다(강세현 외, 2020). 정상적으로 출생한 영아는 뇌의 신경세포의 기본 구조가 형성된 뇌를 가지고 출생하고, 출생 후에는 기본 구조가 형성되는 것이 아니라 뇌의 신경세포 간에 연결망이 급속도로 확장된다. 시냅스의 생성은 초기 뇌 발달의 핵심과정으로, 생후 6개월에서 2세까지 시냅스 생성이 최고조에 이른다(대한소아청소년과학회, 2020). 시냅스는 영아들이 새로운 기술과 지식을 익히고 배우고, 기억을 생성하고, 환경에 적응하는 동안 계속해서 생성되므로, 만 2세 전후의 감각 경험이 매우 중요하다. 또한 이 신경세포 간에 연결이 어느 정도 형성되는가에 따라 개인의 지능이 결정되는데, 그것은 영양, 경험, 정서적 안정 등의 영향을 받는 것으로 알려지고 있다(강문희 외, 2006).

영아는 출생 후 감각기관을 통해 다양한 자극을 받게 된다. 영아기는 감각기관을 통해 들어오는 주변 환경의 자극을 정확히 인식하고 변별하는 지각의 과정이 생존과 적응을 위해 매우 중요하다. 지각이란 시각, 청각, 촉각 및 후각 등의 감각자극을 뇌에 저장되어 있는 구조를 통해 해석하는 것이며, 감각기관을 통해 들어온 자극을 뇌로 전달하고 이것에 통합성을 부여하여 해석하고 경험으로 자각하는 과정을 말한다. 따라서 지각을 위해서는 감각발달이 선행되어야 하며 중요한 기본적 감각능력은 생후 1년 사이에 거의 발달이 완성된다.

인지발달은 영유아기에 급격히 발달하고 대략 2세에 이르기까지 영아의 인지능력은 감각운동과정을 통해 발달한다. 이를 피아제는 '감각운동기'라고 하였고, 이 시기 영아는 신체활동과 감각을 통해 정보를 획득하고 환경과 상호작용함으로써 스스로 지식을 구성한다고 주장한다. 따라서 영아를 위해 다양한 신체활동과 오감각을 통해 느낄 수 있는 다양한 자극이 필요하다. 접하게 되는 정보와 경험이 많아지게 되면 영아의 지식은 점차 확장된다.

(2) 정서·애착·기질 발달

정서는 생리적 각성, 표현적 행동, 그리고 사고와 감정을 포함한 의식적 경험의 혼합체로서, 내부에서 진행되는 일시적 혹은 장기적인 느낌이나 감정을 의미한다(동아사전, 2018). 신생아는 출생 시부터 기쁨이나 슬픔과 같은 정서는 존재하나 덜 분화된 상태에 있으며, 초기 2년 동안 분화된다. 먼저 유쾌와 불쾌의 정서가 분화되고, 그 다음에 불쾌한 정서로부터 차츰 분노, 혐오, 공포, 슬픔 등의 정서가 나타나며, 유쾌한 정서로부터 행복, 기쁨, 만족 등의 정서가 나타나서(강세현 외, 2020), 생후 2년이 지나면 성인에게서 볼 수 있는 거의 모든 정서가 나타난다.

영아의 정서발달은 다양한 정서의 출현, 자기정서 인식발달, 타인의 정서에 대한 이해, 자신의 정서조절능력 등을 거치면서 발달하며, 초기에는 자신이 경험하는 모든 정서를 다 표현하지는 못하지만 시간이 지나면서 정서표현이 다양하고 복잡해진다. 연령이 증가하면서 다양한 정서표현양식을 갖게 되는 것은 기본 정서, 상황적 맥락, 인지발달과 언어능력과의 상호작용 결과이다. 다양한 정서가 분화되는 영아기에 영아 주위의 다양한 성인들과의 긍정적 정서 접촉을 하는 것이 영아의 정서발달에 중요하다.

또한 영아기의 가장 중요한 사회적 발달은 영아와 양육자 간에 친밀한 정서적 유대를 형성하는 '애착'이다. 영아는 주로 어머니와의 상호작용을 통해 사회적 관계를 형성하는데, 이때 어머니가 영아의 욕구를 일관성 있고 적절하게 충족시켜 주고 따뜻하고 반응적인 양육을 제공하면 영아는 사람에 대한 기본적 신뢰감을 발달시킨다고 에릭슨(Erikson)은 말한다. 영아가 주 양육자와의 안정적인 애착을 형성함을 토대로 사회에 대한 기본적 신뢰감을 발달시키게 된다.

그리고 영아는 출생 직후부터 다른 '기질'적 특성을 보인다. 어떤 영아는 순한 반면, 어떤 영아는 까다롭다. 또 어떤 영아는 반응과 행동이 느린 반면, 어떤 영아는 민첩하고 쾌활하다. 기질이란 영아에게서 출생 초기부터 나타나는 개인적 성향(Coffman, Levitt, Guacci, & Silver, 1992), 또는 정서적 반응으로서 이후의 성격형성의 기초가 된다(Houldin, 1987). 기질은 타고난 것으로 유전의 영향을 많이 받으며, 기질을 형성하는 심리적 특성이 성인기 성격의 토대이다(Caspi & Silva, 1995).

영아의 기질은 주 양육자인 부모와의 관계에 영향을 미치고, 부모의 양육태도 또한 영아의 기질을 변화시킨다(강세현 외, 2020). 유전적 영향을 많이 받는 기질 특성도 환경의 영향에 의해 변할 수 있다. 즉, 수줍고 소심한 기질을 가지고 태어났더라도 외부 세계에 대처양식을 부드럽게 촉진시키는 환경에서 양육된 영아는 이런 속성이 점차 소멸

될 수 있다. 또한 까다로운 영아의 부모가 인내심을 가지고 영아의 요구에 민감하게 대처하면 그 결과는 보다 조화로운 관계가 될 수 있다. 영아의 발달에 있어 영아 기질과 부모의 기질이 얼마나 조화를 이루는가가 중요한 핵심이 될 수 있다. 부모는 영아의 기질을 제대로 파악함으로써 기질에 맞는 적절한 양육을 제공해야 한다.

2) 영아기 발달과제 및 보육에의 시사점

보육교사는 영아기의 발달과제에 대해 알고 이를 토대로 영아를 지원해야 한다. 위에서 살펴본 영아의 발달 특성을 토대로 영아의 주요 발달과제와 보육에 시사점은 다음과 같다.

- 영아는 대근육과 소근육의 발달을 위한 다양한 경험을 가져야 한다. 단추를 채우거나 젓가락질을 하는 등의 손을 움직이는 소근육 발달 기회와 공놀이, 달리기, 자전거 타기, 각종 몸놀이 등 대근육을 많이 쓰는 신체놀이를 함께 많이 하는 것이 필요하다. 대근육 운동은 영아들의 신체, 인지, 정서, 성격발달에 매우 중요하게 작용한다.
- 영아기는 신체적 성장이 매우 급격히 이루어지는 시기이므로 생애 초기에 영양관리나 건강관리가 미흡하면 향후 추가적인 질병이 유발되기도 한다. 따라서 어린이집에서 영아의 간식, 급식 제공 시 충분한 영양이 공급될 수 있도록 해야 한다. 양질의 충분한 영양 공급은 뇌의 신경세포 간 연결과 개인의 지능에도 영향을 주기 때문이다. 또한 영아기의 신장과 체중은 건강을 나타내는 지표이기도 하며 어린이집에서 정기적으로 체크하는 것이 필요하다.
- 영아의 발달 상태 및 발달지체를 평가하고 점검해야 한다. 어린이집에서는 생애 초기의 발달 상태 및 발달지체 평가와 관련된 국가의 다양한 서비스와 정보를 영아 부모들에게 알려주는 것이 필요하다. 우리나라에는 영유아의 성장과 발달을 미

리 살펴봄으로써 이 시기에 흔한 문제들을 평가하고 예방하기 위한 영유아 건강검진제도, 국가예방접종, 선천성 대사 이상 검사 등을 무료로 실시하고 있다. 정부의 관련 부처에서도 이를 알려주고 있으나, 발달 상태를 평가하고 문제가 있을 때 조기 발견하여 개입할 수 있도록 부모들에게 정보를 제공할 수 있어야 한다.

- 감각기관을 충분히 활용할 놀이와 경험이 필요하다. 감각기관을 통해 들어오는 주변 환경의 자극을 정확히 인식하고 변별하는 지각의 과정은 생존과 적응을 위해 매우 중요한데, 지각을 위해서는 감각발달이 선행되어야 한다. 중요한 기본적 감각능력은 영아기에 거의 발달이 완성되기 때문에 감각기관을 충분히 활용할 자극이 필요하다.
- 정서적으로 안정된 유대관계 및 애착과 신뢰감 형성이 필요하다. 영아기의 가장 중요한 사회적 발달은 영아와 양육자 간에 친밀한 정서적 유대를 형성하는 애착이고, 출생 후 1세까지 성취해야 하는 가장 중요한 발달과제는 기본적 신뢰감이다.
- 영아의 기질을 파악하고 기질에 맞는 적절한 양육을 제공해야 한다. 유전적 영향을 많이 받는 기질 특성도 환경의 영향에 의해 변할 수 있고, 부모의 양육태도는 영아의 기질을 변화시키기 때문이다. 영아의 발달에 있어 영아 기질과 부모의 기질이 얼마나 조화를 이루는가가 중요한 핵심이 될 수 있다. 따라서 어린이집에서는 영아 기질과 발달수준에 대한 이해, 감각기관을 충분히 활용한 자극 제공의 필요성과 방법, 안정된 애착형성 방법과 중요성, 한계설정을 가진 애정적 양육방법 등에 대한 부모교육을 마련하고 제공하는 것이 필요하다.

3) 유아기 발달 특징

(1) 신체발달

유아기는 영아기보다는 실제적 신체 성장 속도는 느린 편이나 신장과 체중이 꾸준히 증가하여 유아기에는 매년 신장 5~7cm, 체중은 2~3kg씩 증가하여 5세가 되면 유아는 평균 신장이 115cm, 체중은 20kg 정도 된다(정옥분, 2007).

유아기는 실제 신체 성장 속도는 둔화되지만 운동기술은 급속도로 향상된다. 중심에서 말초로 신체운동발달이 진행됨에 따라 유아기에는 뜀뛰기나 달리기, 뛰어내리기, 매달리기, 깡총뛰기, 평균대 오르기 등 몸의 균형을 필요로 하는 대근육활동이 가능해진다. 또한 유아들은 영아기에 성취한 신체능력을 기초로 반복적인 연습과 활동을 통해 운동기술을 정교화시킨다. 유아기의 대근육운동 발달은 다른 사람과의 관계에서 중요한 역할을 한다. 신체활동을 공유하면서 자연스럽게 친구를 만들 수 있으며, 자신의 신체가 놀라운 가능성을 가지고 있다는 것을 발견하면서 자신의 잠재적 능력을 즐기고, 새로운 운동능력을 습득하면서 얻어지는 기쁨이 유아들의 자율성을 신장시킨다.

유아기는 블록 쌓기, 그림 그리기, 만들기, 가위질하기 등 소근육 운동의 발달 역시 상당한 진전을 이룬다. 3세경이면 스스로 음료수를 따르고 숟가락으로 음식을 먹으며, 용변을 볼 수 있고, 4세경에는 도움을 받으며 옷을 입을 수 있고, 5세경에는 도움 없이 옷을 입을 수 있다. 또 3~5세 유아들은 정교한 동작을 민첩하게 수행하지는 못하지만 점진적으로 단춧구멍 끼우기, 그림 그리기, 점토 만들기 등 소근육을 사용하는 기술 역시 발달하게 된다. 이런 소근육 기술은 눈과 손의 협응, 두 손 사용의 협응, 사물의 조작력 그리고 손가락의 기민성 및 근력을 필요로 한다. 그리고 소근육 기술은 흔히 '자조기술'로 불리는데 유아로 하여금 자율성과 자아존중감을 획득하는 데 중요한 영향을 미치게 되며, 적응력과 창조적이고 정서적인 표현의 기술 및 일상생활에서의 독립성 등과 밀접한 관계가 있다(Sudsawad, Trombly, & Herderson, 2002).

(2) 인지·언어발달

유아기는 영아기에 비해 놀랄 만한 인지적 성장이 이루어지며, 유아의 인지발달이 영아의 인지발달에 비해 가장 크게 차이가 나는 것은 상징적 사고의 출현이라고 할 수 있다. 즉, 유아기에 표상활동(representational activitiy)과 상징활동(symbolic activity)이 증가하는 것이 영아기와 유아기의 뚜렷한 차이이다. 피아제는 유아기의 인지발달 단계를 전조작기로 부르면서, 전조작기 사고의 특징으로 상징적 사고, 자기중심적 사고, 물활론적 사고, 비가역성 등으로 설명하였다(강세현 외, 2020).

'상징적 사고'는 여러 가지 물체와 현상 등을 상징적인 형태로 바꿀 수 있는 능력으로 유아는 베개를 가지고 아기 재우는 흉내를 내는 등 가상놀이를 통해 하나의 사물을 다른 어떤 것으로 상징화하는 것이다. '자기중심적 사고'는 이기심과는 달리 다른 사람의 입장이나 관점을 생각하지 못하고, 모든 사람들이 자기가 생각하는 것과 같은 방법으로 생각한다고 믿는 것으로, 세상의 모든 것을 자기중심적으로 사고하고 우주의 중심이 자기 자신이라고 생각하는 것이다. 이로 인해 보존개념 결여와 비가역적 사고의 한계를 보이며, 이런 자기중심성은 언어에서도 나타나 유아기는 자기중심적 언어가 많이 나타난다.

'비가역성'은 일방적 논리에 의해 모든 것을 한 방향으로만 생각하는 것이다. 대표적 예로, 유아에게 언니가 있는지 물어보면 '네'라고 대답하나, '너의 언니는 여동생이 있니?'라고 물어보면 '아니오'라고 대답한다. 유아는 대상물들을 정신적으로 재배열할 수 없으며, 다른 방법으로도 배열할 수 없다. '물활론적 사고'란 생명이 없는 대상에게 생명과 감정을 부여하고 세상의 모든 만물에 생명이 있다고 생각하는 것이다. 유아는 외부세계에 존재하는 사물과 상호작용하면서 대상영속성을 습득하고 점차적으로 복잡한 사고를 발달시킨다.

한편, 유아기 지각능력의 발달은 영아기에 획득된 지각능력이 보다 정교화되고, 특히 책 읽기와 그림 찾기 등의 활동에 요구되는 주의집중력이 발달한다(서영숙 외, 2017). 유아기 지각능력의 발달은 여러 인지적 조작이나 지적 과제 해결의 기초가 되는 중요한 발달과제로서, 성장하면서 주변의 여러 대상들을 변별하고 분류하며, 서열이나 보존개념, 수개념 등을 형성하게 되고 인과관계에 대한 이해를 발달시키게 된다.

그리고 유아기에는 상상능력과 언어능력이 급속하게 발달하는데, 영아기에 비해 어휘 수가 증가하고 문법의 숙달, 탈중심화를 통해 사회화된 언어를 사용할 수 있게 되면서 의사소통이 보다 효율적으로 이루어진다. 특히 유아의 언어능력은 양육자와의 상호작용에 의해 많은 영향을 받기 때문에(Goldfield & Snow, 1984), 언어적 경험의 기회를 자주 가질 수 있도록 부모와 어린이집 보육교사의 노력이 요구된다.

(3) 사회·정서발달

사회성은 다른 사람들의 기분과 감정 등을 잘 이해하며 이에 대한 적절한 대처로 원만한 관계를 맺고 사람과 소통하는 가운데 즐거움을 나누는 능력으로, 사람을 쉽게 잘 사귀는 일, 자신이 속한 사회적 규범을 따르며 사회적 활동을 즐기는 것을 말한다(Sarason et al., 1998). 유아기 사회성 발달의 주요 특징은 주도성이 강해지면서 점차 독립심과 자신감을 얻게 된다. 6, 7세가 되면 유아는 능력과 기술 등이 향상되면서 부모에게서 독립하여 스스로 결정하고 행동하기 시작한다.

유아기는 영아기에 비해 대인관계의 폭이 넓어지고 다양해지기 때문에 사람과의 관계에 따른 정서적 긴장이 나타나며, 언어능력의 발달로 자신의 주장을 관철시키기 위한 언어적 표현도 많이 하게 된다. 특히, 유아는 주로 놀이를 통해 사회적 관계를 형성하고 사회적 기술과 역할을 습득하게 되며 정서적 긴장감도 해소한다.

유아기 정서는 영아기 때와 별 차이점은 없지만, 정서 유발 요인과 표현방법에서 차이가 나고 이때부터 정서 이해와 규제능력이 발달하게 되어, 남들이 보는 자신의 모습을 생각하면서 부정적 정서를 언제 감춰야 할지 인식하기 시작한다.

유아기는 공포와 분노, 호기심과 같은 사회적으로 중요한 정서를 표현한다. 유아기에 나타나는 정서 중 가장 강하게 나타나는 것 중의 하나는 '호기심'이다. 호기심이란 새롭고 신기한 것을 좋아하거나 모르는 것을 알고 싶어 하는 마음으로서 '왜?'란 질문을 많이 한다. 또한 유아기의 대표적 정서 중 하나인 '공포와 불안'은 영아기에 겪었던 낯가림이나 분리불안에 더하여 여러 수많은 것에 대해 공포를 느끼게 된다. '분노'는 하는 일을 방해받거나, 원하는 것을 가질 수 없거나, 요구를 거절당할 때, 무엇을 강요하거나, 빼앗겼을 때 이에 저항하는 정서로서, 떼쓰기 행동으로 표현된다.

유아기 정서발달의 중요한 목표는 어떻게 사회가 용납하는 방법으로 표현하게 할 것인가와 적절한 정서조절을 할 수 있는 것이 될 수 있다. 정서조절이란 다양한 자극에 대해 나타날 수 있는 다양한 정서 반응을 통제할 수 있는 능력을 말하는 것으로 자신의 감정을 때와 장소를 가리지 않고 드러내는 것도, 자신의 감정을 무시하고 억누르면서 상황에 맞춰 행동하는 것도 정서를 잘 조절한다고 볼 수 없다. 따라서 정서에 대한 이해가 한 단계 발전하게 되는 만 4~6세경에 주어진 상황에서 적절한 정도로 자신의 정서를 표현할 수 있는 정서조절 기제를 발달시키는 것은 이후 청소년기와 성인기를 지나는 동안 정서를 조절하는 능력을 발달시키기 위해 꼭 필요하다. 이를 위해 성인들은 유아기에 보이는 이런 다양한 정서들을 이해하고, 그것을 언어적 · 비언어적인 방법으로 수용하면서 유아들의 정서가 보다 세분화되고 다양해질 수 있도록 도와야 한다(서영숙 외, 2017).

4) 유아기 발달과제 및 보육에의 시사점

유아의 발달 특성을 토대로 유아의 주요 발달과제와 보육에의 시사점은 다음과 같다.

- 유아의 건강 · 영양과 관련하여 주요 발달과제는 대 · 소근육 운동의 발달, 대소변 통제 및 기본적 생활습관 습득에 관한 것이다. 운동기능의 정상적 발달은 신경계의 기능이 정상적임을 의미하는 중요한 지표이기 때문에 적절한 활동과 놀이를 통해 유아의 대 · 소근육 및 신경계가 정상적으로 작동되고 있는지, 발달의 지연이나 장애는 없는지 관찰하는 것이 필요하다. 또한 보육교직원은 대소변 가리기

와 기본적 생활습관, 식사습관, 음식기호, 식사태도, 위생습관 등 자조기술을 습득할 수 있도록 유아를 지원해 주어야 한다.

- 유아기는 영아기에 비해 성장 속도는 감소하는 반면, 신체활동량이 많아지며 운동기능의 발달이 빠른 시기로 이에 필요한 영양 공급이 매우 중요하다. 어린이집에서는 균형 있는 급 · 간식을 통해 유아발달에 필요한 영양 공급이 이뤄질 수 있도록 해야 한다. 유아기의 올바른 식습관이 유아의 신체적 · 인지적 · 정서적 발달에 중요한 요인으로 작용함을 인식하여 결식 유아 관리, 급식 지원, 지역 내 보건소 등과 연계한 영양교육 서비스를 실시하도록 해야 한다.
- 자율성 발달, 적절한 자아통제, 자신에 대한 긍정적 자존감 형성은 유아기의 중요한 발달과제이다. 따라서 보육교직원은 유아가 자율적 탐색의 욕구를 만족할 기회를 가질 수 있도록 도와주고, 놀이를 통해 사회적 관계를 형성하고 사회적 기술과 역할을 습득함으로써 자신에 대한 긍정적 자존감을 형성할 수 있도록 지원해야 한다.
- 유아기에는 영아기에 비해 어휘 수가 증가하고 문법의 숙달, 탈중심화를 통해 사회화된 언어를 사용할 수 있게 되는 등 적절한 언어사용 능력 획득이 유아기의 중요 발달과제이다. 유아기의 적절한 언어 사용 능력은 효율적인 의사소통이 이뤄지도록 한다. 따라서 유아기 언어발달의 돕기 위해서는 유아가 언어의 기초가 되는 단어 습득과 이해를 위해 다양한 경험을 하는 것이 필요하다. 또한 보육교사가 유아가 만들어 낸 단어들의 의미를 또래들에게 설명하게 하고, 간단한 유아의 말을 완전한 문장으로 다시 말해주면서 유아의 언어발달을 도모할 수 있다.
- 유아기의 주요 발달과제인 '양육자와의 안정적 정서 교환'은 정서의 올바른 조절과 긍정적 정서발달에 도움이 된다. 보육교사는 어린이집에서 유아가 지내는 동안 교사와 유아 간의 안정적 정서 교환이 이루어질 수 있도록 노력할 필요가 있다.

참고문헌

강문희, 신현옥, 정옥환, 장정옥(2006). **아동발달**. 교문사.

강세현, 서혜전, 오정영, 임원선, 전영록(2020). **인간행동과 사회환경**(3판). 양성원.

곽노의, 김경철, 김창복(2004). **유아교육개론**. 학지사.

김옥련, 박찬옥(1990). **유아교육개론**. 교육과학사.

대한소아청소년과학회 홈페이지. https://www.pediatrics.or.kr 2020.7월 인출

동아출판편집부(2018). **동아새국어사전**. 동아출판.

서영숙, 김경혜(2006). **보육학개론**. 양서원

서영숙, 서혜전, 정영희, 양영아, 안소영, 이종현, 남미선, 안지혜(2017). **보육과정**. 공동체.

서영숙, 서혜전, 김영명, 채혜선, 김진숙(2013). **보육학개론**. 경기: 양서원

서영숙, 이재연, 성영혜, 김광웅(1998). **아동교육심리**. 숙명여자대학교 출판부.

정옥분(2007). **아동발달의 이해**. 서울: 학지사

Bandura, A., & Walters, R.(1963). *Social learning and personality development*. New York: Holt, Rinehart & Winston.

Caspi, A., & Silva, P. A.(1995). Temperamental qualities at age three predict personality tratis in young adulthood: Longitudinal evidence from a birth cohort. *Child Development, 66*, 486-498.

Coffman, S., Levitt, M. J., Guacci, N., & Silver, M.(1992). Temperament and interactive effects: Mothers and infants in a teaching situation. *Issues in Comprehensive Pediatric Nursing*, 15, 169-182.

Dewey, J.(1938). Logic: The theory of inquiry. In Jo Ann Boydston(ed.), John Dewey: The works V. &. Cabondale: Southern Illinois University Press.

Erikson, E.(1963). *Childhood and society*. New York: Norton.

Gesell, A., & Ilg, F. A.(1946). *The child from five to ten*. New York: Haper.

Goldfield, B., & Snow, C. E.(1984). Reading books with children: The mechanics of parental influence on children's reading achievement, Promoting reading comprehension. NY, DE: International Reading Association.

Houldin, A. D.(1987). Infant temperament and the quality of the child rearing environment. *Maternal-Child Nursing Journal*, 131–143.

Santrock, J. W.(2002). *Children*(8th ed.). New York: McGraw–Hill.

Sarason, B. R., & Gregory, R. P.(1998). Source book of social support and personality. *Contemporary Psychology, 43*(8), 551–557.

Sudsawad, P., Trombly, C. A., & Herderson, A.(2002). Testing the effect of kinesthetic training on handwriting performance in First–Grade students. *American Journal of Occupational Therapy, 56*(1), 26–33.

Vygotsky, L.(1978). *Mind in society: The development of psychological process.* Cambridge, MA: Havard University Press.

Weber, E.(1984). *Ideas influencing early childhood education*. New York: Teachers College Press.

Wortham, S.(2006). *Early childhood curriculum*(4th ed.). Upper Saddle River, NJ: Merrill/Prentice Hall.

Chapter

5

보육교직원

보육교직원

양질의 보육을 제공하기 위해 보육교직원은 영유아의 안전한 보호와 연령에 적합한 교육을 위한 환경구성과 보육프로그램 구성에 있어 전문성을 갖추고 있어야 하며, 이를 위해 어떤 요건을 갖추어야 하는지는 보육의 질과 관련하여 매우 중요하다.

이에 어린이집을 운영함에 있어 가장 기본이 되는 인적자원으로서 보육교사를 비롯한 보육교직원의 유형과 형식적인 자격요건, 자질 및 역할에 대해 살펴보고자 한다.

1. 보육교직원의 역할과 자질

원장은 기관의 철학을 세우고 프로그램을 계획하며 부모나 지역사회와 관련된 일을 하는 등 어린이집을 총체적으로 관리 · 감독하고 전반적인 운영계획을 수립하고 기관을 대표한다. 원장은 어린이집의 책임자로서 효과적인 보육활동을 이끌어가기 위해 보육목표와 보육과정을 설정하고 실행하는 데 중심역할을 하므로, 원장이 지닌 철학, 자질과 능력에 따라 양질의 보육을 가능하게 한다. 교직원을 채용하고 이들의 직무를 관리하고 근무를 평가하며 사회적 변화에 따른 새로운 흐름들을 교직원의 보육업무에 반영하도록 연수나 재교육을 제공하는 등 교직원의 전문성 강화에도 힘써야 한다. 어린이집의 예산을 편성하고 결산하며 재원을 조달하는 재정관리뿐 아니라 어린이집의 물리적 환경인 시설 · 설비를 관리하고 비품과 교재교구를 구입하여 관리한다. 특히 어린이집은 다른 조직에 비해 규모가 비교적 작고, 조직 구성원들 간의 관계가 밀접하므로 보육교사들이 안정된 분위기 속에서 각자의 생각을 나누면서 새로운 방향을 모색해 나가도록 하는 원장의 리더십이 필요하다. 이렇게 교직원 간의 원활한 의사소통과 함께 부모와의 관계 유지 그리고 행정당국과 지역사회 관련 기관, 단체 및 인사들과의 관계를 유지하는 역할도 있다. 따라서 원장의 역할은 원아 관리, 보육교직원 관리, 보육과정 관리, 시설 · 설비 관리, 교재 · 교구 관리, 재정 관리, 사무 관리, 부모와의 협력, 지역사회와의 연계 및 관계유지 등으로 이루어져 있다.

1) 원장의 역할

(1) 운영관리 과정에서의 역할

첫째, 원장은 어린이집의 보육철학 및 이념에 따라 보육목표를 설정하며 이를 실현하기 위해 장 · 단기의 운영계획을 수립한다. 원장은 현재 영유아의 삶에서 무엇이 중요한 것인지, 미래사회를 위해 무엇을 준비해야 하는지에 대한 인식을 바탕으로 운영방향과 비전을 제시하게 되는데, 이를 바탕으로 하는 운영계획은 미래지향적이고 합리적인 어린이집 운영을 가능하게 한다(김영명, 2007). 운영계획은 어린이집의 보육과정 및 행사, 부모 참여, 지역사회 연계활동, 교사교육 등을 계획할 뿐 아니라 보육교사들의 보육활동 내용 및 교수 · 학습방법을 점검하고 평가하는 기준이 된다.

둘째, 원장은 어린이집 운영과 관련한 의사결정자의 역할을 한다. 성공적인 운영을 위해서는 의사결정의 질을 높이는 것이 중요하다. 특히 보육을 둘러싼 사회의 인식 변화나 보육정책의 변화가 매우 빠르게 진행되고 있어 원장은 육아종합지원센터, 행정기관, 영유아 상담 및 치료기관, 학회와 같은 전문가 조직, 연합회, 운영위원회 등 다양한 경로를 통해 정보를 얻고 인적 네트워크를 활용할 수 있어야 한다. 또한 의사결정 과정에서 교사의 자발적인 참여를 높이고 부모의 의견을 반영할 수 있는 다양한 방안을 마련하여 의사결정의 질을 높여야 한다.

셋째, 원장은 어린이집 운영과정에서 다양한 조직업무를 수행하게 된다. 내부적으로 영유아 반 구성 및 편성, 교사의 역량과 자질을 고려한 반 배치 및 업무분장, 지역사회 및 학부모와 협력적인 관계 유지를 위해 운영위원회를 조직하는 역할을 수행해야 한다. 아울러 효율적이면서도 효과를 높일 수 있는 조직방식에 대한 지속적인 고민을 통해 긍정적이고 건강한 조직문화를 만들기 위한 노력이 수반되어야 한다.

넷째, 원장은 어린이집 운영과정에서 조정자의 역할을 해야 한다. 어린이집은 다른 조직에 비해 대부분 규모가 작고 조직 구성원 간의 인간관계가 밀접하며 또한 발달단계에 있는 영유아를 대상으로 보호하고 교육한다는 특징을 지니고 있다. 따라서 원장은 어린이집 교직원 각각의 입장을 충분히 고려하여 상호 이해와 협력을 이끌어 낼 수 있도록 조정자 역할을 통해 따뜻하고 긍정적인 분위기에서 어린이집에 대한 소속감과 공동체 의식을 갖고 직무를 수행할 수 있도록 격려하고 지원하는 역할을 수행한다.

다섯째, 원장은 어린이집 운영과정에서 평가를 수행함으로써 운영목적이 성취되는 정도를 확인할 수 있으며, 평가라는 체계적인 수단을 통해 문제점을 발견함으로써 보육서비스의 질을 향상시킬 수 있다. 보육과정 및 반 운영에 대한 보육교사의 평가, 부모만족도 평가, 평가인증제를 통한 운영 전반에 대한 외부 평가 등이 이루어진다. 또한 원장은 재정관리의 합리적 수행, 조직문화 및 의사소통 방식 등에 대한 자기평가와 함께 개선이 이루어져야 한다.

원장은 모든 평가를 총괄하며 평가결과를 운영을 개선하는 데 활용하게 되는데 평가의 내용이나 방법에 따라 개선에 기여하는 정도가 다를 수 있으므로 평가과정에서 보다 효과적인 내용이나 방법을 선택하여야 한다.

(2) 원장의 직무영역

어린이집의 합리적 운영을 위해 행정적 능력과 관리 기술을 갖추어야 한다. 또한 어린이집의 운영과 관련된 정부와 지방자치단체의 정책방향 및 관령 법령이나 규정에 대한 충분한 지식도 있어야 한다. 이와 관련하여 원장이 수행해야 할 직무영역은 다음과 같다.

- 어린이집의 전반적인 운영계획 수립과 운영관리
- 보육목표 설정 및 보육과정의 계획과 실행관리
- 보육교직원 채용 및 인사관리
- 보육교직원 교육
- 원아모집 및 관리
- 시설 · 설비 등 환경관리
- 비품 및 교재 · 교구의 구입과 관리
- 재무회계관리
- 행정 · 사무업무 및 기록의 보관
- 부모교육 및 가족 지원
- 지역사회 관련 기관 및 단체와의 관계 유지

2) 원장의 자질

원장은 한 기관의 장으로서 기관을 바람직한 방향으로 이끄는 데 있어서 다양한 자질이 필요하다. 원장은 주로 관리직의 기능을 수행하는 것으로 생각되지만 영유아를 대상으로 하는 만큼 개인적 자질인 인성과 함께 영유아를 교육하고 보호하는 등 전반적인 교육을 운영해 나가는 전문적 자질을 가져야 한다.

즉, 원장의 역할을 원활하게 수행하기 위해서는 영유아 발달에 대한 전문지식과 기술뿐 아니라 영유아보육에 대한 열정과 중요성에 대한 확신, 타인에 대한 이해, 통찰력, 감정이입능력, 온화하고 겸손함 등의 원만하고 합리적인 개인적 특성과 리더십이 요구된다.

(1) 리더십

최근 사회환경이 급변하면서 이전 원장의 관리기능이 강조되던 것으로부터 리더십과 관리기능의 균형과 조화가 강조되고 있다. 이전까지 강조되었던 원장 중심의 개인적 자질에 대한 강조보다는 원장이 교사, 부모 등과의 관계 속에서 조직의 변화를 위한 구성원들의 자발적 참여를 동기화시키는 역할과 자질, 즉 리더십이 강조되고 있다.

최근 보육정책 또한 급격한 변화가 이루어지고 있으며, 보육의 공공성 확보와 더불어 보육서비스의 질적인 향상이 요구되고 있다. 이런 상황에서 원장은 단순히 관리기능에 머무르기보다는 적극적으로 어린이집의 변화와 발전을 꾀할 수 있는 방향과 비전을 제시하고 이를 실현시킬 수 있도록 변화촉진자로서의 역할 수행을 통해 어린이집이 올바른 업무를 수행할 수 있도록 지도력을 갖추는 것이 필요하다.

리더십을 발휘하기 위하여 원장은 교직원에 대한 통제에서 권력을 위임함으로써 상호 협력이 유지되도록 해야 한다. 이를 위해 원장은 교직원들과 쌍방향적 의사소통 방식을 통해 가치와 정보를 공유하고 영유아와 관련된 중요한 의사결정에 교직원들의 참여를 촉진시키는 다양한 방법을 통해 교직원을 동기화시킴으로써 조직 전체의 문제해결 능력을 강화시킬 수 있도록 지도성 유형과 조직을 함께 변화시켜 나가야 한다.

(2) 신체적, 정신적 건강

원장은 시설 전체를 파악하고 총괄하는 대표이다. 영유아의 보육을 직접 담당하는 교직원이나 관련 직원들을 이끄는 데 있어서 신체적으로 많은 힘과 에너지가 필요하다. 즉, 모든 분야에서 일어나는 일에 관심을 가지고 처리하는 데는 신체적인 에너지가 필요하며, 또한 원장이 정신적으로 건강할 때 구성원 각각에게 편견을 갖지 않고 건강하고 건전한 관계를 형성하게 되고 어린이집을 합리적으로 잘 이끌 수 있다.

(3) 영유아에 대한 애정과 신뢰

원장은 영유아를 인격체로 존중하고 그들이 가진 무한한 잠재 가능성을 믿으며 온정과 사랑으로 대할 수 있어야 한다. 특히 영유아는 자신의 권리를 스스로 내세우기가 어려운 존재이다. 따라서 영유아의 권익을 대변해 줄 수 있는 도덕성을 갖추어야 한다.

(4) 개방적인 성격과 수용적 태도

원장은 어린이집 교직원의 다양한 아이디어를 수용하는 개방성이 필요하다. 비록 아이디어가 바람직하지 않고 실용성이 없다고 하더라도 비판이나 무시하기보다는 구성원 각자의 생각들을 받아들이고 서로 나누면서 새로운 방향을 모색해 나가는 개방적이고 수용적인 태도를 갖는 것이 필요하다. 이런 태도를 바탕으로 원장은 보육의 목표를 보다 효과적으로 달성할 수 있도록 가능한 한 어린이집 교직원과 부모의 의견을 충분히 수렴하면서 가장 적합한 방안으로 의사결정을 해야 한다.

(5) 자기계발 및 발전 추구

원장은 통찰력과 미래지향적인 사고를 지니고 있어서 현재 처해진 상항을 이해하고 대처할 수 있어야 하며, 앞으로 일어날 다양한 상황을 예측하고 준비하는 능력이 필요하다. 이런 능력을 기르기 위해서는 끊임없는 자기계발에 노력을 기울일 수 있는 자질이 필요하다.

3) 보육교사의 역할

영유아보육법에는 영유아를 보호하고 교육하는 보육서비스로 영양, 건강, 안전, 교육, 부모에 대한 서비스, 지역사회와의 교류라는 6개 영역을 규정하고 있다.

어린이집에서 영유아를 안전하게 보호하고 영유아의 신체, 사회성, 정서, 언어, 인지발달 등을 돕는 보육교사의 역할 수행은 식사와 낮잠, 자유선택활동, 대 · 소집단 활동, 실외놀이 등 하루일과의 모든 과정에서 영유아와의 상호작용을 통해 이루어지며 영유아와의 따뜻한 관계형성이 밑받침되어야 한다. 영유아가 교사와의 관계에서 형성하는 안정애착과 신뢰감은 영유아의 심리적 지지대 역할을 할 뿐 아니라 영유아가 타인과 관계를 형성해 나가는 과정에서 지속적으로 영향을 미친다(여성가족부, 2007).

또한 교사는 표준보육과정에서 추구하는 인간상을 영유아가 형성해 나갈 수 있도록 매일의 일과 속에서 도움을 주는 역할을 해야 하며, 발달에 적합한 실내 · 외 환경을 구성하며, 잘못을 지적하기보다는 좋은 역할모델이 되어주어야 한다.

영유아를 지원하기 위해 교사는 동료교사, 부모, 지역사회와 함께 협력하는 것이 필요하며 협력하는 교사와 성인들의 모습은 영유아에게 좋은 모델링이 된다.

보육교사의 역할은 크게 '따뜻한 관계를 맺는 양육자'의 역할과 '역량을 북돋우는 교수자'의 역할 및 '부모 및 지역사회와의 교류자'의 역할로 나누어 볼 수 있다.

(1) 따뜻한 관계를 맺는 양육자로서의 역할

보육교사는 우선 영유아를 안전하게 보호하고 이들의 신체적 · 생리적 욕구를 충족시키는 양육자 역할을 해야 한다. 양육자로서의 보육교사는 부모와 같은 따뜻한 돌봄을 제공하는 대리양육자와 동일시 대상인 모델, 그리고 훈육자로서의 역할로 구성된다.

특히 영아를 보육하는 교사들은 영아와의 개별적인 관계를 긍정적으로 형성하기 위해 영아의 욕구에 민감하게 반응해야 한다.

① 대리양육자로서의 역할

그 어느 시기보다 부모의 돌봄이 필요한 영유아기에 가정이 아닌 어린이집에서 부모가 아닌 보육교사와 하루 종일 집단으로 생활해야 하는 영유아는 대부분 불안해하며, 부모의 품을 그리워한다. 그래서 영유아들은 교사에게 심리적인 의존과 신체적인 접촉을 요구하며 지속적인 보호와 양육을 원한다. 교사는 대리양육자로서 가정의 부모와 같은 따뜻함으로 영유아를 돌보고 영유아의 요구에 민감하고 일관성 있게 대해줌으로써 영유아의 안정애착과 신뢰감 형성을 통해 정서적 안정을 갖도록 도와주어야 한다. 그래서 영유아들의 심신이 편안하고 안정이 되어 교육을 받을 수 있는 준비를 하도록 한다.

② 모델로서의 역할

영유아가 교사와 애착과 신뢰를 형성하게 되면 보육시간 동안 이루어지는 교사의 언행, 태도, 가치관 등을 보고 쉽게 배운다. 영유아는 보육교사와의 지속적인 상호작용을 통하여 동일시하는 가운데 사회의 가치와 규범과 생활양식을 습득한다. 이렇게 영유아들은 사회화되는 과정에서 주변의 친숙한 인물들의 행동 등을 모방한다. 교사는 영유아들의 동일시 대상으로 긍정적인 태도를 보여 바람직한 사회화의 모델링으로서 영유아에게 건전하고 좋은 본보기가 되어야 한다.

③ 훈육자로서의 역할

교사는 단순 지시자가 아니라 생활 속에서 영유아와 상호작용을 하는 가운데, 소속한 사회의 성원으로 살아갈 수 있도록 적절한 태도와 가치관, 그리고 규범을 내면화하도록 도와주어야 한다. 다른 사람을 때리거나 놀잇감을 빼앗는 등의 행동을 하는 유아에게 기대하는 행동을 알려주며 일관적인 지도를 하는 훈육자로서의 역할이 있다(양옥승 외, 1999).

아울러 보육교사는 따뜻한 눈빛으로 영유아를 수용하고 좋은 경청자가 되어야 하며, 말과 행동으로 영유아의 행동을 격려하는 지원자의 역할도 함께 이루어져야 한다.

(2) 역량을 북돋우는 교수자로서의 역할

교수자로서의 역할에는 보육과정 설계자, 관찰자 및 평가자, 환경구성자로서의 역할이 있다.

① 보육과정 설계자로서의 역할

보육교사는 지역적 · 문화적 상황, 표준보육과정에서 추구하는 인간상, 기관의 보육철학과 보육목표 등을 반영하여 보육과정을 설계해야 한다. 보육과정 설계에는 영유아의 발달을 도모할 수 있는 보육내용과 보육활동을 담은 연간 · 월간 · 주간 · 일일 보육계획안을 작성하고 영유아의 자발적인 놀이 기록 등을 작성되어야 하며, 평가방법도 모색해야 한다. 또한 영유아의 특성과 발달적 요구에 적합한 교재 · 교구를 개발하고 제작하기도 한다.

② 관찰자 및 평가자로서의 역할

보육교사는 영유아 개개인의 특성이나 요구, 개인차를 잘 이해하여 영유아에게 적합한 보육환경과 보육내용을 제공해야 하는데, 이를 위해서는 영유아를 관찰하고 기록하여야 한다. 각 영유아에 대한 기록은 보육활동의 참고자료나 기초자료로 이용될 수 있기 때문에 보육의 효과를 높일 수 있으며, 영유아의 문제행동을 부모들과 함께 협력하여 문제를 해결할 수 있다.

보육교사가 지속적으로 관찰하고 기록하는 일은 쉽지 않으나, 적절한 관찰시간을 정하여 영유아의 놀이 상황을 객관적으로 관찰하고자 노력해야 한다.

③ 환경 구성자로서의 역할

보육교사는 영유아의 발달과 안전을 고려한 적절한 환경을 구성하는 역할을 수행하여야 한다. 영유아의 발달적 요구에 맞게 적절한 변화를 주면서 교재 · 교구 및 교실이나 놀이터의 환경을 조직해야 한다. 학습환경을 새롭게 도전적으로 조성하여 영유아의 탐구심을 충족시키고 발전시키고 놀이 속에서 자연스러운 배움이 일어날 수 있도록 환경을 구성해 주는 역할을 해야 한다.

(3) 부모 및 지역사회와의 교류자로서의 역할

보육교사는 어린이집 내의 동료 교직원과 개방적인 태도로 대화를 나누며 서로 의견을 교환하고 상반된 의견을 조정해 나가는 상호 협력적인 관계를 갖는다. 아울러 보육교사는 부모와도 원활한 의사소통을 통해 영유아의 가정과 그 부모의 요구 등을 이해하고 부모를 지원해 주어 부모와 어린이집 사이의 신뢰감을 형성하기 위해 노력해야 한다. 또한 보육교사는 지역사회에 어린이집의 프로그램을 소개하고, 지역사회의 자연 · 자원 · 인사 등을 활용하여 영유아가 지역사회에 대해 긍정적으로 수용할 수 있도록 해주어야 하며, 다양한 자원봉사자와 함께 일하며 지역사회로부터 지원을 얻는 역할도 해야 한다.

(4) 연령별 보육교사의 역할

① 영아담당 보육교사의 역할

영아기는 0세부터 만 2세의 시기로서 이 시기는 신체, 인지, 정서, 사회성 등 모든 면에서 발달의 기초가 이루어지는 가장 중요한 시기이다. 영아담당 교사는 영아의 필요와 요구에 민감하게 반응하는 상호작용 기술을 발달시켜 영아와 신뢰관계를 형성하는 것이 가장 중요하다. 영아담당 보육교사는 영아의 발달적 특성을 이해하는 역할, 신뢰감 형성을 도와주는 역할, 영아의 기질적 특성을 존중해 주는 역할, 또래와의 상호작용을 돕는 역할, 놀이 참여를 돕는 역할, 일상생활을 돕는 역할 등 다양한 역할을 수행하여야 한다(유희정, 이미화, 2005).

② 유아담당 보육교사의 역할

유아담당 보육교사의 역할은 만 3~5세의 발달상의 과업과 요구에 따라 달라진다. 이 시기의 유아는 자아개념이 발달하고 자아존중감이 형성되며 자신과 주변세계에 대하여 호기심이 왕성한 시기이다. 따라서 보육교사는 유아의 신체 · 정서 · 언어 · 사회성 및 인지적 발달을 조성하는 다양한 활동을 계획하여야 한다. 유아반 보육교사의 역할은 상호작용자, 놀이 조성자, 사회적 관계형성 조력자, 기본생활습관 지도자로 살펴볼 수 있다(조성연 외, 2004).

4) 보육교사의 자질

보육교사는 보육의 질을 좌우하고 보육의 방향과 성과를 결정하는 핵심적인 역할을 하므로 보육교사의 자질은 영유아에게 제공되는 보육서비스의 질적 수준을 좌우하는 매우 중요한 요인이다(서영숙 외, 2014).

보육교사의 자질은 효율적인 보육활동을 하기 위해 보육교사가 갖추어야 할 특성이 모여진 것으로서, 크게 개인적 자질과 전문적 자질로 나눌 수 있다(양옥승 외, 1999). 개인적 자질이란 보육교사 역할을 수행하는 데 필요한 개인의 인성과 관계되는 인성적 측면을 말하며, 전문적 자질이란 영유아에 대한 전문지식과 운영기술, 교직에 대한 건전한 태도, 윤리의식 등 교사의 전문성과 관련된 자질을 말한다.

(1) 개인적 자질

① 영유아에 대한 사랑과 관심

보육교사는 영유아에 대한 사랑과 관심이 있어야 한다. 보육교사는 부모를 대신하여 영유아와 하루 종일 생활하게 되므로 영유아에 대한 관심과 애정이 없는 보육교사라면 하루 종일 영유아들과 생활할 때 교사 자신이 많은 스트레스를 받을 것이며 이는 영유아에게도 좋지 않은 영향을 미칠 것이다. 즉, 보육교사 자격증이 있다 하더라도 영유아에 대한 애정과 관심이 없다면 그 교사는 보육교사가 될 수 있는 기본적 자질을 갖추지 못한 것이다. 할로우(Halow) 박사의 원숭이 실험에서 볼 수 있듯이 관심과 애정이 없는 교사는 영유아와 진정한 관심과 애정이 없는 교사는 영유아와 진정한 관계를 맺을 수 없으며 영유아가 정서적 안정감을 느끼거나 자기존중감을 키워나가는 것을 어렵게 할 것이다(서영숙 외, 2014).

영유아를 보육하는 일은 부모를 대신하므로 보육교사는 어머니와 같은 애정을 가지고 영유아의 욕구를 충족시켜야 할 뿐 아니라 영유아를 보육한다는 것은 거의 하루 종일 맡아 돌봐야 하는 중 노동에 해당하므로 영유아를 좋아하고 사랑하지 않는다면 보육교사 직무를 계속 수행해 가기 힘들 것이다.

② 신체적 · 정신적 건강

보육교사는 하루 종일 영유아와 상호작용하며 지내므로 많은 신체적 활동과 에너지가 필요하다. 영유아가 원할 때마다 끊임없이 안아주고, 같이 놀아주며, 영유아가 위험에 처하면 재빨리 보호해 주어야 한다. 이 외에도 보육활동 계획, 놀이관찰기록, 원내 업무분장에 따른 서류 등 다양한 문서를 작성해야 하며 보육환경을 정비하고 관리하는 업무를 수행해야 한다. 교사의 건강에 문제가 생기면 영유아 보육활동에 직접적인 영향을 미치므로 신체적 건강은 보육교사가 반드시 갖추어야 하는 필수요건이다. 또한 교사는 심리적 · 정신적으로 건강해야 한다. 영유아기는 정서발달과 성격발달이 결정적으로 이루어지는 시기이므로 교사의 정서적 안정감과 밝고 긍정적인 인성은 영유아의 정서발달과 성격발달에도 긍정적인 영향을 미치게 된다.

③ 인내심과 이해하는 마음

영유아는 정서를 조절하거나 사회적 기술을 발휘하는 것이 미숙하며 자기중심적이기 때문에 영유아의 행동을 연령의 특성을 고려하여 이해하도록 노력해야 한다. 특히 영유아는 정서조절이 미숙하고 주의집중시간이 짧으며 자기중심적이기 때문에 영유아의 행동은 예측 불허이다. 성인의 눈높이에서 보면 제멋대로 보이는 영유아의 행동이 이해하기 쉽지 않지만 연령의 특성을 고려해 보면 지극히 정상이므로 보육교사는 영유아의 눈높이로 이해하려고 노력해야 하며, 예측하기 쉽지 않은 영유아의 행동과 에너지를 긍정적인 방향으로 이끌기 위해서 인내심과 이해심을 가지고 지켜보는 자세가 필요하다.

④ 성실하고 열정적인 태도

부모를 대신하여 어린 영유아와 함께 하루 종일 생활해야 하는 보유교사는 성실함이 필수적으로 요구되는 직업이다. 담당 교사의 예고 없는 부재나 갑작스런 근무지 이탈 등이 반복된다면 영유아의 안정감 형성에 부정적 영향을 미칠 수 있으며, 부모와의 신뢰로운 관계형성을 방해하는 등 심각한 문제를 야기시킬 수 있다. 성실함과 함께 교사의 열정적인 태도도 요구된다. 같은 내용을 교육한다고 하더라도 교사가 어떤 준비를 하여 어떤 방법과 과정을 통해 교육하느냐에 따라 영유아들에게 미치는 영향은 매우 다르다.

⑤ 원만한 인간관계

보육교사는 대내적으로 원장을 비롯한 어린이집 교직원들과 대외적으로 영유아의 부모와 가족들과 인간관계를 맺으며 생활한다. 따라서 보육교사는 여러 사람과 더불어 살아갈 수 있는 원만한 인격을 지니고 동료 교사 및 기타 직원들 그리고 학부모와 상호 협력적이며 우호적인 관계를 유지해야 한다. 원만한 인간관계를 위해서는 상대방에 대한 열린 마음과 수용적인 태도 및 진지한 자세로 의사소통하는 것이 요구된다(양옥승 외, 2009).

(2) 전문적 자질

보육교사의 개인적 자질이 보육교사가 지녀야 할 기본적 요건이라면 전문적 자질은 교사의 전문성과 관련된 자질을 의미한다. 이은화 외(2001)는 지식(일반교양 지식, 교육과정에 대한 지식, 교수방법 및 평가에 대한 지식, 유아에 대한 지식), 교수기술(교육과정 구성기술, 프로그램 실천 및 평가기술, 의사소통기술, 부모 및 전문가 참여기술, 창의성, 융통성, 교재 · 교구의 제작 및 활용기술), 교육관(교육에 대한 소명감, 직업윤리, 전문성 함양의 노력)을 지적하였고, 조성연 외(2004)는 보육교사의 전문적 자질로 영유아발달에 대한 지식, 영유아의 기본적 건강과 안전에 내한 지식, 보육과정 및 교수방법에 대한 지식과 기술, 영유아와의 바람직한 의사소통능력, 교직에 대한 건전한 태도, 직업윤리 등을 제시하였다.

다음에서는 여러 학자들이 제시한 보육교사의 전문적 자질을 보육활동에 필요한 보육활동에 필요한 전문적 지식과 실천능력, 보육교사의 직업윤리로 구분하여 살펴보기로 한다(서영숙 외, 2010; 서영숙 외, 2014).

① 전문적 지식과 실천적 기술

보육교사는 보육활동에 필요한 영유아 발달과 교육, 아동복지에 관한 전문적 지식과 보육과정 및 교수방법에 대한 지식을 습득해야 한다.

영유아의 보호와 교육을 담당하고 맞벌이부모를 지원하고 있는 보육교사에게는 보육에 대한 전반적 지식 및 영유아 발달과 교육을 지원하기 위해서는 아동관찰 및 행동, 아동생활지도, 아동상담과 관련된 지식을 지녀야 하고, 부모와 영유아의 복지를 실천하기 위해 아동복지에 대한 지식이 요구된다. 영유아 교육을 위해서는 언어, 놀이, 음악, 미술, 보육과정개발 및 교수방법에 대한 지식을 습득해야 한다. 영유아의 건강 · 영양 및 안전을 위해서는 영유아의 기본적인 건강, 영양 및 안전에 대한 지식을 가지고 있어야 한다. 마지막으로 영유아보육서비스는 부모 및 가정과 연계하여 이루어져야 하므로 부모교육 등에 관한 지식 등을 습득해야 한다.

보육교사는 전문적 지식과 함께 보육활동을 운영하고 평가하는 데 필요한 다양한 실천적 기술이 종합적으로 요구된다.

교육프로그램을 계획하는 능력, 교육활동을 조직하고 수행하는 능력과 함께 영유아의 개인차를 고려한 개별적인 교수기술, 영유아에 적합한 동기유발기술, 적극적인 학습활동을 위한 참여유도기술, 영유아와 어린이집 교직원 및 부모와 상호작용하는 데 필요한 의사소통기술, 능동적인 학습을 촉진하는 환경구성기술, 영유아발달에 적합한 교재 · 교구의 제작 및 활용기술, 부모 및 전문가 참여기술 등을 지녀야 한다.

② 보육교사직의 윤리의식

보육교사는 자신의 직무에 대한 책임을 효과적으로 수행하기 위해서 영유아 보육에 대한 투철한 사명감과 영유아에 대한 봉사하는 태도를 지니는 것이 중요하다.

보육교사 직무에 대한 사명감과 함께 갖추어야 할 자질 중에 중요한 요소는 교사로서의 직업윤리이다. 보육교사직의 윤리는 보육교사가 지켜야 할 행동규범이며 도덕적 의무라고 할 수 있다. 윤리는 법과 같이 강제력과 구속력이 있는 것은 아니나 올바르고, 정당하고 공정한 가치에 대한 문제를 다루며 바람직한 사회를 위한 내적 · 자율적 통제체제이다. 특히 보육교사는 스스로 자신을 방어할 능력이 없는 영유아를 대상으로 보호하고 교육하기 때문에 보육교사직의 윤리가 더욱 중요하다(서영숙 외, 2014).

보육교사의 직업윤리는 특히 어린이집이나 유치원에서의 아동학대나 부실 급식 등의 사건사고가 일어나고 사회문제화되면서 더욱 강조되기 시작하였다. 또 우리나라는 유엔아동권리협약에 가입한 나라로서 영유아의 권리 보호와 보장을 위해 이들이 이용하는 공적 기관의 종사자들은 당연히 아동권리 존중과 보장에 대한 윤리를 가지고 실천해야 한다(서영숙 외, 2010). 그리하여 '보육 원장과 교사의 윤리'(김은설, 박수연, 2010)에 대한 연구를 통해 영유아에 대한 윤리, 부모에 대한 윤리, 지역사회에 대한 윤리, 동료 교사에 대한 윤리의 네 가지로 구성된 윤리강령이 개발되었고, 이를 간략하게 한 보육인 윤리선언(표 5-1)이 발표되어 보육교사의 윤리의식은 더욱 중요한 보육전문가의 전문적 자질로 요구되고 있다. 영유아보육법 제2조(보육이념)에서도 '③ 영유아는 자신이나 보호자의 성, 연령, 종교, 사회적 신분, 재산, 장애, 인종 및 출생지역 등에 따른 어떠한 종류의 차별도 받지 아니하고 보육되어야 한다.'고 규정되어 있다. 그러므로 보육교사는 영유아의 개인차를 존중하고 인격적으로 대우하고, 편애하지 않는 태도를 가져야 한다. 아울러 영유아가 적절한 생활태도, 가치관, 규범을 내면화하도록 도와야 하며 바람직한 사회화 모델링이 되어야 한다. 보육교사는 영유아의 삶의 표본이라는 직업적 윤리의식을 지녀야 한다.

마지막으로 요구되는 자질로 교사의 전문성 함양 노력을 들 수 있다. 보육교사는 교사로서의 자질을 향상시키기 위하여 늘 새로운 지식을 습득하고 창의적인 교수법을 개발해야 하며, 아동에게 본보기가 되기 위해 자기성숙을 위한 노력을 아끼지 않아야 한다. 그러기 위해 보육교사는 장기간의 교사교육은 물론 현장에서의 계속적인 재교육을 받음으로써 전문적인 기술을 익히고, 나아가 보육교사로서의 전문적 위치를 확고히 하기 위해서 끊임없이 힘써야 한다.

〈표 5-1〉 보육인 윤리선언

나는 영유아의 건강한 성장과 발달을 지원하는 보육교사(보육시설장)로서, 직무상의 윤리적 책임을 다하여 다음 사항들을 지킬 것을 다짐합니다. 1. 나는 내가 영유아에게 지대한 영향을 미치는 존재임을 잊지 않으며, 항상 스스로의 말과 행동에 신중을 기한다. 1. 나는 영유아의 인격과 권리를 존중하며, 어떠한 경우에도 영유아에게 해가 되는 일을 하지 않는다. 1. 나는 영유아 가정의 다양성을 이해하고 존중하며, 상호 신뢰하는 동반자적 관계를 유지한다. 1. 나는 동료를 존중하고 지지하며, 서로 협력하여 최상의 보육서비스를 제공하기 위해 노력한다. 1. 나는 보육의 사회적 책임과 역할을 인식하고, 영유아의 권익과 복지를 위한 활동에 앞장선다. 1. 나는 「어린이집 원장 · 교사 윤리강령」을 직무수행의 도덕적 규준으로 삼아 진심을 하여 충실히 이행한다.

출처: 보육 시설장과 교사의 윤리(김은설, 박수연, 2010), p. 76

5) 기타 교직원의 역할

어린이집에는 다양한 역할을 수행하는 교직원이 있다. 영유아가 건강하고 안전하게 발달하기 위해서는 간호사, 영양사, 취사부 등의 역할도 중요하다.

(1) 간호사

어린이집에서 간호사는 영유아의 건강지도 및 보건상담, 위생관리, 정기검진, 응급처치 등의 역할을 담당한다. 간호사는 영유아의 일일 건강상태를 체크하고, 안전사고가 발생했을 때 응급조치를 하며, 어린이집 인근의 의료기관을 파악하여 비상사태에 활용할 수 있도록 준비해야 한다. 간호사는 어린이집의 보육교사들에게 주기적으로 영유아의 건강과 안전에 관한 기본 정보를 알려주며, 전염성 질환 발생 시 전체 어린이집에 일관되게 규정을 적용하도록 한다(조성연 외, 2018).

주기적으로 영유아의 신체를 측정하고 검사하여 신체적 성장을 부모에게 알려주는 업무와 정기적인 신체검사의 누적된 기록을 보관하여 영유아 개개인의 성장과 신체발달을 점검한다. 간호사는 어린이집의 비상약품과 의료기구를 비치하고 관리한다.

(2) 영양사

영양사는 영양적으로 균형 잡힌 식단을 작성하고 조리과정을 관리 · 감독함으로써 영유아에게 필요한 영양과 칼로리를 공급하는 역할을 한다. 식단을 월별로 작성하고, 신선하고 질 좋은 식품 재료를 구입하고 검수하며, 취사부들의 조리활동을 지도하고 주방의 각종 식기류와 집기류의 위생관리를 담당한다. 또한 영유아의 식습관 지도뿐 아니라 어린이집 교직원 및 학부모를 대상으로 영유아의 건강과 영양에 대한 교육을 실시한다. 영유아는 어린이집에서 하루의 대부분을 보내며, 최근 들어 시간연장 보육이나 24시간보육 등 어린이집이 다양화되고 있으므로 어린이집에서 영유아에게 양질의 충분한 영양을 공급하는 것은 보육활동만큼이나 중요하다고 볼 수 있다.

(3) 조리원

취사부는 영양사가 작성한 식단에 따라 영유아에게 제공될 식사와 간식을 위생적이고 정성들여 조리하는 역할을 한다. 취사부는 영유아의 연령을 고려해 음식의 크기와 형태를 조절하고 가능하면 보기 좋고 먹음직스럽게 제공하도록 노력해야 한다. 주방과 주방기구 및 식기의 위생적 처리 및 보관, 식료품의 유통기한 점검 및 적절한 보관, 조리과정의 위생과 청결 및 취사부 자신의 건강과 위생 상태에 각별한 주의를 기울여야 한다.

(4) 사무원

사무원은 어린이집 전반의 원활하고 효율적인 운영을 위해 어린이집과 관련한 공문서의 처리, 교직원과 원아에 대한 기록의 관리 및 보관, 원아의 보육료 수납을 포함한 재정과 기타 행정 업무 등 어린이집의 전반적인 행정사무를 담당한다. 규모가 큰 어린이집의 경우에는 별도의 사무원을 두지만 소규모인 경우에는 원장이나 보육교사가 사무업무를 담당하기도 한다(조성연 외, 2018).

(5) 기타 인적 자원

어린이집의 여건과 규모에 따라 공간의 위생 상태와 청결을 관리하는 미화원, 비품관리나 교구의 관리 보수, 실내 · 외 공간의 점검 및 관리를 담당하는 관리인, 통원버스가 있는 어린이집에서는 운전기사가 영유아의 등 · 하원을 돕는 역할을 한다. 대부분 큰 규모의 어린이집은 이들 인력을 따로 두지만 소규모의 어린이집에서는 교직원들이 담당하고 있는 업무이다.

그 외에 기타 인력 자원으로 영유아의 건강진단과 치료를 직접 담당하는 촉탁의사를 둘 수 있다. 또한 어린이집에 영유아복지나 영유아상담을 통해 영유아의 통합적인 발달을 도모하고자 사회복지사나 상담사를 둘 수도 있으나, 대부분 상주하기보다는 외부 기관이나 인사와 연계하여 도움을 받는다. 따라서 어린이집은 비상시를 대비하여 촉탁의사를 위촉하거나 도움을 청할 병 · 의원의 명단과 영유아의 행동문제나 기타 이상 징후에 대해 전문적인 도움이 필요할 때 영유아를 의뢰하거나 부모에게 추천할 수 있는 상담 전문기관과의 네트워크를 형성해 두고 있다.

2. 보육교직원의 자격 요건과 배치기준

어린이집은 영유아를 대상으로 건강과 안전 및 발달을 책임지고 보육 · 교육을 담당하는 곳으로서 그 안에서의 역할과 활동이 매우 다양하다. 이런 다양한 역할을 수행하는 성인들은 영유아가 편안하고 행복하며 유능감을 느끼며 생활할 수 있도록 개별적으로 노력해야 할 뿐 아니라 협력할 수 있어야 한다. 어린이집에서 일하는 성인들의 태도나 협력하는 정도에 따라 어린이집의 분위기가 달라지므로 상호 보완적이며 유기적으로 역할을 수행할 때 영유아에게 양질의 보육서비스를 제공해 줄 수 있다. 또한 어린이집의 보육교직원은 아동의 생활과 발달에 지대한 영향을 미치는 인적 환경으로서 매우 중요한 의미를 지니므로 어린이집 보육에 관계되는 모든 직원들의 자질은 질 높은 보육 프로그램을 운영하는 데 있어 주요한 요인이 된다.

영유아보육법 제2조에서는 보육교직원의 정의를 "어린이집 영유아의 보육, 건강관리 및 보호자와의 상담, 그 밖의 어린이집의 관리 · 운영 등의 업무를 담당하는 자로서 어린이집의 원장 및 보육교사와 그 밖의 직원"으로 규정하고 있다. 이러한 보육교직원에는 원장, 보육교사, 영양사, 간호사, 조리원, 장애영유아를 위한 보육교사, 특수교사 및 조리사, 운전기사와 관리인, 미화원, 사무원, 상담사 혹은 사회복지사 등이 있다.

1) 보육교직원의 자격 요건

보육교직원 중 원장과 보육교사는 영유아의 안전한 보호와 양질의 교육을 위해 중요한 역할을 담당하는 보육 전문가다. 전문성 확보, 자격관리의 효율성과 투명성 제고, 보육서비스의 질적 수준 향상을 위해 원장과 보육교사는 국가자격증으로 그 자격이 주어진다. 보육교직원에 대한 국가수준의 자격관리는 영유아보육법 제21조, 장애아동복지지원법 시행령 제5조에 근거하여 법정 교육과정을 이수한 후 보건복지부 산하 한국보육진흥원에서 자격증을 발급한다.

(1) 원장

어린이집의 원장은 어린이집 운영을 총괄하고 보육교사와 그 밖의 직원을 지도 · 감독하여 영유아와 그 가족에게 통합적 서비스를 제공하는 역할을 한다.

우리나라에서는 영유아보육법 시행령에 의하여 일반 기준과 가정어린이집, 영아전담 어린이집, 장애아전담 어린이집, 교육훈련시설이 운영하는 어린이집으로 원장의 기준을 구분하여 규정하고 있다. 원장의 자격기준은 다음과 같다.

〈표 5-2〉 **원장의 자격기준(영유아보육법 시행령 제21조 별표 1)**

시설별	자격기준 내용
가. 일반기준	• 보육교사 1급 자격을 취득한 후 3년 이상의 보육 등 아동복지업무 경력이 있는 사람 • 「유아교육법」에 따른 유치원 정교사 1급 자격 또는 같은 법에 따른 특수학교(유치원 과정을 말한다)의 정교사 자격을 취득한 후 3년 이상의 보육 등 아동복지업무 경력이 있는 사람 • 유치원 원장의 자격을 가진 사람 • 「초 · 중등교육법」에 따른 초등학교 정교사 자격 또는 같은 법에 따른 특수학교(초등학교 과정을 말한다)의 정교사 자격을 취득한 후 5년 이상의 보육 등 아동복지업무 경력이 있는 사람 • 「사회복지사업법」에 따른 사회복지사 1급 자격을 취득한 후 5년 이상의 보육 등 아동복지업무 경력이 있는 사람 • 「의료법」에 따른 간호사 면허를 취득한 후 7년 이상의 보육 등 아동복지업무 경력이 있는 사람 • 국가 또는 지방자치단체에서 7급 이상의 공무원으로 보육 등 아동복지업무에 5년 이상 근무한 경력이 있는 사람
나. 가정어린이집	• 일반기준에서 정한 자격을 갖춘 사람 • 보육교사 1급 이상 자격을 취득한 후 1년 이상의 보육업무 경력이 있는 사람
다. 영아전담 어린이집	• 만 3세 미만의 영아반을 20명 이상 보육하는 어린이집 • 일반기준에서 정한 자격을 갖춘 사람 • 간호사 면허를 취득한 후 5년 이상의 아동간호업무 경력이 있는 사람
라. 장애아전담 어린이집	「장애인복지법」 제32조에 따라 장애인으로 등록된 영유아만을 20명 이상 보육하는 어린이집 • 일반기준에서 정한 자격을 갖춘 사람으로서 다음의 어느 하나에 해당하는 사람 -대학(전문대학을 포함)에서 장애인복지 및 재활관련학과를 전공한 사람 -장애영유아 어린이집에서 2년 이상의 보육업무 경력이 있는 사람
마. 대학(전문대학 포함), 교육훈련시설이 운영하는 어린이집	• 어린이집을 운영하는 대학의 조교수 또는 교육훈련시설의 전임교수 이상으로서 보육 관련 교과목에 대하여 3년 이상의 교육경력이 있는 사람
바. 가목부터 라목까지 어느 하나에 해당하는 사람은 보건복지부령으로 정하는 사전직무교육을 받아야 한다.	

(2) 보육교사의 자격기준

보육교사는 영유아의 보호와 교육 및 건강관리, 보호자와의 상담, 그 밖에 어린이집의 관리 · 운영 등의 업무를 담당하며, 원장이 불가피한 사유로 직무를 수행할 수 없을 경우 그 직무를 대행하기도 한다(영유아보육법 제18조).

보육교사는 다음의 자격기준에 해당하는 자로서 보건복지부 장관이 검정 · 수여하는 국가자격증을 받은 자이어야 한다.

〈표 5-3〉 **보육교사의 자격기준(영유아보육법 시행령 제21조 별표 1)**

등 급	자격 기준
보육교사 1급	1. 보육교사 2급 자격을 취득한 후 3년 이상의 보육업무 경력이 있는 사람으로서 보건복지부장관이 정하는 승급교육을 받은 사람
	2. 보육교사 2급 자격을 취득한 후 보육 관련 대학원에서 석사학위 이상을 취득하고 1년 이상의 보육업무 경력이 있는 사람으로서 보건복지부장관이 정하는 승급교육을 받은 사람
보육교사 2급	1. 전문대학 또는 이와 같은 수준 이상의 학교에서 보건복지부령으로 정하는 보육관련 교과목 및 학점을 이수하고 졸업한 사람
	2. 보육교사 3급 자격을 취득한 후 2년 이상의 보육업무 경력이 있는 사람으로서 보건복지부장관이 정하는 승급교육을 받은 사람
보육교사 3급	고등학교 또는 이와 같은 수준 이상의 학교를 졸업한 사람으로서 보건복지부령으로 정하는 교육훈련시설에서 정해진 교육과정을 수료한 사람

보육교사 자격취득을 위해 이수해야 할 교과목 및 학점기준은 영유아보육법 시행규칙 제21조 제1항 별표 4에 제시하고 있는데 보육과련 교과목 중 총 17과목 51학점 이상 이수하고 졸업하는 경우 보육교사 2급 자격증 취득이 가능하다.

〈표 5-4〉 교육영역별 교과목 및 학점

구 분		교과목	이수과목(학점)
교사 인성 영역	필수 교과목	보육교사(인성)론, 아동권리와 복지	2과목 (6학점)
보육 지식과 기술 영역	필수 교과목	보육학개론, 보육과정, 영유아발달, 영유아교수방법론, 놀이지도, 언어지도, 아동음악(또는 아동동작, 아동미술), 아동수학지도(또는 아동과학지도), 아동안전관리(또는 아동생활지도)	9과목 (27학점)
보육 지식과 기술 영역	선택 교과목	아동건강교육, 영유아 사회정서지도, 아동문학교육, 아동상담론, 장애아 지도, 특수아동 이해, 어린이집 운영관리, 영유아 보육프로그램 개발과 평가, 보육정책론, 정신건강론, 인간행동과 사회환경, 아동간호학, 아동영양학, 부모교육론, 가족복지론, 가족관계론, 지역사회복지론	4과목 (12학점) 이상
보육 실무영역	필수 교과목	아동관찰 및 행동연구, 보육실습	2과목 (6학점)
전체		17과목 51학점 이상	

2016년 보건복지부는 보육교사의 인성과 자질을 향상시켜 전문성을 높이고 보육서비스의 질적 수준을 향상시키기 위해 이수학점을 높임과 동시에 대면 교육을 강화하였다.

〈표 5-5〉 대면교과목

• 실시방법: 과목당 8시간 이상 출석수업, 1회 이상 출석 시험 실시

구 분	교과목
인성 영역	보육교사(인성)론, 아동권리와 복지
보육 지식과 기술 영역	놀이지도, 언어지도, 아동음악(또는 아동동작, 아동미술), 아동수학지도(또는 아동과학지도), 아동안전관리(또는 아동생활지도)
보육 실무 영역	아동관찰 및 행동연구, 보육실습

보육교사 자격요건 중 보육실습은 반드시 이수해야 하는 교과목이다. 보육실습은 현장실습과 이론수업으로 이루어져야 하며, 현장실습에 관한 기준은 2017년에 확대, 강화되었다.

- 실습기관 : 실습 시작 당시 정원 15인 이상이고 평가인증 유지 어린이집
  실습 지도교사는 실습지도 이전에 보육교사 1급 또는 유치원 정교사 1급 자격증을 소지한 사람이어야 한다.
- 실습기간 : 6주, 240시간 이상을 원칙으로 하되, 2회에 나누어 실시할 수 있다.
  1일 실습시간은 오전 9시부터 오후 7시 중 8시간을 인정하여 하루 8시간을 초과할 수 없고, 그 외의 시간에 한 실습은 인정하지 아니한다.
  다만, 종전 기준에 따라 4주, 160시간을 실시하는 경우 야간대학, 한국방송통신대학 원격대학에 한해 2회에 나누어 보육실습을 실시할 수 있다.
- 실습평가 : 보건복지부 장관이 정하는 보육실습일지와 실습평가서에 근거하되, 평가점수가 80점 이상인 경우에만 실습을 이수한 것으로 인정한다.
  2013년 이후 어린이집지원시스템에 보육실습 내용을 등록, 제출하여야 한다.

(3) 특수교사 및 장애영유아를 위한 보육교사 자격기준

장애아동복지지원법(제32조 시행령 제5조 제1항)에 따라 어린이집에서 장애아를 보육할 경우 특수교사 및 장애영유아를 위한 보육교사를 배치해야 하며, 배치되는 교사는 2명당 1명 이상은 특수교사이어야 한다. 보육교직원 임면권자가 특수교사 또는 치료사를 채용하는 경우에는 자격기준을 갖춘 자를 채용해야 하고, 특수교사 및 치료사는 보건복지부장관이 국가자격증을 발급하지 않으므로 어린이집 및 시 · 군 · 구에 자격의 적격성 여부를 확인한 후 자격을 갖춘 교사를 배치해야 한다.

특수교사 및 장애영유아를 위한 보육교사는 '18. 3. 1.부터 만 3세 이상 장애영유아를 대상으로 배치하도록 2016년부터 단계별로 확대 시행되었다.

장애통합지정 어린이집에서는 장애영유아를 위한 보육교사 자격을 소지한 교사가 장애·통합반을 담당하는 경우 자격수당이 지급되며, 2020년부터는 자격소지자가 일반영유아반을 담당할 경우도 자격수당이 일부 지급된다.

〈표 5-6〉 특수교사, 치료사, 장애영유아를 위한 보육교사 자격기준
(장애아동복지지원법 시행령 제5조 제1항 제2항 2016.3.1. 시행)

구분	자격기준
특수교사	「초·중등교육법」 제21조 제2항에 따른 특수학교 정교사 2급 이상의 자격증(유치원 과정만 해당한다)을 소지한 사람
장애영유아를 위한 보육교사	1. 「영유아보육법」 제21조 제3항에 따른 보육교사 2급 이상의 자격증을 소지한 사람 2. 보건복지부령으로 정하는 특수교육 또는 재활 관련 교과목 및 학점을 「고등교육법」 제2조에 따른 학교에서 이수하거나 「학점인정 등에 관한 법률」 제7조에 따라 인정받은 사람 * 특수교육 또는 재활 관련 교과목 및 학점 기준 - 「장애아동복지지원법」 시행규칙 제12조[별표 3]의 규정에 의한 특수교육 또는 재활관련 교과목 및 학점을 이수해야 함 • 2012. 8. 4. 이전 편입하거나 입학한 사람은 8과목(16학점) 이상 이수 • 2012. 8. 5. 이후 편입하거나 입학한 사람은 8과목(24학점) 이상 이수
치료사	• 관련분야 국가자격증 소지자(물리치료사, 작업치료사, 언어재활사, 임상심리사 등) • 관련분야 국가자격증이 없는 자는 아래에 해당하는 자 - 「자격기본법」 제19조 제1항에 따라 주무부장관이 공인한 치료관련 민간자격 소지자 - 한국연구재단 등재(후보)학술지를 발간하는 학회가 소정의 절차를 거쳐 발급하는 치료관련 민간자격 소지자

2) 보육교직원의 배치기준

〈표 5-7〉 어린이집 보육교직원 배치기준(영유아보육법 시행규칙 제10조. 개정 2012.8.17.)

구분	배치기준	비고
원장	어린이집 1명	영아 20명 이하를 보육하는 어린이집은 보육교사 겸임가능
보육교사	만 1세 미만 : 영아 3명당 1명	*만 4세 이상 유아 40명당 1명은 보육교사 1급 자격자이어야 함 *장애아 9명당 보육교사 1명은 특수교사 자격소지자이어야 함
	만 1세 이상~만 2세 미만 : 영아 5명당 1명	
	만 2세 이상~만 3세 미만 : 영아 7명당 1명	
	만 3세 이상~만 4세 미만 : 유아 15명당 1명	
	만 4세 이상~미취학 유아 : 유아 20명당 1명	
	취학아동 : 20명당 1명	
	장애아 : 3명당 1명	
	연장반: • 만 3세 미만 ⇒ 영아 5인당 1명 • 만 3세 이상 ⇒ 유아 15인당 1명	*연장반의 만 1세 미만 및 장애아 ⇒ 3인당 1명
간호사	영유아 100명 이상을 보육하는 시설	간호조무사 포함 *어린이집의 장이 간호사 또는 영양사 자격이 있는 경우에는 간호사 또는 영양사를 겸직 가능
영양사	영유아 100명 이상을 보육하는 시설	*어린이집 단독으로 영양사를 두는 것이 곤란한 경우에는 동일한 시 · 군 · 구의 5개 이내 어린이집이 공동으로 영양사를 둠
취사부	영유아 40명 이상을 보육하는 시설	*영유아 40~80명: 1명, 영유아 80명 초과할 때마다 1명씩 증원
기타 교직원	시설의 규모와 특성에 따라 의사(또는 촉탁의사), 사회복지사, 사무원, 관리인, 위생원, 운전기사, 치료사 등	

참고문헌

김은설, 박수연(2010). 보육 시설장 · 교사 윤리강령 개발연구, 한국보육시설연합회 · 육아정책연구소.

김혜경, 유희정(2004). **영유아 프로그램**. 창지사.

김종철(1994). **교육행정학신강**. 배영사.

김경희, 문혁준, 김선영, 김신영, 김지은, 김혜금, 서소정, 안선희, 안효진, 이희경, 정선아, 황혜원(2016). **보육학개론**. 창지사.

보건복지부(2020). **보육사업안내**. 보건복지부.

서영숙, 서혜전, 김영명, 채혜선, 김진숙(2014). **보육학개론**. 양서원.

서영숙, 서혜정, 김진숙(2010). **보육교사를 위한 아동청소년 권리교육**. 보건복지부, 세이브더칠드런.

양옥승, 김영옥, 김현희, 신화식, 위영희, 이옥, 이정란, 이차숙, 정미라, 지성애, 홍혜경(1999). **영유아보육개론**. 학지사.

유희정, 이미화(2004). 보육교사 근무환경 및 직무실태 분석, 한국여성개발원.

이순형, 이혜승, 이성옥, 황혜신, 이완전(2010). **보육학개론**. 학지사.

이은화, 배소연, 조부경(1995). **유아교사론**. 양서원.

임재택(1995). **유아교육기관 운영관리**. 양서원.

조복희, 강희경, 김연주, 김현지, 손경화, 안은숙, 양연숙, 이영환, 이주연, 이진숙, 장혜자, 한유미(2007). **보육학개론**. 교육과학사.

조성연, 이정희, 김온기, 황혜정, 나유미, 박진재, 송혜린, 임연진, 나종혜, 권연희(2018). **최신영유아보육론**. 학지사.

조혜경, 이순영, 황성원, 노은호, 구경선, 곽혜경, 박금희, 조미환, 나은숙, 문영보(2009). **보육학개론**. 창지사.

중앙보육정보센터(2006). 평가인증조력프로그램영역4. 상호작용. 중앙보육정보센터.

Decker, C., & Decker, J. R.(1992). *Planning and administering early childhood programs*. Cloumbus, Ohio: Chareles E. Merrill.

Chapter

6

부모 참여와 지역사회 연계

부모 참여와 지역사회 연계

보육의 효과를 극대화하기 위해서는 부모의 참여와 상호 지원은 필수적이다. 어린이집과 부모 간의 개방적이고 적극적인 상호 교류를 통해 서로 간의 이해를 도모하고 협력관계를 유지하도록 다각적인 노력이 필요하다. 또한 보육의 기능이 확대되면서 영유아를 둘러싼 지역사회, 나아가 사회 전체의 지원이 중요하다. 이에 부모참여와 이론적 · 법적 근거를 살펴보고 다양한 부모 참여와 지역사회와의 연계 방법에 대해 알아보고자 한다.

1. 부모 참여

1) 부모 참여의 개념

부모 참여(parent involvement)는 일반적으로 교육기관에서 정책 결정, 부모교육, 기금(재원)마련, 자원봉사, 교사와 정보 교환 등 부모와 교육기관 간의 모든 유형의 상호작용을 의미한다. 교육학자들 사이에서는 지역사회까지 확대하여 학교–부모–지역사회

간의 협력(school, family, and community partnership)의 용어와 동의어로 사용되기도 한다.

유아교육에 부모 참여를 새로운 과제로 등장시킨 계기는 1960년대에 헤드스타트(Head Start) 운동이었다. 헤드스타트 운동은 보육프로그램을 성공시키기 위해 부모교육을 실시하고 부모를 참여시켜야 한다는 것을 강조하게 되었고 이를 실행에 옮겼다. 영유아에 대한 관심과 부모 역할의 중요성에 대한 인식이 높아지면서 부모 참여에도 변화가 일어나게 되었다.

이전에는 어린이집에서는 부모들을 어린이집의 교육활동에 직접 참여시키는 방안을 고려하기보다는 부모들에게 양육방법에 대한 이해나 지식을 증진시키는 교육만을 제공하는 부모교육에 초점을 둔 소극적이고 수동적인 활동 형태였다면, 최근에는 부모가 어린이집에서 교사의 교육 활동을 돕고 기관의 정책이나 인사 채용 등의 운영까지도 참여하는 보다 포괄적인 수준으로 점차 확대되어 왔다. 정책적으로도 학부모운영위원회 의무화, 열린어린이집과 학부모 모니터링 실시 및 어린이집 평가제 항목(지표 2-4)에 포함시켜 부모 참여를 강조하고 있다.

이런 점들을 고려할 때, 부모 참여는 교육의 질을 높이기 위하여 부모가 교육활동과 운영에 참여하는 일체의 교육적 활동 즉, 부모가 어린이집의 동반자로서 협력관계를 유지하며 자녀교육에 대한 책임을 나누어지고 그들의 교육과 성장 발달을 위해 노력하는 모든 과정이라고 할 수 있다.

이렇듯 어린이집의 프로그램에 부모를 직접 또는 간접으로 개입하게 하여 자녀의 발달과 교육에 도움을 주고자 하는 의도에서 '부모 참여'라는 용어가 보다 넓은 의미로 사용되고 있다.

부모들이 어린이집에 참여하는 형태나 수준은 어린이집에 따라 다양할 수 있는데 어린이집에서 부모가 참여할 수 있는 수준을 수동적 참여에서 능동적 참여에 이르기까지 고든(Gordon, 1970)은 다음의 다섯 단계를 설명하였다.

첫째, 수동적인 교육정보의 수혜자로서의 참여 : 학부모회의, 전화나 통신문 받기,

학급 방문 관찰, 부모교육 강연회 참가 등 수동적 역할로 참여하는 단계이다.

둘째, 자녀교육으로서의 참여 : 가정에서 영유아를 키우는 데 필요한 교육을 직접 훈련받은 부모들이 할 수 있는 활동에 상호작용자로 참여하는 단계이다.

셋째, 자원봉사자나 보조자로서의 참여 : 보수를 받지 않으면서 교사를 돕는 인적 자원으로서 참여하는 단계이다.

넷째, 훈련된 보조자로서의 참여 : 교사는 아니지만 보조자로서 훈련을 받아 지원 인사 또는 소집단 지도자로 참여하는 단계이다.

다섯째, 의사결정자로서의 참여 : 영유아를 위해 중요한 정책, 교육내용, 교육활동, 교사교육 등을 결정하고 부모의 입장을 이야기하며 참여하는 단계이다.

이 단계 중 다섯째 단계인 의사결정자로서의 참여는 오늘날 부모 참여에서 가장 중요한 역할이라고 볼 수 있다. 부모 참여에 의해 이루어진 의사결정은 관계된 모든 사람들에게 신뢰감을 줄 수 있으며, 부모와 교사는 효율적이고 긍정적인 협력과 적용의 시도가 이루어질 수 있도록 부모와 교사 간의 협력적인 파트너십 증진 방안과 부모 참여프로그램을 계획, 실시하여야 한다. 이러한 부모-교사의 협력과 부모 참여프로그램은 영유아에게 양질의 보육경험을 제공하는 중요 요소이며 영유아기 동안 부모 참여가 계속될 때 영유아들의 인지적 발달이 향상된다고 하였다. 즉, 부모와 어린이집과의 교류가 가정과 프로그램 간의 지속성 및 부드러운 전이 수준을 높일 수 있다는 것이다.

2) 부모 참여의 목적 및 필요성

부모는 자녀의 행동을 형성해 나가고, 자녀에게 어떤 경험을 하게 할 것인지를 선택하고 중재해 나가면서 실제로는 자녀의 첫 번째 교사의 역할을 하기 때문에 보육의 효과를 높이기 위해서는 어린이집과 부모의 협력은 매우 중요하다.

이러한 부모들을 어린이집에 참여시키는 목적은 다음과 같다(서영숙 외, 2014).

첫째, 부모들로 하여금 부모로서 그리고 자녀의 교사로서 역할의 중요성을 느끼도록 하고, 그러한 역할을 잘 수행할 수 있도록 돕는다.

둘째, 영유아의 자아개념과 성취수준을 향상시키도록 한다.

셋째, 어린이집에 대한 부모의 태도를 긍정적으로 가질 수 있도록 한다. 이 점은 어린이집에 대한 부정적인 태도를 가진 부모들에게 특히 중요하다.

넷째, 부모가 평소 가정에서 자녀와 함께 있을 때 자녀를 대하는 양육기술을 향상시키도록 돕는다.

다섯째, 프로그램과 운영에 대한 의사결정에 부모가 직접 참여하고 자녀와 함께 활동할 수 있는 기회를 제공한다.

이처럼 부모 참여는 부모들에게 성인으로서, 효과적인 교사로서 부모 역할을 증진시키며, 효과적인 교육자-교육 동반자로서의 부모가 되도록 하여 영유아와의 상호작용 개선을 비롯한 영유아의 제 발달과 교육 효과를 증진시킨다. 이는 궁극적으로 보다 바람직한 가정과 지역사회를 건설하는 것이다(유안진, 김연진, 1993).

이러한 목적을 가지고 부모 참여의 필요성을 살펴보면 다음과 같다.

첫째, 영유아기는 발달의 결정적 시기로 인생의 기초가 형성되는 시기이기 때문에 부모의 애정과 상호작용이 절실히 필요한 시기이다. 부모가 자녀에 대한 지식, 생각, 구체적인 사건들을 교사와 공유하면 교사는 개별 영유아에게 더욱 일관성 있게 지도할 수 있게 된다. 이는 학습의 효과를 높이고, 영유아의 문제행동은 줄어들 수 있다. 이렇듯 어린이집의 보육활동이 효과적으로 이루어지기 위해서는 어린이집과 가정이 보육의 정보를 나누고 책임을 함께 짐으로써 깊은 상호 관련을 맺고 협력해 나아가야 한다.

둘째, 부모와 교사와의 긴밀한 협조관계는 핵가족의 젊은 부모들에게는 양육에 대한 불안을 감소시켜 줄 수 있다. 마치 어린이집이 일종의 확대가족 같은 역할을 하여 부모로 하여금 자녀양육의 책임을 함께 나누는 느낌을 갖게 한다. 부모와 교사는 가정과 어린이집의 각각 다른 상황에서 영유아를 관찰하게 됨에 따라 영유아에 대한 많은 정보로 인해 영유아를 더 잘 이해할 수 있게 된다. 또한 부모는 교사의 영유아 발달에 관한 지식과 이들을 교육하는 데 필요한 기술을 가진 전문가이므로 부모 참여를 통해 부모로서의 효능감을 향상시키게 된다. 뿐만 아니라 교사의 업무나 교육과정을 더 잘 이해하게 됨으로써 교사에 대해 긍정적인 태도를 가질 수 있게 된다.

셋째, 부모 참여를 통해 부모와 긍정적인 협력관계를 형성하기 위해 가장 많은 노력을 하는 교사는 부모로부터 영유아에 대한 부가적인 정보—발달과정, 각기 다른 경험과 행동양식 등에 대한 정보—를 얻게 됨으로써 개별 영유아와 더 효과적으로 상호작용할 수 있다.

교사가 가지는 시간과 노력, 지식, 창의성, 경험 등의 자원에 한계가 있을 때 부모들이 교육에 참여하게 되면 영유아에 대한 부가적인 자원을 얻을 수 있다. 만약 부모가 보조교사, 자원봉사자 등으로 성인의 도움이 필요한 영유아의 작업을 도와 교육과정에 참여하게 되면, 영유아들에게 제공되는 학습 경험은 훨씬 더 풍부해질 수 있으며, 특히 특수한 요구를 가진 유아가 있는 경우에는 부모가 참여함으로써 더 많은 도움을 받을 수 있다.

이러한 부모와 어린이집의 진정한 협력을 바탕으로 이루어지는 부모 참여는 영유아와 부모, 그리고 교사에게 긍정적인 영향을 미친다. 또한 다양한 부모 참여를 통해 부모가 자녀의 생활에 참여하며, 자녀에 대한 책임과 긍정적인 태도를 가진다면 영유아들은 더 많은 성취를 이룰 수 있을 것이다.

3) 부모 참여의 유형

부모 참여의 유형은 어떤 기준으로 나누는가에 따라서 여러 가지로 분류될 수 있다. 즉, 학자에 따라서는 부모의 참여 정도 및 내용, 프로그램의 목적 그리고 장소별로 나누기도 한다. 어린이집에서 부모 참여프로그램을 실시할 때에는 부모와 영유아, 어린이집의 특성 그리고 프로그램의 목적 및 내용을 고려하여 실시될 수 있다. 부모를 어린이집에 참여시키기 위해서는 영유아와 부모, 그리고 교사들이 상호작용할 수 있는 많은 기회가 제공할 수 있도록 다양한 유형으로 이루어져야 하며, 서로 다른 어린이집에서 실시되는 경우 서로 다른 계획과 과정을 필요로 하고 그 실시 결과도 다르므로 각 어린이집에서는 가장 적합한 부모 참여 방안을 찾기 위해 노력할 필요가 있고, 그 실행과정에서 각 어린이집의 특성에 맞게 프로그램의 실시과정을 변형시킬 수 있어야 한다.

(1) 어린이집과 가정 간의 의사소통을 통한 부모 참여

어린이집에서는 보육과정을 보다 적절히 수행하고 영유아의 성취도를 향상시키기 위하여 가정과 의사소통을 해야 한다. 부모 오리엔테이션, 가정통신문, 알림장, 면담 등을 통해 이루어지며, 어린이집 프로그램이나 영유아의 성취 등에 관한 부모의 이해에 상당한 영향을 미친다.

① 부모 오리엔테이션

학기 초 실시하는 오리엔테이션은 어린이집의 철학과 운영방침, 연간 보육활동 및 행사, 입퇴소 과정 등에 대한 안내와 신입 원아의 초기 적응을 위해 어린이집과 가정에서 해 줄 수 있는 지원 등에 대해 서로 의견을 나누는 과정으로, 이를 통해 신입 원아의 부모는 어린이집에 대한 구체적인 정보를 안내받고 의논함으로써 영유아의 초기 적응과 원생활에 도움을 줄 수 있으며, 재원하는 어린이의 부모는 당해 연도의 보육프로그램의 변화, 특별한 행사, 기타 특이사항 등에 대한 안내를 통해 운영상의 협조를 기대할 수 있으며, 교육의 효과를 극대화할 수 있도록 한다. 구체적으로 부모를 위한 오리엔테이션은 다음 〈표 6-1〉과 같은 내용이 포함될 수 있다.

〈표 6-1〉 어린이집 부모 대상 오리엔테이션 내용

- 어린이집의 운영철학 및 보육목표
- 운영내용
  - 보육교직원 소개
  - 보육시간, 보육비 및 각종 행사 운영비
  - 어린이집의 환경 및 시설에 대한 안내
  - 등 · 하원 절차
  - 안전지침
  - 보육비(아이사랑카드) 납부방법 등
- 보육프로그램
  - 연간교육계획안
  - 하루 일과 및 학급 구성
- 행사
  - 연간행사 및 현장학습
  - 부모 참여 행사
- 건강, 영양, 안전 프로그램
- 가정 및 지역사회 연계프로그램

오리엔테이션은 시작 1~2주 전에 안내문이나 초대장을 통하여 일시와 장소, 오리엔테이션 내용을 간략히 안내한다. 그리고 오리엔테이션의 주요 내용을 정리한 자료를 가지고 실시한다. 오리엔테이션에서는 원장이나 교사의 설명뿐 아니라 부모들의 의문사항이나 건의에 대한 질의응답도 충분히 다루어야 한다.

〈표 6-2〉 **부모 오리엔테이션 안내문 예시**

신입 · 재원생 오리엔테이션 안내

오리엔테이션 일정을 알려드립니다. 신입 · 재원생 원아의 학부모님 모두 참석하며, 영아, 유아반으로 진행될 예정입니다. 일정은 다음과 같습니다.

*일시 및 장소	- 2월 23일 목요일 / 백송어린이집 유희실
*일시	- 만 1세(솔씨반) / 만 2세(솔싹반) → 10시 30분 - 만 3세(솔잎반) / 만 4세(솔방울반) / 만 5세(솔나무반) → 3시
*준비물	- 신입: 신입부모교육 이수증, 개인별 제출서류(등본, 맞벌이 확인서 등)
*기타	- OT 진행시간은 1시간 30분 정도 예상되며, 시작 10분 전까지 참석을 완료해 주시기 바랍니다. - 각 반 진행시 통합보육이 이루어지므로 이 점 양해해 주시기 바랍니다.
*내용	- 본 어린이집의 전반적인 운영방침 안내 - 교직원 소개 - 시설 및 학급 안내 - 신입 원아의 초기 적응과정 안내

② 가정통신문

가정통신문은 어린이집에서 부모에게 보육과정에 대한 안내, 여러 행사들의 내용과 정보, 부모역할을 수행하는 데 필요한 지식과 정보 전달, 식단을 알려주는 기능을 한다. 가정통신문은 어린이집과 가정이 가장 손쉽게 의사소통할 수 있는 매체이며, 간단하고 효율적이어서 부모로부터의 협력을 이끌어 내기 위해 가장 많이 활용되고 있다.

〈표 6-3〉 가정통신문의 예시

1. 소방 대피훈련 안내
 - 27일(수)은 소방대피 훈련이 있는 날입니다. 백송어린이집에서는 화재 시 아동의 안전한 대피를 위해 한 달에 1번 소방훈련을 실시하고 있습니다. 실제 상황처럼 놀이 중 신발을 신지 않고 나가기 때문에 대피 후에 새 양말로 갈아 신을 수 있도록 여벌양말을 당일까지 꼭 보내주시기 바랍니다.

2. 2019 하반기 미세먼지 마스크 보급
 - 각 가정으로 미세먼지 마스크를 배부해 드립니다. 배부해 드린 마스크는 미세먼지 저감조치 발령 시 등원할 때 사용해 주시면 됩니다.

3. 2019 With 백송 – '다색다감(多色多感)' 여름 festival 안내
 - 7월 6일(토)에는 부모님과 함께하는 백송 여름 페스티벌이 진행됩니다.
 우리 친구들이 교실 안에서 놀이하던 것을 반에 상관없이 놀이를 즐기는 시간으로 구성되어 있어 부모님, 친구들과 신나게 놀이를 할 수 있는 기간입니다. 부모님과 함께 놀이를 즐기는 하루! 반드시 참석해 주시면 더욱 의미 있는 시간이 될 것입니다. 여름캠프에 참여 여부를 알고자 신청서를 보내드리오니 6월 24일(월)까지 담임선생님께 보내주시기 바랍니다.
 〈8~9일에는 백송 원아 모두 원내 모든 공간에서 여름 페스티벌을 즐깁니다.〉

4. 각 반 견학 활동 안내
 - 25일(화)- 솔잎반 / 일산 아쿠아플라넷
 26일(수)- 솔나무반 / 뮤지컬 '종이아빠'
 28일(금)- 솔방울반 / 파주 '어린이미술관자란다'
 자세한 사항은 각 반 개별로 공지됩니다.

5. 수족구병 예방 안내문
 - 날씨가 더워짐에 따라 어린이들 사이에서 수족구병이 발생하고 있습니다. 수족구병 예방수칙 및 소독 방법 등을 뒷장에 안내해 드리오니 꼭 확인해 주시기 바랍니다.

〈백송 부모교육〉-수족구병에 대해 알아보아요!

Q1. 수족구병은 어떤 병인가요?

- 바이러스성 감염에 의해 입 안, 손, 발에 물집성 발진이 생기는 감염병입니다.
- 주로 콕사키바이러스 A16이 주원인이고, 엔테로바이러스 71(EV71), 콕사키바이러스 A5, A6, ,A7, A9, A10, B2, B5 등도 원인이 됩니다.
- 대부분 5세 미만의 영유아에게 생기며 봄철에 증가하여 여름에 유행합니다.

Q2. 어떤 증상이 있을 때 수족구병을 의심할 수 있을까요?

- 일반적으로 가장 먼저 나타나는 수족구병의 증상은 발열, 인후통, 식욕부진 및 피로감(권태감) 등입니다.
- 발열 1~2일 후에, 입 안의 볼 안쪽, 잇몸 및 혀에 작은 붉은 반점이 나타납니다.
  - 이 같은 반점은 수포 또는 궤양으로 변할 수 있습니다.
  - 또한, 손, 발 및 엉덩이에 피부 발진이 발생할 수 있으며, 가끔 팔과 다리에도 나타날 수 있습니다. 발진에는 융기 또는 편평형 붉은 반점과 수포도 포함됩니다.
- 수족구병의 증상은 보통 경미하며 대개 7~10일 내에 저절로 없어지지만, 드물게 합병증이 나타날 수 있습니다(뇌막염, 뇌염 등 중추 신경계 합병증 외에 심근염, 신경원성 폐부종, 급성 이완성 마비 등).
- 특히 면역체계가 아직 발달되지 않은 어린 영아의 경우, 엔테로바이러스 기형에 감염된 경우 뇌간 뇌수막염, 신경성 폐부종, 폐출혈, 쇼크 등 합병증의 발생이 더 높습니다.

Q3. 어떻게 감염이 되나요?

- 수족구병 환자 또는 감염된 사람의 대변 또는 분비물(침, 가래, 콧물, 수포의 진물 등)과 직접 접촉하거나 이러한 것에 오염된 물건(수건, 장난감, 집기 등) 등을 만지는 경우 전파됩니다.
- 발병 첫 주에 가장 전염성이 크고, 잠복기는 약 3~7일입니다.

Q4. 수족구병이 의심되거나 진단받았을 때는 어떻게 하나요?

- 수족구병이 의심될 때, 특히 아이가 열이 높고 심하게 보채면서 잦은 구토를 하는 등 증상 발생 시 최대한 빨리 의료기관을 방문하여 진료를 받도록 합니다.
- 진단받았을 때는 타인에게 감염되지 않도록 유의하고 자녀들이 수족구병에 감염되었거나 감염된 것으로 의심될 때에는 어린이집, 유치원, 학교, 학원 등에 보내지 않는 것을 권장합니다.

Q5. 어떻게 예방할 수 있나요?

- 현재까지 수족구병에 대해서는 예방백신이 개발되어 있지 않습니다.
- 올바른 손 씻기 등 개인위생을 철저히 지키는 것이 감염을 예방하는 최선의 방법입니다.
  - 수족구병 환자가 있는 가정에서는 화장실 사용 후, 기저귀를 간 후 또는 코와 목의 분비물, 대변 또는 물집의 진물을 접촉한 후에는 반드시 흐르는 물에 비누로 30초 이상 올바르게 손을 씻어야 합니다.
- 장난감과 물건의 표면은 먼저 비누와 물로 세척한 후 소독제로 닦아야 합니다.
- 비말이 다른 사람에게 전파되는 것을 방지하기 위해 기침예절을 준수해야 합니다.
- 수족구병에 걸린 아동은 열이 내리고 입의 물집이 나을 때까지 어린이집, 유치원이나 학교에 가지 않을 것을 권고합니다. 또한 증상이 나타난 어른의 경우도 증상이 사라질 때까지 직장에 출근하지 않을 것을 권고합니다.

가정통신문의 내용과 형식은 어린이집마다 차이가 있다. 어린이집에서는 정기적으로 원 전체 일정 및 안내사항을 담아서 전체 어린이들에게 동일한 내용을 안내하는 경우도 있고, 간혹 각 연령과 반별로 활동주제와 관련한 준비물이나 특기사항 등을 별도로 안내하는 경우도 있다.

가정통신문의 형식은 어린이들의 사진, 어린이들이 만든 작품이나 그림을 삽입하고, 다양한 삽화를 활용하여 디자인한다. 무엇보다도 내용은 간결하고 쉽게 구성하는 것이 바람직하다.

〈표 6-4〉 **자녀양육과 관련된 정보를 알려주는 가정통신문의 예시**

부모교육- 좋은 부모가 되기 위한 6가지

좋은 부모가 되기 위해서는 어떻게 해야 할까요? 아이를 어떻게 키워야 하는지는 참 어려운 부모의 평생의 숙제인 것 같습니다. 무조건 최선을 다하고 사랑만 주는 것도, 혼을 내기만 하는 것도 안 되겠지요? 부모가 되기 위해 필요한 내용을 알아보겠습니다.

♣ 아이의 있는 그대로의 모습을 인정하기
아이들에게는 자신만의 발달계획이 다 있습니다. 그러니 이것을 이해하고 아이에게 부모가 원하는 것을 강요해서는 안 됩니다.

♣ 아이에게 항상 모범 보이기
부모의 평소 생활 태도는 아이들이 그대로 보고 따라 하기 때문에 매우 중요합니다. 평소에 행동 하나하나에도 조심하고 노력하는 모습이 필요합니다.

♣ 많은 스킨십 해주기
아이에게 스킨십을 충분히 많이 해주세요. 부모님의 사랑이 담긴 스킨십을 많이 받은 아이가 정서적으로 안정적으로 자라게 됩니다.

♣ 아이의 통제력 길러주기
아이의 감정은 수용하되, 행동은 통제해주는 것이 필요합니다. 그래야 타인을 배려할 수 있게 됩니다. 더불어 사는 사회에서 배려는 반드시 필요하지요.

♣ 아이에게 직접적인 도움을 주지 않기
아이가 무엇인가를 할 때, 직접적으로 도움을 주기보다 스스로 그 일을 할 수 있도록 환경을 제공해주는 것이 부모가 할 역할입니다.

♣ 부부의 행복한 모습 보여주기
엄마와 아빠의 행복한 모습을 보여주는 것이야말로 좋은 부모가 되는 길입니다. 부부가 매일 다투기만 하고 행복하지 않은 모습을 보여준다면 아이는 엄청난 수치심과 열등감을 갖게 될 수 있습니다.

③ 알림장

알림장(대화수첩)은 영유아의 보육을 위해 부모와 교사가 영유아에 대한 정보를 자주 교환하는 역할을 한다. 이를 통해 영유아의 보육 경험에 대해서 부모와 교사 간의 의사소통이 이루어질 수 있다.

영아의 경우에는 수유, 이유, 배변, 수면 상황과 영아의 전반적 기분과 건강 상태에 대한 기록을 포함시켜야 한다. 그리고 유아의 경우에는 보육활동 시 유아의 개별적 반응이나 문제행동, 이에 대한 교사의 지도방법, 또래와의 상호작용 등의 내용이다.

영아처럼 어린이집에서 있었던 일을 직접 부모에게 전달하기 어렵고 처음 자녀를 어린이집에 보낸 학부모에게는 알림장(대화수첩)을 활용하는 것이 부모가 어린이집 생활을 이해하고 어린이집에 대한 친밀감을 형성하는 데 긍정적인 영향을 주게 된다.

최근에는 앱을 기반으로 하는 스마트 알림장을 활용하는 경우도 있다.

④ 면담

면담은 부모와 교사가 직접 대면하여 영유아의 적응 상태나 생활 정도, 발달 정도 등에 대하여 정보를 교환하고 바람직한 지도방안에 대하여 서로의 의견을 나누는 의사소통 방법이다. 어린이집 평가제에서는 모든 영유아의 부모와 2회 이상 개별면담하고 면담내용을 기록, 관리하도록 하고 있다. 개별면담을 위해 교사는 개별 관찰기록, 상호작용 기록지, 활동기록물과 작품, 신체측정 결과 등을 준비하여 아동의 전반적인 부분에 대해 부모와 의견을 교환하고, 영유아의 부적응행동이나 문제행동을 예방하거나 치료방법에 대해 이야기를 나눌 수 있다. 이런 과정을 통해 어린이집과 가정에서 이루어지는 교육을 자연스럽게 연결해 줄 수 있다.

부모 면담의 방법 중 집단 면담은 한 반의 부모들이 함께 인사를 나누고 교육에 대한 정보를 공유할 수 있으며, 전화상담은 영유아 발달 상황 및 지도방법의 내용을 포함하여 부모가 어린이집을 직접 방문하기 어려운 경우의 대안으로 면담할 수 있다.

⑤ 가정방문

가정방문은 어린이집에서 영유아에 대한 직접적인 이해를 돕기 위해 영유아의 가정을 방문하여 영유아의 물리적 환경, 부모의 양육태도, 보육에 대한 관심 정도 등을 파악하는 의사소통 유형이다. 가정방문은 현실적으로 어려움이 많아 과거와는 달리 현재에는 많이 활용하고 있지 않다. 오늘날 다양한 가족 유형이 늘어나고 있는 사회에서 가정방문은 필요하며, 이는 교육적인 가치가 있는 반면, 시간이 많이 소요되고 보육교사나 부모에게 부담이 될 수도 있다.

가정방문을 계획한다면, 어린이집에서는 가정에 미리 방문일자와 면담시간을 알려주어야 한다. 그리고 방문하는 교사는 부모에게 존중하는 태도를 취하고 자연스럽고 따뜻한 분위기로 대화를 진행해야 한다.

(2) 부모의 역할수행을 돕기 위한 부모 참여

① 강연회

어린이집은 다양한 주제의 부모교육 강연회를 개최하여 올바른 부모 역할을 할 수 있도록 자녀교육을 위해 필요한 지식과 다양한 정보를 제공한다. 각 어린이집의 연간 부모교육계획안의 주제에 따라 외부 전문가를 초청하여 실시할 수도 있다. 이 방법은 의사전달이 용이하고 손쉽게 준비가 가능하므로 흔히 활용되어 왔으나, 어린이집에서는 강사 섭외나 예산상의 문제, 부모의 소극적인 참여 등에서 어려움이 보고되고 있다(김지현 외, 2008).

강연회의 주제는 해당 부모들의 특성과 지역사회의 특성을 고려하거나 미리 부모의 요구사항을 설문으로 조사하여 선정하면 부모의 참여를 높이는 데 효과적이다(고문숙 외, 2011). 그리고 강연회의 부모 참여를 높이기 위해서 참여 부모들이 동반한 자녀를 돌봐주는 것이 좋으며, 참석이 가능하고 편리한 시간으로 미리 조정하도록 한다. 강연회의 방식은 주로 주입식 강의형식과 원탁토론의 형식을 띠는데, 부모들이 서로 인사를 나누고 그들의 의견을 반영할 수 있는 시간을 마련하는 것이 필요하다. 일반적으로 강연회에서 다루고 있는 내용으로는 영유아 발달에 대한 정보와 자녀양육에 필요한 지도방법, 그리고 그 밖의 부모 자신의 발전 및 향상을 위한 지식과 정보 등으로 구성하고 있다.

어린이집에서 부모를 대상으로 강연회에서 다룰 수 있는 내용으로 다음과 같은 사항을 제시할 수 있다.

- 부모역할의 중요성
- 영유아기의 중요성
- 부모가 영유아를 한 인격체로 보고 영유아의 권리 존중
- 양육에 필요한 지식과 실제적 기술
- 영유아의 건강과 영양의 필요성
- 영유아 주변 환경의 중요성
- 영유아를 키우면서 당면하는 문제해결 능력
- 영유아와 효과적인 의사소통 방법
- 초등학교 진학 대비 교육

② 워크숍

어린이집에서 워크숍은 부모들이 실제로 참여하여 자녀의 수업을 돕기 위한 교구 제작 및 실습을 해 보는 활동이다. 워크숍을 통해 어린이집과 부모 간의 긴밀한 유대관계를 유지할 수 있다. 워크숍을 계획하고 실시 시 가능한 한 많은 부모들이 적극적으로 참여하도록 하며, 다양한 주제로 부모들끼리 서로 사교할 수 있는 시간을 주는 것이 좋다. 워크숍 주제로 활용하기 적합한 예로는 독서회, 교구 · 교재 만들기, 가족신문 만들기, 다양한 동화책 만들기, 인형 제작하기, 요리하기, 폐품을 이용하여 꾸미기, 크리스마스 장식 등 특별한 행사를 준비하기 등이 있다.

(3) 보육프로그램 과정을 통한 부모 참여

① 참여수업 및 참관수업

참여수업은 부모와 영유아가 함께 교육활동에 직접 참여해 봄으로써 어린이집의 교육철학 및 교육과정에 대해 올바르게 이해할 수 있고, 자녀의 모습을 관찰할 수 있는 기회를 갖게 된다. 이를 통해 부모는 자녀의 발달 정도를 객관적으로 파악할 수 있고, 어린이집과 가정에서 보이는 자녀 행동의 차이를 알 수 있다. 또한 교사의 교수법을 관찰하여 가정에서 일관성 있게 반영할 수 있다.

참여수업은 부모 참여를 위한 연간 행사 계획에 의하여 실시하며, 각 어린이집 실정에 따라 융통성 있게 이루어진다. 부모와 조부모 그리고 근래에는 아주 다양한 가족 형태로 참여수업이 이루어진다. 어린이집에 따라서는 휴일에 온 가족이 함께 참여할 수 있도록 계절적인 특성에 따라 가족등반대회, 걷기대회 등이 있다.

한강공원 가족걷기

대회가족단위로 한강 공원을 걸으며 각 코스별로 교사가 준비한 미션 활동을 하고 도착지점에 모여서 단체신체활동게임으로 마무리한다.

〈사진 6-1〉 **참여수업의 예**

부모가 직접 참여하는 수업과 달리 자녀의 모습을 관찰하는 참관수업이 있다. 참관수업은 참관실이 있는 경우 부모가 참관실에서 자녀의 모습을 관찰하고, 참관실이 없는 경우 보육실에 부모가 직접 들어가서 자녀를 관찰할 수 있다. 보육실에서 수업 참관 시에는 부모에게 영유아의 활동에 방해가 되지 않은 어느 한 위치에서 조용히 참관하며, 영유아의 요구가 있을지라도 활동에 개입하지 않도록 유의점을 알려주어야 한다. 또한 궁금한 내용은 기록해 두었다가 참관이 끝난 후 면담하도록 알려 준다.

참관수업

참관수업을 통해 부모님들이 자녀의 활동 모습을 관찰하고 있다.

〈사진 6-2〉 **참관수업의 예**

이 외에도 참여수업에는 부모가 자원봉사자, 보조교사, 주제활동의 주교사 등 다양한 역할을 맡아 교육활동의 일부분을 함께 경험할 수 있도록 다양한 방법으로 부모의 참여를 지원할 수 있다. 어린이집에서 영유아들이 단체로 현장학습인 소풍 및 산책을

학부모 자원봉사

학부모 자원봉사를 통해 송편 빚기, 김장활동, 아나바다 장터 물건 판매 등을 지도하며 함께 참여하고 있다.

〈사진 6-3〉 **학부모 자원봉사의 예**

나갈 때 또는 알뜰시장, 김장 담기 등의 활동에 희망하는 부모 및 가족을 어린이집의 사전안내에 따라 자원봉사자로 참여할 수 있다. 이러한 참여를 통하여 부모는 영유아의 보육 경험이나 행동에 대해 더욱 잘 이해할 수 있으며, 다른 부모들과 서로 교류할 수 있다. 또한 영유아의 활동과 발달에 대해 다른 부모들과 의견을 나눌 수 있다.

(4) 가정에서의 학습 지원을 통한 부모 참여

가정에서 영유아의 학습을 도와주기 위한 부모의 역할을 돕기 위해 부모가 자녀에게 제공하는 다양한 활동자료나 자녀의 요구에 의한 활동들, 어린이집에서 이루어지는 활동과 관련된 다양한 경험을 가정에서 제공하는 것, 유아의 가정에서 이루어지는 학습을 도와주기 위하여 교사가 부모에게 아이디어나 교수기술을 제공하는 것 등이 있다(김정원 외, 2006).

최근 특성화 교재 활동과 같이 어린이집에서 일정한 교재를 선정하고 이를 활용한 활동을 가정과 연계하여 진행하고 있다. 특히 2020년 전 세계적으로 코로나19로 인하여 휴원이 지속되고 긴급보육의 실시로 가정보육이 지속적으로 이루어지게 되면서 학습 지원을 위해 다양한 노력을 기울이게 되었다.

어린이집에서는 가정에 건강관리에 관한 유의점에 대한 안내 문자 발송에서부터 연령별로 적절한 놀이교구를 가정에 제공, 요리 재료 및 요리활동 레시피 제공 및 놀이 콘텐츠를 개발하여 가정에 QR 코드화하여 제공하는 등 다각적으로 노력하였다.

가정학습 지원을 위해 각 시 · 군 · 구별 육아종합지원센터에서도 코로나시대에 대비한 가정학습지원을 위한 다양한 프로그램이 개발되고, 어린이집 연합회는 공모전을 통해 코로나19 대응 가정연계활동 개발을 지원하였다.

〈표 6-5〉 학습지원을 통한 부모 참여의 예

<table>
<tr><th></th><th>코로나19 대응 가정 연계 활동</th></tr>
<tr><td>활동명</td><td>띵동~! 놀이꾸러미 왔습니다.</td></tr>
<tr><td>취지</td><td>코로나19로 인해 사회적 거리두기, 외출 자제 등으로 어린이집 휴원이 장기화되면서 가정에서 자녀와 함께 하는 시간이 길어짐에 따라 육아의 어려움을 해소, 신학기의 보육 공백을 최소화하고 원과의 유대감을 이어갈 수 있도록 찾아가는 놀이선생님 프로그램으로 "띵동~! 놀이꾸러미 왔습니다"를 실시하였다.</td></tr>
<tr><td>내용</td><td>1. 자녀들과 함께 할 수 있는 놀이교구를 연령별로 구분하여 담임선생님이 직접 놀이꾸러미를 전달하는 과정을 통해 짧은 순간이지만 선생님과의 처음 만나는 시간을 가지며 친근감 형성. 기타 지역의 친구들은 택배서비스를 이용하여 놀이 꾸러미를 가정에 배부하고 담임교사와 전화로 안부와 인사를 나눔
2. 교사가 직접 놀이활동을 계획하여 영상으로 제작 후 각 가정에 문자로 배부
가정에서 쉽게 구할 수 있는 소재를 활용하여 연령에 따라 폭넓게 확장이 가능한 놀이 활동을 제공함으로써 각 가정별 상황에 맞도록 다양하게 놀이를 응용
우리 담임선생님이 나오는 영상놀이에 대한 각 가정에서의 피드백을 토대로 후속 영상을 통한 놀이활동을 지속적으로 제공. 예상하지 못한 코로나19라는 재난 상황 속에서 새롭게 시도한 백송놀이 꾸러미 서비스는 가정과 원이 서로에게 심리적인 지지자가 되어서 어려움을 극복하는 데 큰 힘이 되어주고 있음</td></tr>
<tr><td>활동
사진
(5탄까지
지속.
후속 제작 중)
-각 가정에
문자로 배부</td><td>1탄-종이로 놀이해요/종이로 꾸미는 그림
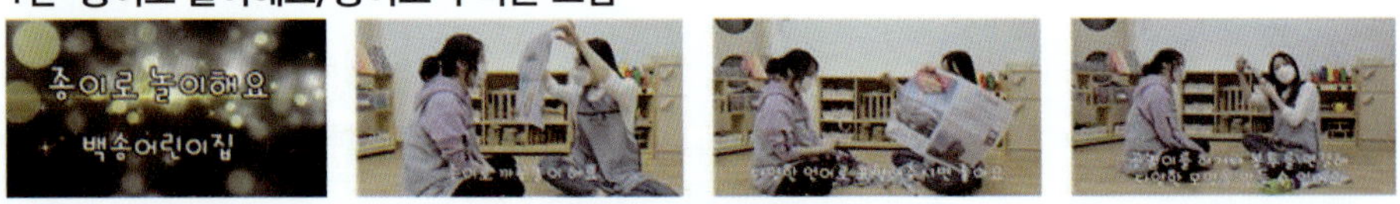

종이로 놀이해요
신문지를 길게 찢으며 소리와 촉감을 느낀다. → 머리 위로 던지거나 뭉치며 논다. →
봉투 안에 신문지를 모은다. → 비닐봉투에 신문을 모아서 여러가지 모양으로 묶어 본다.

종이로 꾸미는 그림(예술경험)
흰 종이 위에 색연필이나 사인펜을 이용하여 내가 좋아하는 그림을 그린다. →
신문지를 길게 찢어 꼬아본다. → 그림을 따라 풀칠한 후 꼬아진 신문지에 붙인다. →
완성된 작품에 색연필, 스티커 등을 사용해 자유롭게 꾸민다.</td></tr>
</table>

	코로나19 대응 가정 연계 활동
영유아의 반응 및 학부모의 피드백을 바탕으로 추후 활동 계획	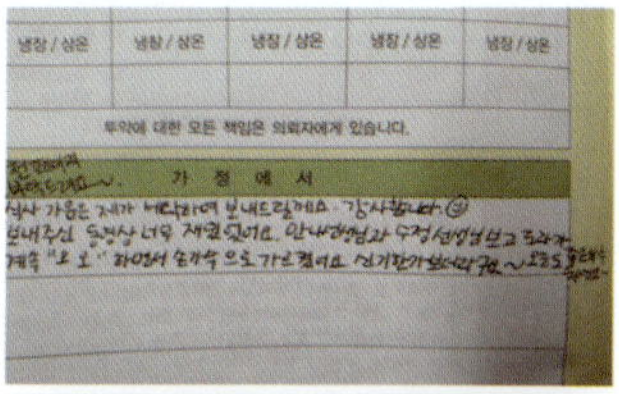 : 보내주신 동영상 넘 재미있었어요. 안나연 선생님과 수정 선생님을 보고 로라가 계속 "오오"하면서 손가락으로 가르켰어요. 신기한가보더라구요~ 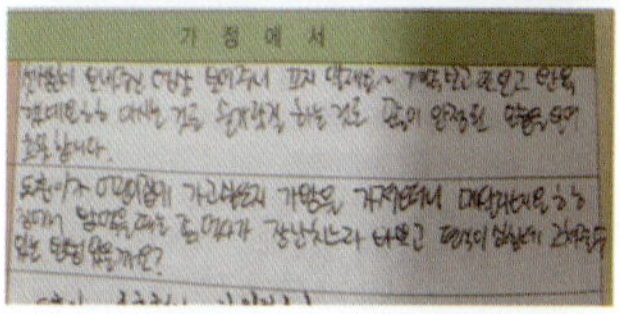 : 선생님이 보내주신 영상 보여주니 끄지 말래요~ 계속 보고 또 반복했네요ㅎㅎ   : 동영상 도착하자마자 바로 실행하는 지율이에요. 지율이가 만든 작품 은정 선생님께 꼭 보내달라고 하네요.   : 안녕하세요. 보내주신 영상 보고 선생님 얼굴 보고 좋아하고 쉽고 재밌는 만들기에 아이도 좋아했어요. 감사합니다.

(5) 어린이집 운영에 대한 부모 참여

어린이집 운영에의 부모 참여활동은 가장 적극적인 부모 참여의 한 형태로서, 어린이집의 운영과 프로그램에 대하여 부모의 의사결정을 동반하는 것이다. 학부모 운영위원회는 특별한 행사나 토의할 문제가 발생할 경우뿐만 아니라 어린이집의 예 · 결산에 관한 보고, 연간행사 및 운영에 관한 사항, 보육프로그램의 평가 등과 같은 보육에 관계된 모든 측면에서 심의하고 보고받고 논의하게 된다. 이는 어린이집 운영에 대하여 부모와 교직원, 그리고 지역사회는 상호 존중과 이해가 있어야 하며, 그들의 의견이나 요구를 청취할 수 있는 창구로서 어린이집 운영에 있어 투명성을 높이고 수요자인 학부모의 의견을 반영한 질적인 보육 실현을 위한 노력의 일환이다.

운영위원회와 아울러 부모의 의사결정에 참여하는 방법으로 보육서비스에 대한 의견을 수렴하는 설문지 조사와 등 · 하원 시 자유롭게 기재할 수 있는 의견제안서 활용 방법이 있다.

어린이집 운영위원회는 영유아보육법 제25조 제1항의 규정 및 동법 시행령 제21조의2에 의거하여 설치하고 운영 하도록 규정하고 있다.

어린이집 운영위원회는 어린이집 운영의 자율성과 투명성을 높이고 지역사회와의 연계를 강화하여 지역 실정과 특성에 맞는 보육을 실시하기 위함이다. 분기별 1회 이상 정기적으로 회의를 개최함으로써 어린이집의 운영과 프로그램에 대한 의견이나 요구를 수렴하여 어린이집 운영에 반영할 수 있도록 규정하고 있다. 구성은 어린이집의 장, 보육교사 대표, 학부모 대표와 지역사회 인사를 포함하여 5명 이상 10명 이내이며, 기능은 다음 사항을 심의한다.

① 어린이집 운영규정 제 · 개정에 관한 사항
② 어린이집의 예산 및 결산의 보고에 관한 사항
③ 영유아의 건강 · 영양, 안전 및 학대예방에 관한 사항
④ 보육시간 · 보육과정의 운영방법 등 어린이집의 운영에 관한 사항
⑤ 보육교직원의 근무환경 개선에 관한 사항
⑥ 영유아의 보육환경 개선에 관한 사항
⑦ 어린이집과 지역사회의 협력에 관한 사항
⑧ 보육료 외의 필요경비를 받는 경우, 영유아보육법 제38조에 따른 범위에서 그 수납액 결정에 관한 사항
⑨ 그 밖에 부모모니터링단의 모니터링 결과 등 어린이집 운영에 대한 제안 및 건의 사항

어린이집 원장은 어린이집 평가결과를 운영위원회에 보고해야 한다.

〈표 6-6〉 운영위원 자격 조건

구분	자격 요건
원장	• 당해 어린이집의 원장
보육교사 위원	• 당해 어린이집에 재직하고 있는 보육교사
부모위원	• 당해 어린이집에 자녀를 보내는 부모
지역사회 의원	• 당해 어린이집 지역을 생활근거지로 하는 보육전문가 • 기타 지역 및 어린이집 운영에 이바지하고자 하는 자 지역사회 위원 · 직장의 어린이집 업무 담당자 등 • 해당 어린이집과 관련 있는 지역주민, 지역대표, 졸업생 부모 • 법인어린이집은 법인 담당자 등 • 원장과 보육교사 이외의 보육교직원은 운영위원이 될 수 없음.

출처: 보건복지부(2012). 보육시설운영위원회 매뉴얼.

일반적으로 1년 동안 어린이집 운영위원회가 이루어지며, 운영위원회에서 심의된 내용 및 회의록은 전체 학부모를 대상으로 공개를 원칙으로 하며, 회의록을 작성 · 보관한다.

이와 같이 어린이집 운영위원회에서 이루어지는 의사결정 참여는 부모와 보육교사, 그리고 원장에게 부담일 수도 있으나 보육의 효과를 극대화시키기 위해 부모와 보육교직원, 그리고 지역사회가 책임감을 갖고 적극적으로 협력하여야 한다.

4) 부모 참여 활성화 방안

유아교육 전문가들은 영유아가 다니는 어린이집에서의 부모 참여의 중요성을 강조하고 있지만, 보육 현장에서 이루어지고 있는 부모 참여활동의 형태는 여전히 소극적이고 비전문적인 단계에 머무르고 있는 실정이라고 지적한다(박화윤, 최재숙, 2001). 부모 참여가 미진한 것은 무엇보다 교사와 부모 모두가 부모 참여의 중요성을 충분히 인식하고 있지 못하기 때문이다. 교사들은 부모 참여를 위한 활동을 계획하기 위해서는 시간이 많이 들 뿐 아니라 부모들이 보육 현장에 참여하게 되면 자신의 역할과 권리도 빼앗긴다는 느낌이 든다고 한다(김경희 외, 2016). 그러나 보육의 질을 향상시키기 위해서는 부모 참여가 어린이집의 특별한 행사나 일회성 활동으로 끝나는 것이 아니라 지속적이고 보다 전문적으로 활성화할 수 있는 방안을 모색하여야 한다. 교사는 부모 참여에 대해 부담스러워하지 말아야 하고, 서로 간의 신뢰관계가 형성되어야 한다. 그리고 부모도 어린이집에 대한 적극적인 참여와 지속적인 관심이 필요하다. 따라서 보육의 효과를 높이기 위해서는 교사와 부모가 상호 밀접한 관계를 갖고 함께 노력하여야 하며 협력할 수 있는 다양한 방안을 모색하여야 한다. 최근 보육의 효과를 높이기 위한 가정연계를 지원하기 위하여 열린어린이집을 활성화하기 위한 지원이 적극적으로 이루어지고 있다. 정부나 지방자치단체는 열린어린이집으로 지정 시 자율적인 운영 보장과 보육사업 지원 등 인센티브를 제공함으로써 열린어린이집 확산을 지원하여 어린이집을 이용하는 부모에게 믿고 맡길 수 있는 보육환경을 조성하고자 한다.

최근 부모들은 특별한 행사나 이벤트식의 의도적이고 준비된 참여보다는 어린이집에서 영유아의 자연스런 놀이 모습과 일과 적응 모습을 직접 보기를 더 원한다. 따라서 어린이집에서는 열린어린이집의 일환으로 등·하원 시 교실 개방, 급식 모니터링, 참관실에서 놀이 참관 등을 통해 실생활 모습을 볼 수 있는 기회를 제공하고 있다.

다음은 보육기관에서 부모 참여를 활성화시키기 위한 네 가지 전략을 구체적으로 제시하였다(김경회 외, 2006; Olson & Fuller, 2003).

(1) 긍정적인 분위기 형성

부모 참여를 활성화하기 위해 가장 중요한 것은 어린이집에서 긍정적인 분위기와 문화를 형성하는 것이다. 어린이집의 분위기는 부모가 어느 정도나 참여할 것인지에 영향을 주게 된다. 특히 보육교직원은 부모에게 완전한 동반자라는 느낌을 보여주는 환경을 만들기 위해 노력해야 한다. 이를 위해 보육교직원은 부모들의 참여가 적극적으로 이루어지고 성공적으로 될 수 있도록 잘 조직되고 체계적인 프로그램을 개발해야 한다.

(2) 정규적인 의사소통

의사소통은 부모와 건설적인 파트너십을 형성하고 유지하는 데 가장 중요한 요소 중의 하나이다. 어린이집에서 가정으로, 가정에서 어린이집으로 정규적이고 지속적이며 양방향으로의 의사소통이 필요하다. 부모들마다 의사소통하는 방식과 다른 사람의 말이나 행동을 해석하는 능력이 다르며, 직장과 집안일로 일과 시간 중에 의사소통을 위한 시간을 내는 것도 쉽지 않다. 따라서 어린이집은 부모와 정보를 나눌 수 있는 다양한 의사소통 기술을 사용할 필요가 있다.

(3) 다양성의 존중

포괄적인 부모 참여 프로그램은 어린이집과 교사들이 영유아와 가족의 다양성을 이해하고 수용하는 형태로 계획되어야 한다. 가정이란 한부모가정, 맞벌이가정, 장애아가정 등의 형태와 같이 다양할 수 있으며, 경제적 또는 교육적 배경도 다양하다. 따라서 교사가 부모의 신념, 태도, 가치를 알고 있으면 부모 참여를 효율적으로 계획하고 수행하는 데 도움이 될 것이다.

(4) 포괄적인 부모 참여프로그램 제공

어린이집의 부모들은 각자 직업, 능력, 관심, 요구, 스케줄, 부모의 연령, 자녀의 연령 등에 있어 서로 다르므로, 모든 부모는 자녀의 교육 참여에 다르게 반응할 것이다. 가령 어떤 부모는 어린이집에서 일과 시간 동안 참여할 수 있으나 대부분의 부모들은

집에서 이루어지는 활동을 선택할 것이다. 이러한 부모 참여 프로그램의 포괄성과 융통성이야말로 부모의 요구와 관심을 이끌어 내는 기초가 될 것이며, 이 모든 것은 어린이집에서 부모 참여의 양과 유형에 영향을 미칠 것이다. 따라서 어린이집에서는 포괄적인 부모 참여 프로그램을 개발하고 다양한 형태의 부모 참여를 제공하여야 한다. 이러한 부모 참여 활성화 방안 외에 정책적으로도 뒷받침되어야 할 것이다.

2. 지역사회 연계와 참여

1) 지역사회 연계와 참여의 필요성

보육 현장에서 지역사회와의 연계와 참여가 필요한 것은 영유아의 발달에 미치는 환경의 영향을 강조한 브론펜브레너(Bronfenbrenner)의 생태학적 이론에서 근거를 찾을 수 있다. 영유아는 다양한 종류의 환경에서 살아가고 있고 그들의 삶은 부모, 가족, 어린이집, 이웃, 지역사회, 국가 등의 영향을 받아 형성된다.

따라서 영유아의 성장과 발달을 도모하기 위해서는 가족과 어린이집, 그리고 지역사회가 협동적인 동반자 관계를 형성하는 것이 중요하다. 지역사회는 가족, 보육전문가, 영유아, 어린이집과 더불어 보육의 효과를 높이기 위하여 가장 중요하게 고려되어야 할 보육의 주체이다(서영숙 외, 2011). 지역사회의 다양하고 풍부한 자원을 보육 현장에 적극적으로 활용하는 것은 보육효과를 높이는 데 효율적인 방법이 될 수 있을 것이다.

어린이집이 지역사회와 연계하여 보육을 실시한다면, 영유아는 어린이집에서 보다 안정감을 느끼고 부모는 어린이집과 보육교직원을 더욱 신뢰하게 된다. 어린이집이 속한 지역사회와 지역사회 기관과의 다양한 교류를 통하여 영유아가 자신의 주변 환경에 대해 잘 이해하고, 그 지역사회에서 잘 적응할 수 있도록 지역사회 연계와 참여가 필요하다.

지역사회와의 연계뿐 아니라 보육교직원은 영유아들의 지역사회 참여도 중요하다. 아동권리협약에서 참여권은 표현의 자유, 양심과 종교의 자유, 평화로운 방법으로 모임을 자유롭게 열 수 있는 권리, 사생활을 보호받을 권리, 유익한 정보를 얻을 권리 등 자신의 생활에 영향을 주는 일에 대해 의견을 말하고 존중받을 권리이다. 보육교직원은 보육전문가로서 영유아를 대신하여 영유아의 권리를 침해하는 정책이나 결정에 대해 반대하고 영유아의 권리를 보장하기 위해 필요한 의견을 제안하는 등의 지역사회에 참여활동을 함으로써 영유아의 권리 옹호와 지역사회가 더 나은 성장환경을 제공하도록 돕는다. 또 영유아도 단순히 성인이나 지역사회의 배려와 베풂의 대상이 되는 존재이기만 한 것이 아니라 지역사회의 중요한 일원으로 기여하는 기회를 가지고 경험하는 것도 중요하다.

레지오 에밀리아시의 어린이집에서 이루어진 '새들의 공원'과 같은 프로젝트가 그 좋은 사례가 될 것이다. 아이들이 어린이집이 위치한 공원에서 만나게 되는 새들을 위해 여러 가지 놀이기구와 필요한 시설물 들을 생각하여 설치하고자 한 프로젝트로 아이들의 생각을 그냥 흘려듣지 않고 그 생각을 실제로 공원에 구현하게 지원한 교사와 부모들, 그리고 지역 언론과 주민들이 함께 참여함으로써 영유아들이 지역사회의 보물이자 당당한 구성원임을 체험하게 하였고, 또 공동체로서의 지역사회의 역할을 잘 보여주었다고 본다. 레지오 에밀리아시의 유서 깊은 오페라극장의 커튼이 오래 되어 낡아 새 커튼으로 교체해야 한다는 기사를 본 어린이집 교사가 아이들에게 제안하여 아이들의 생각과 그림으로 커튼의 문양을 디자인하여 실제 그 극장에 걸리도록 한 사례도 이제 남의 나라 이야기만으로 끝나서는 안 된다(서영숙, 서지영, 2002).

우리도 때로 어린이집이 위치한 길을 청소하거나 영유아들이 그린 그림을 넣은 도자기 등을 걸어 꾸미는 등 지역사회 참여활동을 하기도 한다. 또 이웃 경로당으로 찾아가 어르신을 즐겁게 하는 활동을 하기도 한다. 이런 지역사회 참여활동도 더욱 다양하게 영유아가 주도하여 펼쳐가는 경험을 하게 하는 것도 영유아의 자율성과 주도력 향상은 물론, 지역사회를 이해하고 구성원으로 살아가는 시민교육의 활동이 될 것이다.

지역사회와의 연계와 참여는 지역별 상황이 다르므로 각 어린이집과 지역의 특성에 맞는 다양한 지역사회 연계와 참여 프로그램의 개발과 실시가 확대되어야 할 것이다. 예를 들어 지역사회의 도서관과 연계하여 책이나 놀잇감을 빌려주는 것, 인근 노인정, 마을회관과 연계하여 영유아가 노인이나 지역주민과 함께 활동할 수 있다. 또한 그 지역사회에 있는 기관과 연계된 프로그램에 참여할 수 있고, 박물관, 기념관 등을 방문하여 관련 활동을 경험함으로써 지역사회의 특성을 이해할 수 있다.

2) 지역사회 자원의 종류

지역사회와의 연계와 참여는 어린이집에서 지역사회의 자연적 자원, 인적 자원, 물적 자원 등을 활용하고 지역사회와 협력하며, 어린이집에 대한 지역사회의 인식을 제고하여 보육에 긍정적인 영향을 줄 수 있는 보육환경을 조성함으로써 양질의 보육을 도모하여야 한다. 어린이집은 특정 지역사회 내에 위치하고 있으며 각 지역사회에는 보육프로그램을 실시하는 과정에서 유용하게 활용될 수 있는 다양한 자원들이 있다. 어린이집에서 교사들이 활용할 수 있는 지역사회의 자원들은 다음과 같은 유형으로 분류될 수 있다(서영숙 외, 2017).

(1) 자연적 자원(nature resources)

어린이집에서 영유아를 위한 보육프로그램을 운영하는 과정에서 손쉽게 활용할 수 있는 지역사회의 자원으로는 동네 근처에 있는 각종 가게들, 쇼핑센터, 지하철이나 버스 등의 운송수단 체계, 건설 현장, 소방서, 공원과 휴식공간, 종교시설, 동물원, 박물관 등이 있는데 이런 모든 자원들은 영유아들에게 무한한 교육적 경험들을 제공해 주는 중요한 자원이 된다. 영유아 어린이집의 교사들은 손쉽게 이용할 수 있는 다양한 지역사회의 기관들로부터 영유아들에게 도움이 될 수 있는 가치 있는 교육적 경험을 제공해 줄 수 있음을 인식하고 이를 적극적으로 활용할 수 있어야 한다.

(2) 인적 자원(human resources)

어린이집이 위치한 지역사회에는 다양한 사회문화적 특징을 가진 사람들이 살고 있다. 교사들은 보육프로그램을 진행하는 과정 중에 어린이집에 자녀를 보내고 있는 가족들의 다양한 특성을 적극적으로 활용함으로써 영유아들에게 제공되는 활동을 보다 풍부히 할 수 있다. 지역사회의 다양한 인적 자원을 활용하기 위해서는 보육교사가 자원에 관한 기본적인 정보를 수집하고 있어야 하며 동시에 가족들로부터 활용 가능한 인적 자원에 관한 정보를 얻을 수 있어야 한다.

어린이집에서 활용 가능한 인적 자원으로는 의사와 간호사 등 어린이집에서 영유아들의 진료활동에 참여하거나 위생에 관한 교육활동을 직접 진행해 줄 수 있는 사람들, 그 밖에 경찰관이나 소방관 등 지역사회 기관에 종사하는 사람들로 구성된다. 한편 영유아들 자신도 지역사회 인적 자원으로서의 역할을 할 수 있다.

(3) 물적 자원(material resources)

어린이집에는 보육프로그램을 진행하는 데 활용할 수 있는 다양한 자료를 지역사회 기관으로부터 지원받을 수 있다. 어린이집과 가까운 곳에 위치한 가게로부터 영유아들이 프로그램을 진행하면서 활용할 수 있는 물품들을 지원받을 수 있고, 지역재활용센터에서는 재활용품을 지원받아 다양한 표상활동 및 역할, 쌓기놀이에 활용할 수 있다. 따라서 교사는 어린이집이 위치한 지역사회의 각종 기관이나 사업체들에 관한 정보를 축적하고 관리하여 어린이집에 활용 가능한 자원들 중 지원 가능한 자료들에 대한 지원 가능성을 타진해 볼 필요가 있다. 사업체들의 경우 어린이집에 자료를 지원함으로써 사업체 홍보 효과를 거둠과 동시에 지역사회 영유아들을 미래의 고객으로 확보할 수 있게 된다.

(4) 문화적 자원(cultural resources)

어린이집에서는 지역사회가 가진 다양한 문화적 자원을 활용할 수 있다. 지역사회의 문화적 자원에는 지역사회에서 주최하는 행사, 문화공연, 영유아를 대상으로 하는 각종 대회 등이 있다. 이러한 지역사회의 문화적 자원은 보육과정과 연계하여 영유아들이 풍성하게 체험할 수 있게 해준다.

〈표 6-7〉 **지역사회 자원의 예**

구분	내용
자연적 자원	• 지역사회 관련 기관이나 시설의 활용을 통해 협력적인 관계를 유지한다. - 현장학습을 위해 공공건물이나 시설을 활용한다. • 공공기관과 연계하여 영유아들에게 필요한 서비스를 연결해 준다.
인적 자원	• 지역사회와 연계한 보육프로그램 활동 시 지역사회 자원을 활용한다. - 보육주제 전개를 위해 지역사회 인사의 참여를 유도한다. - 다양한 직업 관련 주제를 전개하기 위해 지역사회의 인적 자원을 적극 활용한다. - 병원의 의사나 간호사가 어린이집을 방문하여 영유아에게 건강한 치아에 대해 교육하는 활동을 하게 한다. • 영유아들이 지역사회 주민들과 접촉함으로써 영유아들의 대인 경험을 풍부하게 한다. • 지역사회의 인적 자원을 시설의 운영에 참여할 수 있도록 하여 지역사회의 기대나 요구를 시설에 반영하고, 지역사회의 다양한 지원을 받는다. • 실습생, 자원봉사자 등 지역사회의 인적 자원을 적극 활용한다.
물적 자원	• 지역사회기관으로부터 보육프로그램을 진행하는 데 활용할 수 있는 물적 자원을 지원받아 보육과정에 활용한다. - 어린이집과 관련 있는 업체 및 기관으로부터 보육프로그램 및 행사를 진행하면서 활용할 수 있는 물품들을 지원받을 수 있다. • 지역사회의 각종 기관이나 사업체들에 관한 정보를 축적, 관리하여 어린이집에 활용 가능한 물적 자원에 대한 지원 가능성을 타진해 볼 필요가 있다.
문화적 자원	• 지역사회의 문화적 자원을 활용하여 영유아들에게 다양한 문화적 경험을 할 수 있게 한다. - 지역사회가 주최한 행사에 참여(미술대회, TV 안 보기 운동, 알뜰바자회: 아나바다 운동) - 지역사회기관에서 개최하는 문화공연 관람(구청에서 개최하는 각종 공연, 인근 대학교의 인형극 관람)

출처: 서영숙 외(2017). 보육과정.

3) 지역사회 연계와 참여의 실제

(1) 지역사회 연계와 참여 보육프로그램

보육프로그램과 지역사회를 연계하기 위해서는 지역사회의 다양한 자원을 적극적으로 활용할 필요가 있다. 지역사회의 다양한 전문가와 자원봉사자로부터 받는 활동은 보육프로그램에 창의성과 다양성, 그리고 독특함을 제공하게 된다(Jennings, 1989). 이러한 영유아의 경험은 보육의 효과가 극대화된다(서영숙 외, 2014). 다음은 실제 어린이집에서 지역사회와 연계한 활동 연간프로그램의 예시는 〈표 6-8〉과 같다.

〈표 6-8〉 지역사회 연계와 참여 프로그램 예

<table>
<tr><th>월</th><th>지역사회 및 가정연계</th><th>연계기관</th><th>열린 어린이집</th></tr>
<tr><td>3월</td><td>• 입학식
• 학부모 개별상담
• 열린 어린이집
• 운영위원회 선출 및 개최</td><td>구청 및 주민센터</td><td rowspan="3">• 급식 모니터링 지원
• 소풍 인솔 도우미 지원
• 스승의 날
- 학부모 재능 기부 일일 교사 지원
• 경제활동
- 지역사회 활동으로 은행과 연계하여 매월 1회 은행에서 어린이집으로 방문하여 저금을 할 수 있도록 한다.</td></tr>
<tr><td>4월</td><td>• 응봉산 숲체험 활동
• 신체검사
• 약물 예방교육
• 경제활동</td><td>용산구청 공원녹지과
양평생태박물관
용산 보건소</td></tr>
<tr><td>5월</td><td>• 미디어 멀리하기
• 어버이날 - 노인정 방문
• 가족 운동회</td><td>효창노인정
시립노인종합복지관
숙명여대</td></tr>
<tr><td>6월</td><td>• 부모교육
• 아동안전교육관 체험
• 소방체험</td><td>부모교육연구소
아동안전교육관
소방서</td><td rowspan="2">• 급식 모니터링 지원
• 물놀이 견학 도우미 지원
• 숲 체험 인솔 도우미 지원
• 경제활동</td></tr>
<tr><td>7월</td><td>• 1학기 아동관찰 배부
• 신체측정
• 물놀이 안전</td><td>용산 보건소</td></tr>
</table>

월	지역사회 및 가정연계	연계기관	열린 어린이집
8월	• 교통안전교육 • 물놀이 견학 • 쌀모아 사랑 전하기	용산경찰서 교통공원 푸드뱅크	• 급식 모니터링 지원 • 물놀이 견학 도우미 지원 • 숲 체험 인솔 도우미 지원 • 경제활동
9월	• 사랑의 저금통 • 추석 인사드리기 - 노인정 • 굿네이버스-유아나눔인성교육	용산구 가정복지과 동사무소 효창 노인정 굿네이버스	• 급식 모니터링 지원 • 송편 빚기 도우미 지원 • 가을 소풍 인솔 도우미 지원 • 경제활동
10월	• 신체측정 • 인형극 / 뮤지컬관람 • 부모교육	생태유아공동체 숙명여대 부모 교육 연구소	
11월	• 연령별 프로젝트 참여수업 • 성학대 예방 인형극 관람 • 효창동 음악회 공연 • 학부모 개별 면담	어린이집 굿네이버스 효창동 주민센터	
12월	• 김장 김치 만들기 • 산타잔치 & 아나바다(시장 놀이)	어린이집	• 급식 모니터링 지원 • 아나바다 도우미 지원 • 김장 도우미 지원 • 눈썰매 견학 인솔 도우미 지원 • 경제활동
1월	• 졸업여행 • 신체측정 • 눈썰매 • 세배 드리기 • 초등 연계 부모교육	용산구민휴양소 시립용산노인종합복지관 초등학교 교사 초청 동장님 초청	
2월	• 동창회 • 졸업 및 수료식 • 2학기 아동 관찰 기록 배부	어린이집 숙명여대	

(2) 지역문화가 반영된 지역사회 연계와 참여 프로그램

어린이집에서는 지역사회 관련 기관이나 시설의 활용을 통해 다양한 문화적 자원을 활용할 수 있다. 지역사회의 문화적 자원은 보육과정과 연계하여 특색 있는 지역문화를 향유하는 등 영유아들이 풍성하게 체험할 수 있게 해준다. 예를 들어, 지역문화와 연계하여 영유아들은 도자기 체험, 천연염색 체험, 모래 체험, 직업 체험 등과 우리나라의 역사, 문화유산 그리고 전통을 배울 수 있는 어린이 박물관 및 미술관이 있다.

〈표 6-9〉 지역문화가 반영된 지역사회 연계와 참여활동 사례

활동명	남이장군 행차
활동내용	용산구가 주최한 '남이장군 대제'는 남이 장군의 애국정신과 고난 극복의 업적을 기리는 행사이다. 남이장군 행차 시 어린이집 유아들이 길에 나와 즐겁게 맞이하고 있다.
관련사진	 

(3) 일상생활 및 보육과정 운영과정에서의 지역사회 연계와 참여

영유아는 일상생활 중 산책 등을 통해 지역사회와의 연계와 참여를 계획하고 실행할 수 있으며, 보육과정을 진행하면서 주제나 놀이와 관련해 지역사회와 연계된 현장학습을 통해 학습을 이루어 나가는 과정으로 견학, 전문가 초빙, 조사활동이 이루어질 수 있다.

〈표 6-10〉 보육과정 운영과정에서의 지역사회 연계와 참여 사례

활동명	구름빵을 찾아 지역 빵집에 가요.
활동내용	영아들이 구름빵 동화를 듣고 구름빵이 어떻게 만들어 지는지 궁금해한다. 교사는 영아와 함께 동네에 위치한 빵집을 직접 방문해 구름빵이 어떻게 만들어지는지 알아본다. 알아온 내용을 바탕으로 어린이집에서 직접 빵을 만든다. 만든 빵은 가정에 가져가기도 하고 빵 만드는 법을 알려준 빵집에 다시 방문해 선물한다.
관련사진	① 빵집방문  ② 관련 요리활동 진행  빵집방문 → 요리활동  ③ 빵집을 재방문하여 영아가 만든 빵을 전문가에게 선물한다.

4) 영유아와 가족을 돕기 위한 전문가와의 협조와 실제

어린이집의 원장과 보육교사는 가정환경이나 발달적 특성이 또래와 달라서 특별한 보호를 필요로 하는 영유아의 특수한 문제와 요구를 파악하여야 한다. 그리고 영유아와 가족의 특정 문제를 도와줄 전문기관에 대한 실질적인 정보를 가지고 가족이 전문가를 찾아가 도움을 구하도록 격려해 주고, 관련 전문가와 협조하여 함께 문제를 해결하도록 노력한다(서영숙 외, 2017). 다양한 상황에 처해 있는 각기 다른 어린이집에서는 그 상황에서 가장 적합한 가족과 지역사회 연계 방안이 무엇인지를 찾기 위해 노력할 필요가 있고, 그 실행과정에서 각 어린이집과 지역사회의 특성에 맞게 연계와 참여의 방안을 모색할 필요가 있다.

영유아의 가정환경이나 발달적 특성이 또래와 다르고 특별한 보호를 필요로 하기에 보육교직원은 그들의 문제와 요구를 파악하여야 하고, 영유아와 가족의 특정 문제를 도와줄 전문기관이나 가족이 전문가를 찾아가 도움을 구하도록 협조하여 함께 문제를 해결하도록 노력해야 한다. 예를 들어, 가족 지원이 필요한 경우에는 지역사회 복지관을 소개하고, 영유아에게 정서, 행동발달상의 문제가 있는 경우에는 지역의 아동상담센터를 이용한다. 또한 아동학대의 경우에는 아동학대 관련 센터를 이용할 수 있다.

〈표 6-11〉 지역사회 전문기관 및 전문가

대 상	연계기관	전문가	내 용	연락처
장애아	장애인복지관	상담원, 치료사	• 부모교육 및 상담 • 음악치료, 물리치료, 언어치료 • 교육진단, 개별수업, 그룹수업 • 표준화 검사	
영 · 유아	아동상담센터	상담원, 치료사	• 놀이치료, 미술치료, 모래치료 • 부적응 행동 완화 및 사회 적응력을 키워줌 • 심리적 안정감, 의사소통능력, 사회성 증진	한국아동상담센터 www.adongclinic.co.kr
학대 영 · 유아	아동학대 예방센터	아동학대 전문상담원	• 아동학대사례를 해당 지역 아동보호전문기관으로 조사의뢰 • 의료기관, 상담치료기관, 복지시설과의 연계 유도	중앙아동보호전문기관 02) 558-1391 www.korea1391.org
가족 전체	가족상담센터	상담전문가	• 심리검사 • 무료상담 • 가족치유세미나, 부부사랑세미나	한국가족상담센터 www.familykorea.org 070-7425-0494 02) 2285-5915
	사회복지관	사회복지사 상담원 치료사	• 가정폭력상담 • 장애아가족을 위한 상담 및 서비스 • 기초생활지원서비스 • 밑반찬지원서비스 • 경제지원서비스	한국사회복지관협회 www.kaswc.or.kr
	보건소	보건진료원 직원	• 각종 진료 및 예방접종 • 방문보건사업 • 선천성대사이상 검사, 발달검사 • 성교육 및 모자보건	

대 상	연계기관	전문가	내 용	연락처
가족 전체	동사무소	사회· 가정복지 담당직원	• 경감대상, 장애인복지카드 신청 • 기초생활지원서비스	
	구청	사회복지 담당 장애인복지 담당 보건지도과	• 장애인지원, 장애인 편의시설, 장애인 복지관 관리 • 수급권자 책정 및 지원 • 자활지원사업 • 영·유아지도 상담 및 평가 • 정신보건, 노인보건	
	한부모가족지원센터	센터담당 직원	• 심리적지지, 정보제공, 자원연계등 - 문제해결을 위한 지속적인 상담 - 경제적 사회적 심리적 자립을 위한 자원연계 - 긴급상황에 대한 위기지원서비스(의료비, 심리치료비, 자녀 생필품 등) 제공	서울특별시 한부모가족 지원센터 www. seoulhsnbumo.or.kr
	건강가정지원 센터	센터담당 직원	가족교육사업(아버지 교육, 가족성장테마 교육 등) 가족 상담사업 가족돌봄지원(아이돌보미, 장애아돌봄지원) 다양한 가족지원(한부모, 조손, 미혼노, 청소년 한부모) 지역사회네트워크	건강가정지원센터 (http//www.familynet.or.kr)

출처: 서영숙 외(2017). 수정·보완.

참고문헌

고문숙, 권민균, 김수영, 김수향, 임영심, 임춘금, 장정희(2011). **보육과정**. 양서원.

국공립 백송어린이집(2019). 백송어린이집 운영보고서.

김경회, 문혁준, 김선영, 김신영, 김지은, 김혜금, 서소정, 안선희, 안효진, 이희경, 정선아, 황혜원(2016). **보육학개론**. 창지사.

김금주, 유은영(2005). **부모 참여**. 정민사.

김정원, 이경화, 이연규, 전선옥, 조순옥, 조화연, 최일선(2019). **보육학개론**. 양서원.

김지현, 김수희, 김정숙(2008). **보육학개론**. 학현사.

박화윤, 최재숙(2001). 유치원에서의 어머니 자원봉사활동에 관한 연구. **유아교육연구, 21**(4), 391-409.

신명희, 서은희, 송수지, 김은경, 원영실, 노원경, 김정민, 강소연, 임호동(2017). **발달심리학**. 학지사.

보건복지부(2020). 보육사업안내.

보건복지부(2020). 어린이집 평가 매뉴얼.

서영숙, 서지영(2002). **레지오 에밀리아 접근법: 다양성과 협력의 가치**. 학지사.

서영숙, 서혜전, 김영명, 채혜선, 김진숙(2014). **보육학개론**. 양서원.

서영숙, 서혜전, 안소영, 정영희, 양영아, 남미선, 이종현, 안지혜(2017). **보육과정**. 공동체.

유안진, 김연진(1993). **부모교육**. 정민사.

이기숙, 장영희, 정미라, 엄정애(2003). **유아교육개론**. 양서원.

이재연, 김경희(1993). **부모교육**. 양서원.

Becher, R.(1986). Parent involvement: Research and practice. *Current Topics in Early Childhood Education, 6*, 85-122.

Brandt, R.(1989). On parents and schools: A conversation with Joyce Epstein. *Educational Leadership, 47*(2), 24-27.

Chapter

7

보육과정의 구성과 내용

보육과정의 구성과 내용

보육과정은 어린이집에서 영유아를 어떻게 돌보며 어떤 경험과 활동을 제공할 것인가에 대한 기준이 되는 것으로서, '영유아를 건강하고 안전하게 보호 · 양육'하는 측면과 '영유아의 발달 특성에 맞는 교육'을 제공하는 측면이 함께 다루어져야 한다. 보육과정은 결정하는 주체가 누구인가에 따라 국가수준, 지역수준, 기관수준, 교사수준 보육과정으로 구분된다. 국가에서는 국가의 공적 책임과 보육의 질적 수준 향상을 위해 국가수준 보육과정인 어린이집 표준보육과정을 마련하고 있다. 이에 보육과정의 개념과 어린이집 표준보육과정의 성격, 구성방향, 운영, 영역별 목표 및 내용을 살펴보고자 한다.

1. 보육과정의 개념

1) 보육과정의 개념

보육과정은 보육의 목적을 달성하기 위해 어린이집에서 영유아가 경험할 내용과 목적을 성취해 가는 과정, 보육환경과 교사 역할 등에 대한 기본 틀로서 영유아가 어린이집에서 어떤 경험을 하는가를 예측할 수 있는 중요한 단서가 된다. 보육과정의 개념은 영유아를 어떤 존재로 바라볼 것인가, 그 사회에서 추구하는 이상적인 인간상은 어떠한가, 영유아가 경험했으면 하는 것은 무엇인가 등에 따라 달라진다.

이 같은 입장에서 로비슨과 슈와르츠(Robison & Schwartz, 1982)가 구분한 다섯 가지의 교육과정 개념을 바탕으로 보육과정의 개념을 정리해 보면 다음과 같다. 일어난 것으로서의 보육과정은 교사가 사전에 보육내용이나 방법 등을 계획하기보다는 각 영유아의 요구와 흥미를 중심으로 하는 보육과정이다. 영유아가 자신의 요구와 흥미를 바탕으로 스스로 선택하고 경험해 가는 것을 가치 있게 생각하기 때문에 미리 예상하여 계획하기가 어렵다. 경험의 총체로서의 보육과정은 교사가 의도한 경험뿐 아니라 보육계획과는 무관하게 이루어지는 비의도적 · 잠재적 경험을 포함하여 영유아가 어린이집에서 갖게 되는 모든 경험을 보육과정으로 보는 개념이다. 따라서 영유아의 경험에 영향을 주는 어린이집의 환경, 일과 운영, 영유아와 영유아 상호작용, 영유아와 교사 상호작용, 영유아와 환경 상호작용 등과 같은 모든 인적 · 물적 환경이 중요시된다. 교수계획으로서의 보육과정은 영유아의 요구와 흥미, 활동을 미리 예상하여 교육내용, 교수 · 학습방법, 어린이집 환경 등을 체계화함으로써 활동 간의 연계성과 통합성을 높이고자 한다. 교수요목으로서의 보육과정은 교사가 영유아에게 가르치고자 하는 보육목표와 내용, 순서를 교과나 영역으로 계열성 있게 열거한 일련의 문서화된 보육과정이다. 따라서 누가 운영하든지 교수요목에 맞추어 순서대로 진행할 수 있다. 마지막으로 프로그램으로서의 보육과정은 지금까지 설명한 보육과정과는 맥락이 다른 것으로, 특정 이론이나 철학, 특정 대상에 기초한 보육과정이다. 몬테소리 프로그램, 프로젝트 접근법, 반편견 프로그램, 영아적응 프로그램 등과 같이 특수성과 구체성의 성격을 띤다.

위의 다섯 가지 구분을 바탕으로 보육과정을 정리해 보면, 보육과정은 교사가 의도한 경험뿐 아니라 의도하지 않았지만 영유아에게 영향을 주는 모든 경험을 중시하는 경험의 총체로서의 측면을 지니고 있다. 또한 영유아의 요구와 흥미에 따라 전개되는 일어난 것으로서의 보육과정 특성도 지니고 있다. 2019년도부터 시행된 개정 누리과정은 특히 영유아의 요구와 흥미에 따라 전개되는 유아 중심, 유아주도의 놀이의 중요성을 강조한다는 점(교육부, 보건복지부, 2019)에서 영유아의 놀이와 흥미에 따라 전개되는 일어난 것으로서의 보육과정의 특성을 가졌다고 볼 수 있다. 더불어 보육과정은 '영유아를 건강하고 안전하게 보호 · 양육하고 영유아의 발달 특성에 맞는 교육을 제공하는 어린이집 및 가정양육 지원에 관한 사회복지서비스'(영유아보육법 제2조 제2항)라는 보육의 정의를 구현할 수 있도록 보육목표, 내용, 방법 등을 체계적으로 구조화하는 교수계획으로서의 보육과정도 고려된다(서영숙 외, 2017).

또 지금은 프로그램으로서의 보육과정은 별로 내세우고 있지 않으나 어린이집의 철학에 맞는 다양한 프로그램의 필요성을 강조하며 평가제나 표준보육과정 실행이 지나치게 일률적인 평가기준을 가지지 않도록 해야 한다는 주장을 하기도 한다.

2) 보육과정의 수준

보육과정을 결정하는 주체가 누구인가에 따라 국가수준 보육과정, 지역수준 보육과정, 기관수준 보육과정, 교사수준 보육과정으로 구분될 수 있다(경상남도교육청, 2019; 교육부, 2016; 교육부, 보건복지부, 2019).

국가수준 보육과정은 국가가 주체가 되어 제정 · 개정하고 고시하는 보육과정을 의미한다. 전국 어떤 지역에 있는 어린이집이라도 공통적으로 적용해야 할 일반적인 기준을 의미한다. 이 지침에는 어린이집에서 편성 · 운영하여야 할 보육의 목표와 내용, 방법과 운영, 평가 등에 대한 국가수준의 기준 및 지침이 제시되어 있다.

국가수준 보육과정은 영유아의 전인적 발달과 우리 문화에 적합한 내용을 일관성 있고 연계적으로 실천하며, 궁극적으로 사회에서 추구하는 인간상을 구현하고 전국 어린이집의 질적 수준을 높이는 데 목적을 두고 있다. 이처럼 국가수준 보육과정은 국가 전체적으로 보육의 질적 수준을 높일 수 있는 장점이 있지만, 자칫 어린이집의 자율성을 침해하고 획일화할 수 있는 단점이 있다. 따라서 각 지역, 기관, 학급(반)의 특성에 따라 자율적으로 편성 · 운영하되 국가수준 보육과정의 내용이 반영되어야 한다.

지역수준 보육과정은 국가수준의 보육과정을 바탕으로 그 지역의 특성과 역사, 전통, 자연, 산업, 사회, 문화 및 주민 · 부모의 요구, 의견 등을 충분히 고려하여 국가수준 보육과정을 특색 있게 운영하는 것을 의미한다. 시 · 도 교육청이나 시 · 군 · 구청은 그 지역의 어린이집에서 국가수준 보육과정을 운영할 때 지역수준의 특성을 반영할 수 있도록 안내하고 지원해야 한다.

기관수준 보육과정은 각 어린이집이 국가수준 보육과정과 지역수준 보육과정의 특성을 반영하는 동시에 각 기관의 철학, 환경, 영유아의 실태, 보육교직원의 실태, 부모의 특성에 따라 국가수준 보육과정을 자율적으로 운영하는 것을 의미한다. 기관의 여건과 실태에 대한 구체적인 인식에 기초하여 영유아들에게 실천 가능한 보육 설계도를 마련하고, 그러한 설계도에 담긴 특색을 구현할 수 있는 운영계획 및 세부 실천계획을 세운다.

교사수준 보육과정이란 국가 · 지역수준 보육과정의 기준 및 지침에 바탕을 두고, 기관수준 보육과정에서 제시하는 요구 및 환경 등을 반영하여 교사가 담당 학급(반) 영유아의 연령 및 개별 특성, 발달수준 등 개인차를 반영하여 학급(반)별로 편성 · 운영하는 실천 중심 보육과정을 의미한다. 교사는 영유아를 개별적 특성을 지닌 고유한 존재로 인정하고 영유아의 흥미와 관심을 보육과정에 반영하여 자율적으로 운영할 수 있다. 즉, 교사수준 보육과정은 그 학급(반)의 영유아에 따라, 교사의 철학이 반영된 해석과 번역에 따라 다양한 모습으로 나타날 수 있다.

2. 표준보육과정의 구성과 내용

1) 표준보육과정의 연혁

우리나라는 2004년 개정된 「영유아보육법」에서 '여성부장관은 표준보육과정을 개발 · 보급'(제 29조 제2항)해야 하고 보육시설은 '표준보육과정에 따라 영유아를 보육하도록 노력해야 한다'(제29조 제3항)는 조항에 근거하여 국가수준 보육과정인 「표준보육과정」 개발 · 보급을 위한 근거를 마련하였다. 이후 2007년에 최초의 「표준보육과정」이 고시되었고(여성가족부 고시 제 2007-1호), 이에 따라 2세 미만 보육과정, 2세 보육과정, 3~5세 보육과정이 보육 현장에 적용되었다.

시대 변화와 보육 여건의 변화로 「표준보육과정」에 대한 부분 개정의 필요성이 대두되어 연구가 진행되고 고시를 앞둔 시점인 2011년, 정부는 어린이집과 유치원에서 이원화로 운영되던 「표준보육과정」과 「유치원 교육과정」을 통합하여 최초의 어린이집, 유치원 공통과정인 「5세 누리과정」을 제정하여 고시하였다. 이에 개정 고시를 앞두었던 「표준보육과정」에서는 5세 유아를 제외하고 0~4세를 대상으로 한 「표준보육과정」 내용을 보완하여 2012년에 「제2차 표준보육과정」을 고시하였다.

「5세 누리과정」에 이어 3~4세까지 누리과정이 확대되어 「3~5세 연령별 누리과정」이 도입됨에 따라 어린이집에 다니는 0~5세 영유아의 연속적 경험과 연령 간 연계를 위해 「제2차 표준보육과정」의 개정이 필요하게 되었다. 이에 2013년에 「3~5세 연령별 누리과정」의 목표와 내용을 고려하여 0~1세 보육과정과 2세 보육과정을 개정하고 「제3차 어린이집 표준보육과정」을 고시하였다(보건복지부 제 2013-8호). 「제3차 어린이집 표준보육과정」은 어린이집에 다니는 모든 영유아를 대상으로 하여 국가수준에서 제공하는 보편적이고 공통적인 보육의 목표와 내용을 제시하고, 연령과 발달수준, 그리고 개인차를 고려한 0~1세 보육과정(4수준), 2세 보육과정(2수준), 3~5세 보육과정(연령별 누리과정)으로 구성하여 누리과정을 포함한 개념으로 정리되었다.

2019년 7월에는 유아가 중심이 되고 놀이가 살아나는 3~5세 공통 교육과정인 「2019 개정 누리과정」이 확정·발표되었다. 누리과정 개정의 주요 특징을 살펴보면 다음과 같다. 첫째, 유아 중심·놀이 중심 교육과정이다. 교사 주도 활동을 지양하며, 유아가 충분한 놀이 경험을 통해 몰입과 즐거움 속에서 자율·창의성을 신장하고, 전인적 발달과 행복을 추구할 수 있도록 하였다. 둘째, 국가수준 교육과정으로서의 구성체계를 확립하였다. 누리과정의 성격을 국가수준 공통 교육과정으로 명시하고, 미래사회 핵심 역량을 반영한 인간상과 목표를 밝혀 교육과정으로서의 구성체계를 확립하였다. 셋째, 내용구성의 간략화를 통한 현장 자율성을 확대하였다. 교육과정의 5개 영역은 유지하되, 영역별 세부내용(289개)을 연령 통합(59개)으로 간략화하고 다양한 교육방식이 발현될 수 있도록 현장 자율성을 확대하였다. 마지막으로 교사의 누리과정 실행력 지원이다. 교사의 과다한 일일교육계획 작성을 경감하고, 주제와 유아놀이를 일치시켜야 하는 부담감 등을 완화해 교사의 자신감 회복을 도우며 자율성과 책무성을 강조하여 누리과정 실행력을 지원하는 데 중점을 두었다(교육부, 보건복지부, 육아정책연구소, 2019).

0~5세 보육과정 중 3~5세를 위한 보육과정(누리과정)이 개정됨에 따라 아동의 경험 간 연결, 연령 간 발달 연계, 보육 현장의 안정적 적용을 돕는 차원에서 보육과정의 일관성을 높이기 위해 2020년 4월에 「제4차 어린이집 표준보육과정」이 고시되었다(보건복지부, 2020). 그리고 어린이집과 유치원에서의 이 누리과정의 현장 적용을 지원하기 위해 〈2019 개정 누리과정 놀이운영사례집(교육부, 보건복지부, 육아정책연구소, 2020) 5종이 i-누리-누리과정 포탈(www.i-nuri.go.kr)의 현장지원자료로 제공되고 있다. 여기에는 서영숙, 서혜전이 연구책임자로 참여한 〈놀이, 유아가 세상을 만나고 살아가는 힘: 유아주도 놀이와 섬세한 교사지원이 어우러진 놀이운영사례〉(서영숙, 서혜전 외, 2020)도 포함되어 있다.

2) 제4차 어린이집 표준보육과정

「제4차 어린이집 표준보육과정」의 성격, 구성방향, 운영, 영역별 목표 및 내용을 살펴보면 다음과 같다(보건복지부 고시 제2020-75호).

(1) 표준보육과정의 성격

어린이집 표준보육과정(이하, '표준보육과정'이라 함)은 0~5세 영유아를 위한 국가수준의 보육과정이며 0~1세 보육과정, 2세 보육과정, 3~5세 보육과정(누리과정)으로 구성한다.

가. 국가 수준의 공통성과 지역, 기관 및 개인 수준의 다양성을 동시에 추구한다.

나. 영유아의 전인적 발달과 행복을 추구한다.

다. 영유아 중심과 놀이 중심을 추구한다.

라. 영유아의 자율성과 창의성 신장을 추구한다.

마. 영유아, 교사, 원장, 부모 및 지역사회가 함께 실현해 가는 것을 추구한다.

(2) 표준보육과정의 구성 방향

① 추구하는 인간상

표준보육과정이 추구하는 인간상은 다음과 같다.

가. 건강한 사람

나. 자주적인 사람

다. 창의적인 사람

라. 감성이 풍부한 사람

마. 더불어 사는 사람

② 목적과 목표

표준보육과정의 목적은 영유아가 놀이를 통해 심신의 건강과 조화로운 발달을 이루고, 바른 인성과 민주 시민의 기초를 형성하는 데에 있다.

이를 실현하기 위한 목표는 다음과 같다.

가. 0~2세 보육과정 목표

1) 자신의 소중함을 알고, 건강하고 안전한 환경에서 즐겁게 생활한다.
2) 자신의 일을 스스로 하고자 한다.
3) 호기심을 가지고 탐색하며 상상력을 기른다.
4) 일상에서 아름다움에 관심을 가지고 감성을 기른다.
5) 사람과 자연을 존중하고 소통하는 데 관심을 가진다.

나. 3~5세 보육과정 목표

1) 자신의 소중함을 알고, 건강하고 안전한 생활 습관을 기른다.
2) 자신의 일을 스스로 해결하는 기초능력을 기른다.
3) 호기심과 탐구심을 가지고 상상력과 창의력을 기른다.
4) 일상에서 아름다움을 느끼고 문화적 감수성을 기른다.
5) 사람과 자연을 존중하고 배려하며 소통하는 태도를 기른다.

③ 구성의 중점

표준보육과정 구성의 중점은 다음과 같다.

가. 영유아는 개별적인 특성을 지닌 고유한 존재임을 전제로 구성한다.
나. 0~5세 모든 영유아에게 적용할 수 있도록 구성한다.
다. 추구하는 인간상 구현을 위한 지식, 기능, 태도 및 가치를 반영하여 구성한다.

라. 표준보육과정은 다음의 영역을 중심으로 구성한다.
1) 0~1세 보육과정과 2세 보육과정은 기본생활, 신체운동, 의사소통, 사회관계, 예술경험, 자연탐구의 6개 영역을 중심으로 구성한다.
2) 3~5세 누리과정은 신체운동 · 건강, 의사소통, 사회관계, 예술경험, 자연탐구의 5개 영역을 중심으로 구성한다.

마. 0~5세 영유아가 경험해야 할 내용으로 구성한다.

바. 초등학교 교육과정과의 연계성을 고려하여 구성한다.

(3) 표준보육과정의 운영

① 편성 · 운영

다음의 사항에 따라 표준보육과정을 편성 · 운영한다.

가. 어린이집의 운영 시간에 맞추어 편성한다.

나. 표준보육과정을 바탕으로 각 기관의 실정에 적합한 계획을 수립하여 운영한다.

다. 하루 일과에서 바깥 놀이를 포함하여 영유아의 놀이가 충분히 이루어지도록 편성하여 운영한다.

라. 성, 신체적 특성, 장애, 종교, 가족 및 문화적 배경 등에 따른 차별이 없도록 편성하여 운영한다.

마. 영유아의 발달과 장애 정도에 따라 조정하여 운영한다.

바. 가정과 지역사회와의 협력과 참여에 기반하여 운영한다.

사. 교사 연수를 통해 표준보육과정의 운영을 개선할 수 있도록 한다.

② 교수 · 학습

교사는 다음 사항에 따라 영유아를 지원한다.

가. 영유아의 의사표현을 존중하고 민감하게 반응한다.
나. 영유아가 흥미와 관심에 따라, 놀이에 자유롭게 참여하고 즐기도록 한다.
다. 영유아가 놀이를 통해 배우도록 한다.
라. 영유아가 다양한 놀이와 활동을 경험할 수 있도록 실내 · 외 환경을 구성한다.
마. 영유아와 영유아, 영유아와 교사, 영유아와 환경 사이에 능동적인 상호작용이 이루어지도록 한다.
바. 각 영역의 내용이 통합적으로 영유아의 경험과 연계되도록 한다.
사. 개별 영유아의 요구에 따라, 휴식과 일상생활이 원활히 이루어지도록 한다.
아. 영유아의 연령, 발달, 장애, 배경 등을 고려하여 개별 특성에 적합한 방식으로 배우도록 한다.

③ 평가

평가는 다음 사항에 중점을 두고 실시한다.

가. 표준보육과정 운영의 질을 진단하고 개선하기 위해, 평가를 계획하고 실시한다.
나. 영유아의 특성 및 변화 정도와 표준보육과정의 운영을 평가한다.
다. 평가의 목적에 따라 적합한 방법을 사용하여 평가한다.
라. 평가의 결과는 영유아에 대한 이해와 표준보육과정 운영 개선을 위한 자료로 활용할 수 있다.

(4) 표준보육과정의 영역별 목표 및 내용

① 0~2세 보육과정 영역별 목표 및 내용

■ 기본생활

기본생활 영역 목표는 0~1세 영아가 건강하고 안전한 일상생활을 경험하는 것, 2세 영아가 건강하고 안전한 생활습관의 기초를 형성하는 것이다. 기본생활영역의 내용은 다음과 같다.

내용범주	내용	
	0~1세	2세
건강하게 생활하기	• 도움을 받아 몸을 깨끗이 한다. • 음식을 즐겁게 먹는다. • 하루 일과를 편안하게 경험한다. • 배변 의사를 표현한다.	• 자신의 몸을 깨끗이 해 본다. • 음식에 관심을 가지고 즐겁게 먹는다. • 하루 일과를 즐겁게 경험한다. • 건강한 배변 습관을 갖는다
안전하게 생활하기	• 안전한 상황에서 놀이하고 생활한다. • 안전한 상황에서 교통수단을 이용해 본다. • 위험하다는 말에 주의한다.	• 일상에서 안전하게 놀이하고 생활한다. • 교통수단을 안전하게 이용해 본다. • 위험한 상황에 대처하는 방법을 경험한다.

■ 신체운동

신체운동 영역 목표는 0~1세 영아가 감각으로 탐색하고 신체활동을 즐기는 것, 2세 영아가 감각을 활용하고 신체활동을 즐기는 것이다. 신체운동영역의 내용은 다음과 같다.

내용범주	내용	
	0~1세	2세
감각과 신체 인식하기	• 감각적 자극에 반응한다. • 감각으로 주변을 탐색한다. • 신체를 탐색한다.	• 감각 능력을 활용한다. • 신체를 인식하고 움직인다
신체활동 즐기기	• 대 · 소근육을 조절한다. • 기본 운동을 시도한다. • 실내 · 외 신체활동을 즐긴다.	• 대 · 소근육을 조절한다. • 기본 운동을 즐긴다. • 실내 · 외 신체활동을 즐긴다

■ 의사소통

의사소통 영역 목표는 0~1세 영아가 의사소통 능력의 기초를 형성하는 것, 2세 영아가 의사소통 능력과 상상력의 기초를 형성하는 것이다. 의사소통영역의 내용은 다음과 같다.

내용범주	내용	
	0~1세	2세
듣기와 말하기	• 표정, 몸짓, 말과 주변의 소리에 관심을 갖고 듣는다. • 상대방의 이야기를 들으면서 말소리를 낸다. • 표정, 몸짓, 말소리로 의사를 표현한다.	• 표정, 몸짓, 말에 관심을 갖고 듣는다. • 상대방의 이야기를 듣고 말한다. • 표정, 몸짓, 단어로 의사를 표현한다. • 자신의 요구와 느낌을 말한다.
읽기와 쓰기에 관심 가지기	• 주변의 그림과 상징에 관심을 가진다. • 끼적이기에 관심을 가진다.	• 주변의 그림과 상징, 글자에 관심을 가진다. • 끼적이며 표현하기를 즐긴다.
책과 이야기 즐기기	• 책에 관심을 가진다. • 이야기에 관심을 가진다.	• 책에 관심을 가지고 상상한다. • 말놀이와 이야기에 재미를 느낀다.

■ 사회관계

사회관계 영역 목표는 0~1세 영아가 나를 인식하고, 친숙한 사람과 관계를 맺는 것, 2세 영아가 나를 알고, 다른 사람과 더불어 생활하는 경험을 하는 것이다. 사회관계영역의 내용은 다음과 같다.

내용범주	내용	
	0~1세	2세
나를 알고 존중하기	• 나를 인식한다. • 나의 욕구와 감정을 나타낸다. • 나와 친숙한 것을 안다.	• 나와 다른 사람을 구별한다. • 나의 감정을 표현한다. • 내가 좋아하는 것을 한다.
더불어 생활하기	• 안정적인 애착을 형성한다. • 또래에게 관심을 가진다. • 다른 사람의 감정과 행동에 관심을 가진다. • 반에서 편안하게 지낸다.	• 가족에게 관심을 가진다. • 또래와 함께 놀이한다. • 다른 사람의 감정과 행동에 반응한다. • 반에서의 규칙과 약속을 알고 지킨다.

■ 예술경험

예술경험 영역 목표는 0~1세 영아가 아름다움을 느끼고 경험하는 것, 2세 영아가 아름다움을 느끼고 즐기는 것이다. 예술경험영역의 내용은 다음과 같다.

내용범주	내용	
	0~1세	2세
아름다움 찾아보기	• 자연과 생활에서 아름다움을 느낀다. • 아름다움에 관심을 가진다.	• 자연과 생활에서 아름다움을 느끼고 즐긴다. • 아름다움에 관심을 갖고 찾아본다.
창의적으로 표현하기	• 소리와 리듬, 노래로 표현한다. • 감각을 통해 미술을 경험한다. • 모방 행동을 즐긴다.	• 익숙한 노래와 리듬을 표현한다. • 움직임과 춤으로 자유롭게 표현한다. • 미술 재료와 도구로 표현해 본다. • 일상생활 경험을 상상놀이로 표현한다.

■ 자연탐구

자연탐구영역 목표는 0~1세 영아가 주변 환경과 자연에 관심을 가지는 것, 2세 영아가 주변 환경과 자연을 탐색하는 과정을 즐기는 것이다. 자연탐구영역의 내용은 다음과 같다.

내용범주	내용	
	0~1세	2세
탐구과정 즐기기	• 주변 세계와 자연에 대해 호기심을 가진다. • 사물과 자연 탐색하기를 즐긴다.	• 주변 세계와 자연에 대해 호기심을 가진다. • 사물과 자연을 반복하여 탐색하기를 즐긴다.
생활 속에서 탐구하기	• 친숙한 물체를 감각으로 탐색한다. • 물체의 수량에 관심을 가진다. • 주변 공간과 모양을 탐색한다. • 규칙성을 경험한다.	• 친숙한 물체의 특성과 변화를 감각으로 탐색한다. • 물체의 수량에 관심을 가진다. • 주변 공간과 모양을 탐색한다. • 규칙성에 관심을 가진다. • 주변 사물을 같고 다름에 따라 구분한다. • 생활 도구에 관심을 가진다.
자연과 더불어 살기	• 주변의 동식물에 관심을 가진다. • 날씨의 변화를 감각으로 느낀다.	• 주변의 동식물에 관심을 가진다. • 날씨와 계절의 변화를 감각으로 느낀다.

② 3~5세 보육과정 영역별 목표 및 내용

■ 신체운동 · 건강

신체운동 · 건강영역 목표는 유아가 실내외에서 신체활동을 즐기고, 건강하고 안전한 생활을 하는 것이다. 신체운동 · 건강영역의 내용은 다음과 같다.

내용 범주	내용
신체활동 즐기기	신체를 인식하고 움직인다.
	신체 움직임을 조절한다.
	기초적인 이동운동, 제자리 운동, 도구를 이용한 운동을 한다.
	실내 · 외 신체활동에 자발적으로 참여한다.

내용 범주	내용
건강하게 생활하기	자신의 몸과 주변을 깨끗이 한다.
	몸에 좋은 음식에 관심을 가지고 바른 태도로 즐겁게 먹는다.
	하루 일과에서 적당한 휴식을 취한다.
	질병을 예방하는 방법을 알고 실천한다.
안전하게 생활하기	일상에서 안전하게 놀이하고 생활한다.
	TV, 컴퓨터, 스마트폰 등을 바르게 사용한다.
	교통안전 규칙을 지킨다.
	안전사고, 화재, 재난, 학대, 유괴 등에 대처하는 방법을 경험한다.

■ 의사소통

의사소통영역 목표는 유아가 일상생활에 필요한 의사소통 능력과 상상력 기르는 것이다. 의사소통영역의 내용은 다음과 같다.

내용범주	내용
듣기와 말하기	말이나 이야기를 관심 있게 듣는다.
	자신의 경험, 느낌, 생각을 말한다.
	상황에 적절한 단어를 사용하여 말한다.
	상대방이 하는 이야기를 듣고 관련해서 말한다.
	바른 태도로 듣고 말한다.
	고운 말을 사용한다.

내용범주	내용
읽기와 쓰기에 관심 가지기	말과 글의 관계에 관심을 가진다.
	주변의 상징, 글자 등의 읽기에 관심을 가진다.
	자신의 생각을 글자와 비슷한 형태로 표현한다.
책과 이야기 즐기기	책에 관심을 가지고 상상하기를 즐긴다.
	동화, 동시에서 말의 재미를 느낀다.
	말놀이와 이야기 짓기를 즐긴다.

■ 사회관계

사회관계영역 목표는 유아가 자신을 존중하고 더불어 생활하는 태도를 가지는 것이다. 사회관계영역의 내용은 다음과 같다.

내용범주	내용
나를 알고 존중하기	나를 알고 소중히 여긴다.
	나의 감정을 알고 상황에 맞게 표현한다.
	내가 할 수 있는 것을 스스로 한다.
더불어 생활하기	가족의 의미를 알고 화목하게 지낸다.
	친구와 서로 도우며 사이좋게 지낸다.
	친구와의 갈등을 긍정적인 방법으로 해결한다.
	서로 다른 감정, 생각, 행동을 존중한다.
	친구와 어른께 예의바르게 행동한다.
	약속과 규칙의 필요성을 알고 지킨다.

내용범주	내용
사회에 관심 가지기	내가 살고 있는 곳에 대해 궁금한 것을 알아본다.
	우리나라에 대해 자부심을 가진다.
	다양한 문화에 관심을 가진다.

■ 예술경험

예술경험영역 목표는 유아가 아름다움과 예술에 관심을 가지고 창의적 표현을 즐기는 것이다. 예술경험영역의 내용은 다음과 같다.

내용범주	내용
아름다움 찾아보기	자연과 생활에서 아름다움을 느끼고 즐긴다.
	예술적 요소에 관심을 갖고 찾아본다.
창의적으로 표현하기	노래를 즐겨 부른다.
	신체, 사물, 악기로 간단한 소리와 리듬을 만들어 본다.
	신체나 도구를 활용하여 움직임과 춤으로 자유롭게 표현한다.
	다양한 미술 재료와 도구로 자신의 생각과 느낌을 표현한다.
	극놀이로 경험이나 이야기를 표현한다.
예술 감상하기	다양한 예술을 감상하며 상상하기를 즐긴다.
	서로 다른 예술 표현을 존중한다.
	우리나라 전통 예술에 관심을 갖고 친숙해진다.

■ 자연탐구

자연탐구영역 목표는 유아가 탐구하는 과정을 즐기고, 자연과 더불어 살아가는 태도를 가지는 것이다. 자연탐구영역의 내용은 다음과 같다.

내용범주	내용
탐구과정 즐기기	주변 세계와 자연에 대해 지속적으로 호기심을 가진다.
	궁금한 것을 탐구하는 과정에 즐겁게 참여한다.
	탐구과정에서 서로 다른 생각에 관심을 가진다.
생활 속에서 탐구하기	물체의 특성과 변화를 여러 가지 방법으로 탐색한다.
	물체를 세어 수량을 알아본다.
	물체의 위치와 방향, 모양을 알고 구별한다.
	일상에서 길이, 무게 등의 속성을 비교한다.
	주변에서 반복되는 규칙을 찾는다.
	일상에서 모은 자료를 기준에 따라 분류한다.
	도구와 기계에 대해 관심을 가진다.
자연과 더불어 살기	주변의 동식물에 관심을 가진다.
	생명과 자연환경을 소중히 여긴다.
	날씨와 계절의 변화를 생활과 관련짓는다.

참고문헌

경상남도교육청 (2019). **교사 수준 교육과정 -실천편-.**

교육부 (2016). 2015 **개정 교육과정 총론 해설.**

교육부, 보건복지부 (2019). **2019 개정 누리과정 해설서.**

교육부, 보건복지부, 육아정책연구소 (2019). 2019 개정 누리과정 확정 · 발표. 2019.7.19. 정부 보도자료.

교육부, 보건복지부, 육아정책연구소(2020). 개정 누리과정 놀이운영사례집 5종. i-누리-포탈.

보건복지부 고시 제2013-8호

보건복지부 고시 제2020-75호

보건복지부 (2020). "잘 놀아야 잘 자란다", 놀이 중심 표준보육과정 개정. 2020.3.12. 보도자료

서영숙, 서혜전, 안소영, 정영희, 양영아, 남미선, 이종현, 안지혜 (2017). **보육과정.** 경기: 공동체

서영숙, 서혜전 외(2020). **개정 누리과정 놀이운영사례집, 놀이, 유아가 세상을 만나고 살아가는 힘: 유아주도 놀이와 섬세한 교사지원이 어우러진 놀이운영사례.** 교육부, 보건복지부: i-누리-포탈.

여성가족부 고시 제2007-1호

Robison, H. F., & Schwartz, S. L. (1982). *Designing Curriculum for Early Childhood*. Boston: Allyn & Bacon

Chapter

8

보육과정의 운영

보육과정의 운영

보육과정의 운영은 국가수준의 어린이집 표준보육과정과 지역수준 보육과정의 기준 및 지침, 어린이집에서 추구하는 철학과 특성 등을 토대로 연령별 또는 학급(반)별로 계획하고 실행할 수 있다. 보육과정 운영은 보육과정의 계획과 실행이 적절하였는지 정기적으로 평가하여 다음 계획에 반영한다. 즉, 어린이집에서의 보육과정 운영은 계획(Plan)을 수립하고 실행(Do)하고 실행한 것을 평가(See)하며 평가를 기초로 다시 계획을 수립하는 순환체계로 이루어진다. 일반적으로 3월부터 그 다음 해 2월까지 1년을 중심으로 계획, 실행 및 평가가 이루어지고, 1년 동안의 연간보육과 월간보육, 주간보육, 그리고 일일보육 등으로 운영된다.

1. 일과운영

1) 일일보육계획

일일보육계획은 하루 일과에서 간식, 점심식사, 낮잠 및 휴식 등과 같은 일상생활, 실내놀이 및 바깥놀이, 활동 등에 대한 준비 및 진행, 상호작용 방법, 공간 구성 및 집단 구성 등에 관한 사항을 미리 계획하는 것이다. 일일보육계획의 수립을 통해 일과의 흐름이 영유아들에게 적절한지, 활동과 휴식의 균형이 유지되는지, 활동이 적절하게 선택되었는지, 어떠한 공간이 마련되어야 하는지, 필요한 놀이자료는 무엇인지 등의 내용을 검토할 수 있다.

그러나 어린이집에서는 현재 면밀한 일일보육계획의 수립을 강조하기보다는 비교적 간략한 일일보육계획과 함께 실행과 평가가 함께 기록되는 일일보육일지를 작성한다. 이는 어린이집에서의 장시간 보육업무수행이라는 현실적인 여건에 의한 현상이기도 하지만, 교사가 사전에 수립한 계획의 이행을 중심으로 하는 교사 주도 활동을 지양하고 영유아가 경험하는 과정에서 보여주는 흥미나 관심, 반응이나 제안 등이 중시되는 흐름과도 무관하지 않다.

최근의 경향은 교사 주도 활동을 위한 면밀한 일일보육계획보다는 영유아가 주도하는 놀이를 강조하는 상황을 반영하여 보육계획과 함께 실행과정에 대한 보다 상세한 기록과 반성적 사고과정을 통한 평가가 중시되고 있다. 평가에는 영유아의 흥미와 관심은 무엇이었는지, 영유아의 놀이에 나타난 놀이 특성은 어떠한지, 또래관계는 어떠한지, 놀이자료를 어떻게 활용하는지, 일상생활, 놀이, 활동 등을 위한 시간과 공간은 적절했는지, 교사의 지원은 적절했는지 등이 포함된다.

다음은 일일보육계획을 위한 시간대별 영아반 일과운영계획(표 8-1)과 실행과 평가를 중심으로 기록한 유아반 보육일지의 예이다(표 8-2).

〈표 8-1〉 1세 영아반 일과운영계획

시간	주요 일과	내용
~9:00	등원 및 통합보육	• 교사와 인사하기 • 보호자와 인사하며 헤어지기 • 실내 놀이하기
9:00~11:00	실내놀이 오전 간식	• 흥미와 관심에 따라 자유롭게 선택하여 놀이하기 • 손 씻고 간식 먹기
11:00~12:00	바깥놀이	• 흥미와 관심에 따라 자유롭게 선택하여 놀이하기 • 산책하기
12:00~13:00	점심식사	• 손 씻고 점심식사하기 • 양치질하기
13:00~15:00	낮잠 및 휴식	• 조용한 음악이나 자장가 들으며 낮잠 자기 • 잠자리 정리하기
15:00~16:00	실내놀이/바깥놀이 오후 간식	• 흥미와 관심에 따라 자유롭게 선택하여 놀이하기 • 손 씻고 간식 먹기
16:00~	귀가/ 연장보육	• 보호자와 귀가하기 혹은 연장보육

〈표 8-2〉 유아반 보육일지의 예

00 반 보육일지(4세)			담임	원장
날 짜		20 년 월 일		
일과(시간)		계획 및 실행	평가 및 다음날 지원 계획	
일상생활	간식 (9:00~9:30) (15:00~15:30)	간식 먹은 후 접시와 포크를 스스로 정리한다.	음식의 색에 호기심을 가지고 살폈으며 친구들과 서로의 생각을 말하고 관심있게 들으며 즐겁게 먹었음.	
	점심식사 (12:20~13:20)	입에 있는 음식을 다 먹고 친구들과 이야기 나누며 즐겁게 먹는다. 밥과 국, 여러 반찬의 색이 모두 다르다며 색에 관심을 보이고, 내일 식단을 보며 어떤 색의 음식이 나올지 상상하며 이야기 나눈다.		
	낮잠 및 휴식 (13:20~14:20)	조용한 음악을 들으면서 휴식을 취하거나 낮잠이 필요한 유아들은 낮잠을 잔다.		

일과(시간)		계획 및 실행	평가 및 다음날 지원 계획
놀이	실내놀이 (9:00~10:40) (14:20~16:00)	【자동차를 움직여보자】  각자 탈 것을 만들던 유아들이 자신의 자동차와 친구의 자동차를 연결하여 긴 자동차를 만든다. 현수: (파란 블록을 이용하여 친구 자동차와 자신의 자동차를 연결하며)이거 이렇게 해야 돼. 영준: 좋아 이제 간다.  함께 자동차에 타서 발을 밀며 앞으로 가지만 잘 가지 않자 현수가 내려 뒤에서 손으로 민다. 옆에서 보던 지성이가 다가와 발로 함께 밀자 조금 더 빨리 움직인다. 영준: 오 ~ 간다! 가만히 앉아 있던 영준이가 발을 움직이며 같이 밀자 더 빠르게 움직이기 시작한다. 영준: 오! 이렇게 하면 더 빨리~	각자의 자동차만을 만들던 유아들이 친구가 만든 자동차에 관심을 가지고 서로 연결하는 시도를 하였음. 연결한 자동차를 움직이기 위해 앉아서 발로 밀기, 뒤에서 밀기, 여러 명이 밀기, 앉아서 발로 밀면서 동시에 뒤에서 밀기의 다양한 방법을 시도하면서 속도가 달라지는 것을 발견하였음. 유아들이 만든 자동차를 정리하지 않고 그대로 두고 자동차 움직임이 원활하도록 공간을 조정하면서 유아들의 놀이를 좀 더 관찰 · 기록하고자 함.
	바깥놀이 (대체) (11:00~12:20)	【물길을 만들어요】 비가 온 놀이터에 바람이 불자 물웅덩이의 물이 움직이는 것을 보고 신기해한다. 손으로 물길을 만들자 물이 흐르는 것을 본 유아들은 흩어져 있는 물웅덩이 주변에 각각 모여 길을 만든다. 길을 따라 물이 흐르다가 웅덩이에 물이 많이 빠져나가자 흐름을 멈춘다. 지은이가 웅덩이에 들어가 첨벙이자 길을 따라 물이 조금 더 흐른다. 더 흐르게 하고 싶다며 더 많은 유아들이 웅덩이로 들어가 첨벙인다.	비가 와서 물이 고인 웅덩이에 관심을 가졌음. 바람에 따라 물이 움직이는 것을 발견하거나 손으로 길을 만들어 보면서 여러 가지 방법으로 변화를 탐색하였음. 물길에 물이 흘러가지 않는 문제를 해결하기 위해 물에 들어가 첨벙이거나 여려 유아가 함께 첨벙이면서 물이 멀리까지 흘러가는 방법을 실험하였음.

일과(시간)		계획 및 실행	평가 및 다음날 지원 계획
놀이	바깥놀이 (대체) (11:00~12:20)	 【대체놀이: 유희실에서 자동차 굴리기】	
활동 (10:40~11:00)		【놀이 공유: 자동차를 움직여 보자】 블록으로 만든 자동차를 움직이기 위해 다양한 시도를 했던 오전 실내놀이 장면을 모든 유아들과 공유하며 이야기 나눔.	
반 운영 특이사항		부모 개별면담) 000, 000	

출처: 구립 백송어린이닙(2020). 일일보육일지

2) 일과구성 및 운영

어린이집에서의 하루 일과는 영유아와 영유아, 영유아와 교사, 영유아와 환경 간의 상호작용을 통해 전개된다. 교사는 일과를 운영하는 과정에서 적절한 상호작용을 함으로써 영유아가 자기존중감과 정서적 안정감을 느낄 수 있도록 하며 교사나 또래와 좋은 관계를 형성해 나갈 수 있도록 한다. 또한 영유아의 개별 특성과 흥미를 파악하고 적합한 교수 · 학습을 사용하여 영유아의 발달과 학습을 촉진한다.

어린이집의 하루 일과는 어떻게 구성되는지, 구체적으로 어떻게 전개되는지 2세반 일과 운영 예시를 통해 살펴보고자 한다.

① 등원

일과	내용
등원 전 준비	• 보호자에게 전달할 내용을 보육실이나 현관 입구에 붙여 두고, 전달사항을 기록할 일일보고서와 투약의뢰서가 비치되어 있는지 확인한다. • 보육실에 위험 요소가 없는지 살피고 보육실을 환기시키며 온도와 습도를 조절한다. • 일일보육계획에 따라 공간과 놀이자료가 준비되어 있는지 확인한다.
등원	• 영아와 보호자를 밝은 표정으로 맞이하며 영아가 편안한 분위기에서 보호자와 인사를 나누고 헤어질 수 있도록 돕는다. • 영아의 체온을 재고 건강상태를 살피며 약을 먹어야 하는 경우 보호자가 투약의뢰서를 작성하도록 안내한다. • 영아가 자신의 장에 옷이나 가방 등을 스스로 정리할 수 있도록 지원한다. 

② 일상생활

일과	내용
배변 및 손 씻기	• 영아의 배변은 하루 중 수시로 일어나며, 2세 영아의 대부분이 대소변을 가리게 되지만 실수를 할 수 있으므로 교사의 따뜻하고 너그러운 태도가 요구된다. • 손을 씻을 때는 영아 스스로 씻을 수 있도록 기다리면서 도움이 필요할 때 적절히 지원한다.
간식 및 점심 양치 투약	• 오전과 오후에 두 차례 간식을 제공하며, 간식의 양은 식사 양과 시간을 참고하여 조절해 준다. • 점심은 영아들과 이야기를 나누며 즐거운 분위기에서 식사한다. • 식사 후에는 양치를 할 수 있도록 지도하고 투약의뢰서가 있는 영아에게 투약 후 투약보고서에 기록한다.  

일과	내용
낮잠 및 휴식	• 낮잠과 휴식은 영아가 오전 놀이로 인해 쌓인 피로를 풀고 활기차게 오후 일과에 참여하도록 돕는다. • 영아가 쉽게 잠들 수 있도록 커튼을 내리고 조용한 음악을 틀어주며 영아의 잠들기 전 버릇, 잠드는 시간 등 수면습관을 염두에 두어 도움을 준다. • 낮잠 시간 동안 보육실 내에서 영아들을 살핀다. • 영아가 잠을 깨기 시작하면 편안하게 잠을 깰 수 있도록 배려하고 배변할 수 있도록 도와준다. • 낮잠을 자고 일어나면 영아와 함께 자고 난 침구를 정리한다. 

③ 놀이

일과	내용
실내놀이	• 영아에게 실내놀이는 하루 중 많은 부분을 차지하며 발달적으로도 중요한 의미를 지닌다. • 영아가 자신의 흥미와 관심에 따라 자유롭게 선택하여 놀이를 즐기도록 지원한다. • 영아가 무엇에 흥미와 관심을 보이는지 살피며 영아의 놀이를 관찰하며 지원한다. • 영아의 개별적인 감정과 요구를 민감하게 알아차려 반응해 준다.  

일과	내용
바깥놀이	• 개방된 공간과 자유로움은 영아의 긴장감을 완화시키며 즐거움을 제공해주므로 하루 중 충분한 시간을 제공한다. • 다양한 대근육 활동과 모래놀이, 물놀이, 자연물 탐색, 그림 그리기 등 다양한 놀이를 자유롭게 선택하여 즐길 수 있도록 지원한다. • 주변 공원이나 숲으로 산책을 갈 때에는 이름표, 휴지, 물티슈, 비상약을 휴대하고 주변에 위험 요소가 없는지 사전에 확인하여 안전하게 놀이가 이루어지도록 한다.  

④ 귀가 및 가정과의 연계

일과	내용
귀가	• 헤어질 때 영아와 간단한 스킨십과 인사로 친밀감을 유지하며 다음날 기쁜 마음으로 만날 것을 약속한다. • 영아가 약속된 보호자와 함께 귀가하는지 반드시 확인하고, 영아의 상태나 하루 동안 지낸 일 등에 대해 보호자와 이야기를 나눈다. 보호자를 만나지 못할 경우에는 일일보고서를 통해 영아의 하루 일과를 전달한다. 
하루 일과 마무리	• 보육일지에 그 날 이루어진 일상생활, 놀이 등을 기록하고 평가하며 다음날 지원 계획을 세운다. 계획에 따라 공간을 정리하고 필요한 놀잇감, 매체, 재료와 도구 등을 포함한 놀이자료를 준비한다.

어린이집에서의 하루 일과 영유아와 함께 만들어가보면 어떨까요?

영유아의 흥미와 관심, 영유아의 요구, 그 날의 놀이 상황, 그 날의 날씨 등에 따라 다음과 같이 영유아와 함께 만들어갈 수 있습니다.

등원하자마자 바깥놀이를 할 수 있어요

- 부모님과 헤어지기 힘들어하는 영아가 등원하자마자 좋아하는 바깥놀이를 할 때, 보다 쉽게 부모님과 헤어지고 기분 좋게 하루를 시작할 수 있어요.
- 오전에 바깥 날씨가 좋다면 영유아가 등원하는 대로 바깥놀이를 먼저 할 수 있어요.

놀이 시간에 간식 시간을 함께 운영할 수 있어요

- 놀이가 한창 재미있게 흘러가고 영유아가 놀이에 몰입하고 있을 때, 놀이하던 것을 모두 정리하고 간식을 먹기보다는, 교실 한편에 간식 책상을 마련하여 놀이 중에 간식이 먹고 싶을 때 먹을 수도 있어요.

계획된 활동도 언제나 바뀔 수 있어요

- 교사가 계획한 대 · 소집단 활동을 안 하는 날도, 활동을 바꾸어 진행하는 날도, 때론 원하는 유아만 참여할 수도 있어요.

깨끗이 정리하지 않고 귀가하는 날도 있어요

- 다음 날 이어서 놀이하고 싶어하는 경우, 교실 상황에 따라 놀던 것을 모두 치우지 않고 귀가할 수도 있어요.

특별한 날을 정해 영유아가 하루를 계획할 수도 있어요

- 어린이날, 생일 등과 같이 특별한 날, 혹은 영유아와 함께 특별한 날을 정해서 하루를 어떻게 보내고 싶은지 의견을 나눌 수 있어요.
- 많은 시간을 바깥에서 놀 수도 있고, 바깥놀이 장소를 함께 정할 수도 있어요. 점심 먹는 장소도 함께 정할 수 있으며, 함께 요리를 할 수도 있어요.

출처: 서울시육아종합지원센터(2020). 좋은 교사 되기 핸드북Ⅱ.

2. 연간, 월간, 주간보육 운영

1) 연간보육 운영

연간보육계획은 1년간의 교육, 건강, 안전, 영양, 부모 및 지역사회와의 협력, 보육교직원교육 등과 같은 한 해의 어린이집 운영 흐름을 한눈에 볼 수 있도록 수립되어야 한다. 연간보육계획을 수립할 때에는 국가수준의 표준보육과정에서 추구하고 있는 인간상, 기관의 철학, 지역사회의 특성, 보호자의 요구, 어린이집에 재원하고 있는 영유아의 흥미와 요구, 계절, 사회적인 특별한 상황이나 사건들(월드컵 개최, 지진 발생 등)을 기초로 하여 이루어진다.

연간보육계획은 한 해의 운영 전반에 걸쳐 근간이 되지만 영유아의 발달이나 흥미 등이 즉각적으로 반영될 수 있도록 여지를 남기고 작성하며 상황에 맞추어 융통성 있게 수정 또는 변경될 가능성을 고려한다. 어린이집에서는 1년간 보육을 실시한 후 평가를 하고 이를 바탕으로 다음해의 연간보육계획을 작성한다. 연간보육계획의 예시는 〈표 8-3〉과 같다.

〈표 8-3〉 연간보육계획의 예

월	행사	부모와의 소통 및 협력	안전관리	보육교직원 교육
3월	• 입학식 • 적응 프로그램 실시	• 개별상담 • 학부모 운영위원회 선출 및 개최	• 구급상자 점검 및 약품 구입 • 비상연락망 조직 • 귀가동의서 및 응급처치동의서 작성 • 보육실 내 · 외 안전점검	• 보육교사로서의 역할(원내 토의)

월	행사	부모와의 소통 및 협력	안전관리	보육교직원 교육
4월	• 신체 계측 • 봄소풍	• 소풍 도우미 • 가정에서의 식습관 조사	• 보육실 내·외 안전 점검	• 보육과정 계획/ 운영/ 평가 (외부강사 초빙 특강)
5월	• 가족 운동회 • 노인정 방문	• 가족 운동회 • 스승의 날-일일 명예교사	• 보육실 내·외 안전 점검	• 아동학대예방교육 (외부교육 참가)
6월	• 아동안전교육관 체험	• 견학 도우미 • 부모참여수업	• 보육실 내·외 안전 점검 • 구급상자 약품 점검 및 구입	• 영유아와의 상호작용 (원내자율장학)
7월	• 물놀이	• 아동 관찰기록 배부	• 보육실 내·외 안전 점검	• 부모상담 (온라인 교육)

2) 월간보육 운영

월간보육계획은 연간보육계획과 전년도 월간보육계획의 실행 결과에 대한 평가에 근거하여 계획한다. 월간보육계획은 1개월을 단위로 하기 때문에, 연간보육계획보다 구체성을 지니며 월간보육계획을 통해 교사는 그 달의 보육내용 및 보육활동, 행사 등과 관련하여 사전에 준비해야 할 일들을 점검할 수 있다. 또한 가정에 안내하여 보육내용과 준비물 등을 부모가 참고할 수 있도록 한다.

월간보육계획을 실행하면서 그때 그때 나타나는 영유아의 놀이를 관찰·기록하고 지원하기 위해 기존 계획을 삭제 또는 변경, 새로운 계획을 첨가하기도 한다. 계절 주제를 계획하여 운영되면서도 유아의 흥미에 따라 새로운 주제가 반영되어 두 개의 주제가 반영된 월간계획안의 예시는 〈표 8-4〉와 같다.

〈표 8-4〉 두 개의 놀이주제를 반영한 월간계획의 예

계절 주제와 유아의 발현된 놀이 주제가 동시에 진행됨

<table>
<tr><th colspan="2">주</th><th>5월 1주</th><th>5월 2주</th><th>5월 3주</th><th>5월 4주</th></tr>
<tr><td rowspan="6">놀이
(바깥
놀이
포함)</td><td rowspan="3">봄</td><td>• 봄꽃 만들기</td><td>• ~~꽃가게 꾸미기~~</td><td>• ~~꽃가게 놀이~~</td><td></td></tr>
<tr><td>• 모형꽃, 화분으로 놀기</td><td>• ~~꽃씨 마라카스~~</td><td></td><td>• ~~티슈로 나비 만들기~~</td></tr>
<tr><td>• 산책 사진으로 만든 책</td><td>• 씨앗 그림책</td><td>• ~~꽃모양 막대인형~~</td><td>• 봄의 곤충 그림책</td></tr>
<tr><td colspan="5">유아의 흥미에 따라 새로운 주제 ‘반짝이끈’이 시작되었고, 이를 반영함</td></tr>
<tr><td rowspan="2">반짝이끈</td><td colspan="4">• 반짝이끈 가지고 나가 놀기
• 반짝이끈 나뭇가지에 묶기
• 반짝이끈으로 만든 도구로 운동하기</td></tr>
<tr><td colspan="4"></td></tr>
<tr><td colspan="2" rowspan="4">활동</td><td colspan="4">유아의 흥미에 따라 새로운 주제 ‘반짝이끈’이 시작되었고, 이를 반영함</td></tr>
<tr><td colspan="4">• 우리 교실에는 어떤 장난감이 있으면 좋을까?
• 상자와 반짝이끈 으로 어떻게 놀이할 수 있을까?
• 놀이의 진행과정에 따라 문제해결 의견 나누기</td></tr>
<tr><td colspan="4">• 동화 ‘우리 가족’ 동화 ‘봄소풍</td></tr>
<tr><td>• 노래 ‘봄에 피는 꽃’</td><td>• ~~봄꽃 찾아오기 게임하기~~
• 반짝이끈으로 신체 표현하기</td><td>• ~~노래 ‘씨앗이 자라서’~~
• 반짝이끈으로 게임하기</td><td>• ~~노래 ‘개미’~~
• 애벌레 신체 표현하기</td></tr>
<tr><td colspan="6">필요한 경우 활동을 통해 유아의 놀이를 지원함</td></tr>
<tr><td colspan="2">행사일정</td><td colspan="4">5일- 원내 어린이날 행사 / 8일- 원내 어버이날 행사 & 포토존
22일- 원내 손씻기 교육 / 29일- 급식도우미 활동</td></tr>
</table>

출처: 교육부, 보건복지부(2019). 2019 개정누리과정 놀이실행자료, p120.

3) 주간보육 운영

주간보육계획은 하루 일과의 흐름과 보육실의 물리적 공간 구분 등을 고려하여 일주일의 보육활동과 내용을 계획한다. 주간보육계획을 계획할 때에는 영유아의 생활리듬과 활동의 흐름, 그리고 다른 주의 놀이 및 활동과의 연계 등을 고려한다.

기관에 따라서 계획안이라는 문서에 실행과 평가를 동시에 기록하고 있으므로 계획, 기록, 평가를 통합한 양식으로 작성하고 '놀이기록과 평가', '○○반 놀이 이야기' 등 다양한 명칭을 사용할 수 있다(교육부, 보건복지부, 2019). 2주간 전개된 영유아의 놀이를 중심으로 기록한 사례는 〈표 8-5〉와 같다.

〈표 8-5〉 주간보육계획의 예

생각 자람터(2세)			
기 간	○○○○년 10월 2주 ~ 10월 3주	담임교사	○○○

변신하는 천

이번에 솔싹반이 가지고 놀 놀잇감은 천입니다.

사전적 의미로 직물을 뜻하는 이 천은 아직 우리 친구들 일상에 옷이라는 소재의 개념이 제일 큽니다.

하지만 천이 교실 안에 들어와 영아들의 경험에 의해 다양하게 변신하는 것을 보며 충분한 놀잇감으로 손색이 없음을 확인했습니다. 천을 통해 스스로 놀이를 찾아내고, 확장을 하며 또 다른 물체에 대해 호기심을 가지고 더 큰 생각을 키워 나가고 있습니다. 솔싹반의 변신하는 천 이야기를 시작해 봅니다.

#1. 다양한 천의 탐색

여름엔 시원한 바람이 들어오는 옷, 가을엔 싸늘한 바람을 막아주는 긴 팔의 옷. 우리가 입고 있는 옷이 길이도 두께도 달라졌지만 천의 느낌도 많이 달라졌습니다. 내 옷과 친구의 옷을 다양한 방법으로 느껴보며 이야기 나누는 솔싹반. 다양한 천에 대해 탐색해 봅니다.

- 천에 그리는 그림

솔싹반 미술영역의 종이 바구니에는 이제 종이가 아니라 천이 들어 있어요. 다양한 천에 그림을 그리거나 끼적이기를 하며 천을 탐색해 보았습니다. 처음엔 종이와 비슷한 하얀 광목천을 먼저 준비해 주자 영아들이 광목천을 '휴지다,

휴지' 라고 표현하였습니다. 그래서 휴지와 어떻게 다른지 그림을 그렸을 때 종이와는 또 다른 느낌에 대해 많은 표현이 나왔습니다.

"종이와 광목천을 비교하며 끼적이기를 할 때 천과 종이에 나타난 색이 다르다고 표현 "
"(아주 작게 접어보며) 그림이 숨을 수 있어 "

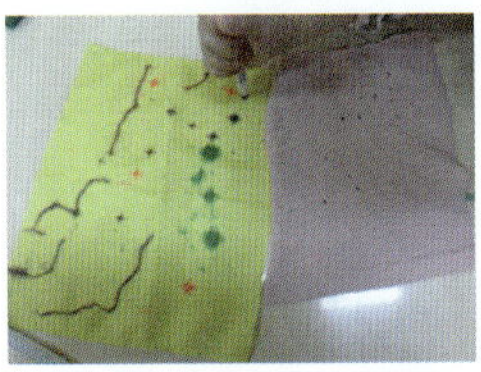

광목천을 탐색하고 하고 난 후 더 다양한 천에 그림을 그려 보았습니다. 그 중 누빔 천이 솔싹반 친구들의 인기를 얻었답니다. 폭신폭신한 느낌이 좋은지 손으로 만져보거나 볼에 가져다 대며 누빔 천을 탐색해 보았습니다. 누빔 천은 친구들의 경험으로 기저귀와 제일 비슷했나 봐요.

만져보며

"기저귀다. 기저귀" "나 아기 때 이거 하고 다녔어"
"꼬미(강아지 이름) 기저귀야"라고 표현하였답니다.

그리고 사인펜이나 크레파스를 이용하여 끼적이기를 하는데 펜이 자꾸 폭신폭한 천에 숨자 사인펜을 콕콕 찍어 그림을 그려보았답니다. 이 기억 때문인지 다른 천에 그림을 그릴 때에도 펜을 찍어 가며 그림을 그렸는데요. 그리다 새로운 발견도 하였습니다. 노란 천(얇은 재질)에는 펜을 꾸욱 누르고 있으면 꽃이 저절로 생겨요. 그래서 미술 장에 있는 모든 천을 다 찍어 보는 실험을 하였는데 꽃이 만들어지는 천은 노란 천 하나임을 찾아내었답니다. 그리고 반복하며 꽃을 만들며 탐색을 즐겨보았습니다.

• 다양한 천에 대한 느낌

천의 종류는 정말 다양합니다. 미끌미끌 미끄러운 촉감을 가진 천, 양 털처럼 따뜻한 천, 그리고 폭신폭신 기저귀를 닮은 천까지 다양한 천을 만나며 또 어떤 천들이 있을지 호기심을 자극해 봅니다.

"이건 수세미 같아!"

"(얼굴에 천을 문지르며)
부들부들해~"

"이건 안 따가운 천이고 이건 따가운 천이야"

"우리 집 수건 같이 딱딱해!"

#2. 천 놀이의 발견

조물 조물. 호로록! 이 소리는 천을 이용한 놀이를 하는 소리입니다.^^ 다양한 영역에 배치된 천을 이용하여 스스로 놀이를 발견하고 놀이하며 자연스럽게 천을 탐색해 보는 솔싹반. 천들이 어떻게 변신하여 솔싹반의 놀이가 되었을까요?

• 빨래 놀이

처음에 다양한 천을 이용하여 시작한 빨래 놀이. 엄마, 아빠의 빨래하는 모습을 회상하며 천을 이용해 빨래 놀이를 합니다. 처음엔 단순히 주무르고 물기를 꽉 짜보는 시늉을 하던 빨래 놀이에 비누도 생기도 식초와 마법의 물도 생겨났습니다.

"식초를 넣으면 빨래가 아주 아주 깨끗해져"
"더러워진 빨래에 마법의 물을 넣으면 빨래가 깨끗해진대"

빨래를 널어 둘 빨랫줄도 생겨 빨래를 끝낸 천들은 빨랫줄에 널어 말려보기도 하였습니다. 빨래를 말리며 공간이 생기자 숨기 놀이도 하고 문을 만들어 왔다갔다 집으로 변신하기도 하고, 다양한 크기의 천을 이용하여 놀이를 하다 보니 빨래가 순식간에 맛있는 자장면으로 변신하기도 하였어요. 기다란 천이 면이 되고 네모난 천이 맛있는 감자가 되었습니다. 역시 양파는 놀이에서도 먹기 힘든지 아무리 찾아도 없더라구요^^대신 달콤한 사과가 들어가 있었답니다. 호로록~ 포크를 이용하여 천으로 만든 면을 돌돌 말아 맛있게 먹었답니다.

• 천과 블록의 만남

블록영역에도 천이 배치되었어요. 친구들이 놀이를 하며 천을 어떻게 변신시킬지 궁금합니다.

다양한 블록을 이용하여 기차 길과 집 등을 만들어 보는 솔싹반. 천과 블록의 만남으로 집은 더 멋지게 변신하고 놀이는 더 재미있어 졌습니다. 벽돌블록으로 집을 지어 커다란 천으로 지붕을 만들어 비도 막고 더 아늑한 집을 꾸며 보았어요. 또한 집 안의 이불로도 변신하여 포근한 침대를 만들어 보기도 하였어요.

블록과 천이 만나 재미있는 변신이 블록놀이를 더욱 재미있게 해주었답니다.

" 다들 내 집으로 들어와~" "와 지붕이다!!" "이건 터널이다, 그치?"
"(터널을 지나며) 자동차가 지나갑니다"

생각 키움터(교사의 지원계획)	
실내놀이	다양한 크기와 재질의 천 제공, 공간조정, 천 활용 조형물이나 작품 전시
바깥놀이	천 숨바꼭질, 우리 주변의 천, 가을 바람에 움직이는 천
활동	천 그림 동화, 다양한 천과 비슷한 느낌의 사물 찾아보기, 놀이 공유

출처: 구립 백송어린이집(2019). 생각자람터

참고문헌

교육부, 보건복지부(2019). **2019 개정 누리과정 놀이실행자료.**

구립 백송어린이집(2019). 생각자람터

________________(2020). 일일보육일지

Chapter

9

영유아의 건강, 영양, 안전

영유아의 건강, 영양, 안전

영유아기는 성장과 발달이 급속히 이루어지는 시기이기도 하지만 면역력이 약하고 건강과 안전에 대한 배려가 필요한 시기이므로 영유아의 건강과 안전에 대한 특별한 관리와 노력이 필요하다. 영유아가 생활하는 환경을 안전하게 관리하고 전염성 질병에 대한 예방 및 대책, 안전사고 예방을 위한 환경 마련 등이 필수적이다. 이러한 보육환경 및 생활관리뿐만 아니라 영유아를 대상으로 건강, 영양, 안전에 대한 교육을 정기적으로 실시하여 영유아 스스로 자신의 건강을 지켜 나갈 수 있는 생활습관을 기르도록 해야 한다.

1. 건강관리

1) 건강

세계보건기구(WHO: World Health Organization) 헌장에 의하면, 건강이란 단순히 질병이나 장애가 없다는 것만을 의미하는 것이 아니라 '신체적 · 심리적 · 사회적 · 영적으로 완전하게 양호한 상태'를 의미한다. 또한 영유아보육법 제31조에는 '어린이집의 원장은 영유아와 보육교직원에 대하여 정기적으로 건강진단을 실시하는 등 건강관리를 하여야 한다'고 밝히고 있다. 영유아는 정신적 · 신체적 · 사회적으로 건강한 물리적 환경 속에서 보육받을 권리가 있음을 인식하고, 이를 이루기 위해 어린이집과 사회는 노력하여야 한다.

2) 건강관찰과 기록

교사는 영유아의 신체적 건강, 정서적 상태 등 전체적인 건강 상태를 파악해야 한다. 이를 위해 개별 영유아의 건강 상태에 대한 정보를 보호자로부터 수집하고, 매일 영유아의 건강 상태를 관찰하며, 정기적으로 건강검진을 실시하여 그 결과를 기록해야 한다.

(1) 일일 건강관찰

교사는 영유아가 어린이집에 등원하였을 때 건강 상태를 관찰하고 일과가 진행되는 동안에도 영유아의 기분과 건강 상태를 살펴야 한다. 영유아가 평소와 달리 나타나는 신체 이상 여부를 발견하고 적절한 치료를 받도록 함으로써 질병이 악화되는 것을 방지하고 감염병을 예방할 수 있다.

〈표 9-1〉 **일일 건강관찰 예시**

구분	건강관찰 사항	관찰결과(∨표 또는 기록)
표정	• 인사를 명랑하게 하는가? • 기운이 있어 보이는가? • 무표정하거나 우울해 보이는가?	

구분	건강관찰 사항	관찰결과(∨표 또는 기록)
병색	• 얼굴이 창백해 보이는가? • 감기 증상, 찰과상, 피부병 증상이 나타나는가? • 눈이 충혈되거나, 눈을 심하게 깜박이거나 문지르지 않는가? • 구역질을 하거나 어지러워하지 않는가? • 입 주위에 수포가 있거나 분비물이 흐르는 작은 물집과 딱지가 있는가? • 잇몸에서 피가 나고 붓거나 입술이 부어 있지 않는가? • 귀를 자주 만지고 후비거나, 청력 장애 등 귀의 이상이 있는가? • 팔, 다리의 피부색이 청색이거나 창백하거나 부어 있지 않는가? • 몸 전체에 붉은 반점이나 작은 물집이 있는가? • 걸음걸이가 비정상적이지 않는가? • 기타 불편해하거나 비정상적인 증후를 보이지 않는가?	
청결 상태	• 얼굴과 손, 발, 머리 등이 깨끗한가? • 복장이 깨끗하고 기후에 맞는가? • 음식물을 먹고 난 후 양치를 하였는가?	
행동 변화	• 부모와 떨어졌을 때 울지 않는가? • 평소와 같이 활동에 참여하는가? • 다른 아이들과 잘 어울리는가? • 갑자기 말을 더듬지 않는가? • 음식을 잘 먹으려 하지 않거나 먹는 양이 줄었는가? • 수면에 문제를 보이는가? • 화장실에 자주 가지 않는가?	

출처: 보육시설 운영매뉴얼 및 영유아 프로그램 개발2 : 영유아 건강 및 안전보호.

(2) 정기 건강검진

영유아기는 일생 중에 성장과 발달이 가장 빠르고 질병 부담률이 가장 낮은 시기이므로 질병의 발견보다는 나이에 맞게 적절하게 성장과 발달을 하고 있는지 주기적으로 평가를 하는 것은 매우 중요하다. 건강검진은 각종 질병의 발생과 확산을 방지하고, 영유아들의 건강한 성장을 도모하기 위한 최소한의 조치이다. 어린이집에 입소하는 영유아들은 영유아보육법에 따른 건강검진을 매년 1회 이상 실시하여야 하는데,

영유아 건강검진으로 이를 갈음할 수 있도록 되어 있으므로 부모들에게 미리 안내하여 빠트리지 않고 건강검진 결과통보서를 제출할 수 있도록 한다. 현재는 4~6개월, 9~12개월, 18~24개월, 30~36개월, 42~48개월, 54~60개월, 66~71개월, 총 7차에 걸쳐 영유아 건강검진을 받을 수 있다.

영유아 건강검진은 신체계측, 신체진찰, 발달선별검사, 시력검사, 종합 판정 및 건강교육으로 구성되어 있으며, 발달선별검사는 9개월부터, 시력검사는 42개월부터 시행한다.

〈표 9-2〉 영유아 건강검진 주기별 항목

검진항목		1차	2차	3차	4차	5차	6차	7차
		4~6개월	9~12개월	18~24개월* 18~29개월**	30~36개월	42~48개월* 42~53개월**	54~60개월* 54~65개월**	66~71개월
문진 및 진찰		●	●	●	●	●	●	●
신체계측		●	●	●	●	●	●	●
발달평가 및 상담			●	●	●	●	●	●
시력검사						●	●	●
건강교육	안전사고예방	●	●	●	●	●	●	●
	영양	●	●	●	●	●	●	●
	영아돌연사 증후군예방	●						
	구강		●					
	대소변 가리기			●				

검진항목		1차	2차	3차	4차	5차	6차	7차
		4~6개월	9~12개월	18~24개월* 18~29개월**	30~36개월	42~48개월* 42~53개월**	54~60개월* 54~65개월**	66~71개월
건강교육	전자미디어 노출				●			
	정서 및 사회성					●		
	개인위생						●	
	취학 전 준비							●
구강검진				●		●	●	

*건강검진, **구강검진
출처: 보건복지부, 질병관리본부, 국민건강보험(2015). 2015년 영유아 건강검진 검진의사 매뉴얼 별책.

3) 질병관리

어린이집에서 많은 영유아들이 장시간 함께 생활하기 때문에 영유아나 교사를 비롯한 종사자가 질병에 감염되면 다른 영유아에게 영향을 미치게 된다. 특히 전염성 질병의 경우에는 공기 전염과 신체적 접촉 등을 통해 영유아에게 쉽게 전염되기 때문에 각별한 관리가 요구된다.

(1) 격리(등원 제한)를 요하는 질병

교사는 영유아에게 쉽게 나타나는 질병의 증상을 미리 파악하고, 전염성 질환이 발병하거나 의심되는 영유아와 교직원은 어린이집으로부터 격리시키거나 적절한 의료처치를 받고 온전히 회복한 후 어린이집에 등원할 수 있도록 부모에게 알려야 한다.

〈표 9-3〉 격리를 요하는 질병

병명	증상	잠복기간	결석기간
홍역	발열, 재채기, 결막염, 발진	9~13일	발진이 없어질 때까지 → 발진 후 약 5일간
수두	발열, 발진, 물집이 생김	10~21일	딱지가 떨어질 때까지 → 발진 후 약 7일간
유행성이하선염(볼거리)	발열, 귀밑이 부어오름	7~21일	귀밑 부기가 다 빠질 때까지 → 발진 후 약 5일간
풍진	가벼운 감기 같은 증세, 발열, 발진	10~21일	증상이 없어질 때까지 → 대개 발진 후 5일간
백일해	열은 없고 밤에 기침이 심함	7~14일	특유의 기침이 없어질 때까지 → 발병 약 3~4주
유행성 감기	발열, 기침, 목이 아픔, 뼈마디 아픔	1~3일	주요 증상이 사라질 때까지
유행성 결막염	눈이 붓고 흰자위가 충혈, 눈곱 多	7일	주요 증상이 사라질 때까지
농가진	얼굴이나 수족에 쌀알 크기부터 대두 크기의 발진, 수포가 생김	2~5일	염증기가 지나 환부 치료, 포대를 하고부터
수족구병	38도 정도의 고열, 1~2일간 입속, 손바닥, 발바닥에 수포가 생김	3~6일	주요 증상이 사라질 때까지
전염성 설사증	설사의 횟수가 많고 변이 물 같고 열이 나며 감기 증상을 동반함	2~4일	주요 증상이 사라질 때까지
간염(A형)	식욕부진, 두통, 열, 황달, 관절통	10~15일	주요 증상이 사라질 때까지
디프테리아	미열, 인후염, 기침, 쉰 목소리, 두통, 편도선 비대, 회색반점	2~4일	배양검사가 2회 이상 음성이 나올 때까지

출처: 영유아 전염성 질환 대책[별첨 4]

(2) 알레르기

① 소아 알레르기의 특성

현대화된 도시 환경에서 생활하는 아이들에게서 알레르기 발생이 증가하고 있다. 아이들에게 기생충 감염이나 홍역, A형 간염 및 세균성 감염병 발생이 감소하면서 오히려 알레르기 질환이 증가한다는 주장이 있고, 서구적인 식습관, 실내 · 외 알레르기 항원의 증가, 대기오염 등이 보조 요인으로 거론되고 있다.

영유아는 면역학적 특성 때문에 알레르기의 발생 위험이 매우 높으며 성장하면서 알레르기 증상이 다르게 나타나기도 하고 사라지기도 한다. 생후 2개월경부터 아토피 피부염으로 나타나기 시작하여 세기관지염을 앓고 돌 이후에 쌕쌕거림이 반복되는 기관지염이 재발되며 4~6세경에 전형적인 천식 증상을 나타내고, 이어서 알레르기 비염 증상이 주 증상이 된다. 또한 알레르기 질환과 구분이 어려운 증상을 나타내는 감염이 흔한 연령이므로 감별하기 어렵다. 아이들은 신체적으로 성인에 비해 흉곽이 약하므로 증상이 더 심하게 나타날 수 있으며 장기간의 약제 사용에도 제한이 많다.

② 식품 알레르기

• 식품 알레르기의 원인과 증상

식품 알레르기는 음식을 섭취했을 때 초래되는 원치 않는 반응 중 특정인에게서만 발생하는 면역학적인 과민반응이다. 우리나라 소아의 5~7%에서 식품 알레르기가 발생하며, 식품 알레르기의 원인 식품은 영아기에는 달걀 흰자, 우유, 땅콩, 호두, 밀가루, 콩 등이 흔하며 나이가 들면서 새우 등 갑각류, 견과류, 과일, 메밀 등이 문제가 되고 있다. 특히 문제를 일으키는 식품들은 급성장기에 있는 영유아에게 주요 영양원이 되는 우유, 달걀이 흔하므로 대체식을 통해 성장에 저해가 없도록 관리하고, 지나친 식품제한으로 인하여 다른 영양소들이 결핍되어 있는지도 주의해야 한다.

식품 알레르기의 증상은 급성 반응으로 두드러기, 혈관부종, 홍반 등 피부 증상이 흔하지만 피부 증상과 함께 구토, 복통, 설사 등 소화기 증상, 재채기, 콧물, 코막힘, 기침, 호흡곤란, 천명 등의 호흡기 증상, 실신, 저혈압 등 심혈관 증상 등이 복합적으로 나타나는 아나필락시스(전신 알레르기 반응)가 생명을 위협하는 심각한 증상으로 발생하기도 한다. 음식 섭취 후 수 분에서 두 시간 사이에 증상이 발생하며 특히 음식과 닿지 않은 부위에 발진이나 두드러기가 나오면서 목쉰소리, 기침이나 늘어짐이 나타나면 강력히 의심해 보아야 한다. 그 밖에 급성 반응은 아니더라도 아토피 피부염이 악화되거나 구토, 삼킴장애, 설사, 복통, 변비, 빈혈이나 잘 자라지 못하는 증상 등 지연성, 즉 세포매개면역반응이나 복합적인 반응을 일으키기도 한다.

영유아가 어린이집에 입소를 할 때 특정 식품에 한 알레르기가 있는지를 확인하도록 하여야 한다. 이미 가정에서 증상이 유발되어 진단받은 경우에는 그 식품을 피하도록 해야 한다. 알레르기 식품제가 시행되어 모든 식품에 흔한 알레르기 식품이 들어 있는지 표시하도록 되어 있으므로 아이들에게 사용하는 식품은 라벨의 작은 글씨까지 모두 읽어보아야 한다. 표시하여야 하는 식품은 계란, 우유, 메밀, 땅콩, 대두, 밀, 고등어, 게, 돼지고기, 복숭아, 토마토, 새우 등이다. 특히 우유는 카제인, 유청단백 등의 표현도 있고, 계란은 난백, 난황, 알부민 등으로 표기되기도 하므로 유의하여야 한다. 또한 우유와 성분이 비슷한 산양유, 땅콩과 비슷한 견과류, 새우나 게와 비슷한 바닷가재 등도 함께 유의하여야 한다.

식품 라벨을 꼭 확인하여 원인식품이 포함되지 않도록 주의하여야 하고, 식품을 조리할 때에도 원인식품을 조리 후 같은 조리기구에 다른 음식을 넣어 조리하는 경우에도 증상이 생길 수 있으므로 조리기구 사용에서부터 주의하여야 하며, 용기도 알레르기 유발식품을 담았던 것은 피하여야 한다. 만약 심한 아나필락시스가 발생한 경우 적절히 처할 수 있도록 대처방법을 미리 잘 숙지하여야 한다.

〈표 9-4〉 식품 알레르기 증상

두드러기 아토피 피부염 혈관 부종	구토 설사 복통	천식 비염	아나필락시스 (Anaphylactic shock) 후두 부종 저혈압
Cutaneous 피부	Gastrointesrinal 위장관	Respiratoty 호흡기	Other symptoms 전신적

출처: 식품의약품안전처(2016). 알아두면 힘이 되는 식품 알레르기 표시 바로알기.

• 식품 알레르기 관련 조치

식품 알레르기가 있다고 식품 제한에만 신경을 쓰다 보면 비타민, 무기질이 부족하거나, 전체적인 영양실조, 면역기능 저하의 위험성이 매우 높아진다. 제한 식품을 사용하지 않고, 대체식을 적절히 사용하여 균형 있게 영양소를 섭취할 수 있도록 해야 한다. 제한 식품에 따라 부족하기 쉬운 영양소가 있는 경우에는 이러한 영양소를 보충할 방안을 지도해야 한다.

〈표 9-5〉 대체식품

제한식품	피해야 할 식품	대체식품
우유	치즈, 아이스크림, 요구르트, 크림수프, 버터, 푸딩, 커스터드	두유
계란	계란이 든 국수, 마요네즈	계란이 들어 있지 않은 제과류
밀	튀김, 밀가루 든 과자, 파스타, 핫도그, 소시지	쌀빵, 떡, 옥수수, 보리쌀, 오트밀 시리얼, 당면
대두	간장, 참치통조림, 대두가 포함된 시리얼, 견과류, 두유, 마가린	견과류, 우유, 코코넛
옥수수	옥수수빵, 팝콘, 팬케이크 시럽, 사탕, 베이킹파우더	설탕, 메이플 시럽, 꿀, 베이킹소다

출처: 교육부(2016). 식품알레르기 교육 참고자료.

무엇보다 중요한 것은 식품 제한에 따른 영유아의 심리적 스트레스를 이해하는 것이다. 알레르기를 가진 영유아들이 경험하는 두려움, 슬픔, 분노, 외로움, 소외감을 공감해 주고, 영유아의 알레르기에 대해 설명할 때 사실만 이야기하는 것이 바람직하다. 예를 들면 "어쩌면 좋아, 큰일났네"보다는 "○○이는 땅콩에 알레르기가 있어서 땅콩이 들어간 음식을 먹어선 안 된다고 의사선생님께서 말씀하셨어"라고 이야기해 준다.

③ 아나필락시스

알레르기 반응에 의하여 피부, 호흡기, 소화기, 심혈관계 증상이 급격히 발생하는 매우 위험한 알레르기 현상이다. 식품에 의한 경우가 가장 흔하며, 원인식품으로는 우유, 달걀, 땅콩과 견과류, 밀, 메밀, 해산물, 육류, 과일 등의 순으로 알려져 있으나 어떠한 식품도 원인이 될 수 있다. 증상은 식품을 섭취하고 나서 수 분에서 수 시간 내에 나타나는데, 초기에 입 주위나 얼굴이 따끔따끔하고, 목과 가슴이 죄어드는 느낌 등이 나타난다. 얼굴이 붉어지고 두드러기와 함께 눈과 입술이 붓고 목소리가 변하며 숨을 들이쉴 때 쌕쌕 소리가 나고, 코가 막히고 눈 주위의 가려움을 호소한다. 복통과 설사를 초래할 수 있고, 혈압이 떨어지고, 맥박이 느려지고 약해지며 의식을 잃기도 한다. 심폐정지가 일어나면 사망할 수도 있다. 어떤 식품에 한 알레르기가 있는지를 정확히 미리 알고 이를 피하도록 하여야 한다. 증상이 나타나면 바로 응급조치를 하도록 하여야 한다.

(3) 예방접종

영유아기에 발병되는 전염성 질환들은 기본접종과 추가접종으로 어느 정도 예방이 가능하므로 적절한 시기에 필요한 예방접종을 하는 것이 중요하다. 하지만 예방접종은 종류마다 접종 시기가 다르므로 적절한 시기에 필요한 접종을 실시하는 것이 필요

〈표 9-6〉 표준예방접종일정표

질병관리본부 | KMA 대한의사협회 | 예방접종전문위원회

어린이가 건강한 대한민국

표준예방접종일정표(2017)

구분	대상 감염병	백신종류 및 방법	횟수	출생~1개월이내	1개월	2개월	4개월	6개월	12개월	15개월	18개월	19~23개월	24~35개월	만4세	만6세	만11세	만12세
국가예방접종	결핵 ①	BCG(피내용)	1	BCG(피내용) 1회													
	B형간염 ②	HepB	3	HepB 1차	HepB 2차			HepB 3차									
	디프테리아 파상풍 백일해	DTaP ③	5			DTaP 1차	DTaP 2차	DTaP 3차		DTaP 4차				DTaP 5차			
		Td / Tdap ④	1													Td / Tdap 6차	
	폴리오 ⑤	IPV	4			IPV 1차	IPV 2차	IPV 3차						IPV 4차			
	b형헤모필루스인플루엔자 ⑥	PRP-T / HbOC	4			Hib 1차	Hib 2차	Hib 3차	Hib 4차								
	폐렴구균	PCV(단백결합) ⑦	4			PCV 1차	PCV 2차	PCV 3차	PCV 4차								
		PPSV(다당질) ⑧	-										고위험군에 한하여 접종				
	홍역 ⑨ 유행성이하선염 풍진	MMR	2						MMR 1차					MMR 2차			
	수두	Var	1						Var 1회								
	A형간염 ⑩	HepA	2						Hep A 1~2차								
	일본뇌염	IJEV (사백신) ⑪	5						IJEV(사백신) 1~3차						IJEV(사백신) 4차		IJEV(사백신) 5차
		LJEV (생백신) ⑫	2						LJEV(생백신) 1~2차								
	사람유두종바이러스 ⑬	HPV 2 / HPV 4	2														HPV 1~2차
	인플루엔자	IIV (사백신) ⑭	-					IIV(사백신) 매년 접종									
		LAIV (생백신) ⑮	-										LAIV(생백신) 매년 접종				
기타 예방 접종	결핵 ①	BCG(경피용)	1	BCG(경피용) 1회													
	로타바이러스	RV1	2			RV 1차	RV 2차										
		RV5	3			RV 1차	RV 2차	RV 3차									

- 국가예방접종 : 국가가 권장하는 예방접종(국가는 감염병의 예방 및 관리에 관한 법률을 통해 예방접종 대상 감염병과 예방접종의 실시기준 및 방법을 정하고, 국민과 의료제공자에게 이를 준수토록 하고 있음)
- 기타예방접종 : 국가예방접종 이외 민간 의료기관에서 접종 가능한 예방접종

① BCG : 생후 4주 이내 접종
② B형간염 : 임산부가 B형간염 표면항원(HBsAg) 양성인 경우에는 출생 후 12시간 이내 B형간염 면역글로불린(HBIG) 및 B형간염 백신을 동시에 접종하고, 이후의 B형간염 접종일정은 출생 후 1개월 및 6개월에 2차, 3차 접종 실시
③ DTaP(디프테리아·파상풍·백일해) : DTaP-IPV(디프테리아·파상풍·백일해·폴리오) 혼합백신으로 접종 가능
④ Td / Tdap : 만 11~12세에 Td 또는 Tdap으로 추가 접종
⑤ 폴리오 : 3차 접종은 생후 6개월에 접종하나 18개월까지 접종 가능하며, DTaP-IPV(디프테리아·파상풍·백일해·폴리오) 혼합백신으로 접종 가능
※ DTaP-IPV(디프테리아·파상풍·백일해·폴리오) : 생후 2, 4, 6개월, 만4~6세에 DTaP, IPV 백신 대신 DTaP-IPV 혼합백신으로 접종할 수 있음. 이 경우 기초3회는 동일 제조사의 백신으로 접종하는 것이 원칙이며, 생후 15~18개월에 접종하는 DTaP 백신은 제조사에 관계없이 선택하여 접종가능
⑥ b형 헤모필루스 인플루엔자(Hib) : 생후 2개월~5세 미만 모든 소아를 대상으로 접종, 5세 이상은 b형 헤모필루스 인플루엔자균 감염 위험성이 높은 경우(겸상적혈구증, 비장 절제술 후, 항암치료에 따른 면역 저하, 백혈병, HIV 감염, 체액면역 결핍 등) 접종
⑦ 폐렴구균(단백결합) : 10가와 13가 단백결합 백신 간에 교차접종은 권장하지 않음
⑧ 폐렴구균(다당질) : 2세 이상의 폐렴구균 감염의 고위험군*을 대상으로 하여 건강상태를 고려하여 담당의사와 충분한 상담 후 접종
※ 폐렴구균 감염의 고위험군
- 면역 기능이 저하된 소아 : HIV 감염증, 만성 신부전과 신증후군, 면역억제제나 방사선 치료를 하는 질환(악성 종양, 백혈병, 림프종, 호치킨병) 혹은 고형 장기 이식, 선천성 면역결핍질환
- 기능적 또는 해부학적 무비증 소아 : 겸상구 빈혈 혹은 헤모글로빈증, 무비증 혹은 비장 기능장애
- 면역 기능은 정상이나 다음과 같은 질환을 가진 소아 : 만성 심장 질환, 만성 폐 질환, 당뇨병, 뇌척수액 누출, 인공와우 이식 상태
⑨ 홍역 : 유행 시 생후 6~11개월에 MMR 백신 접종이 가능하나 이 경우 생후 12개월 이후에 MMR 백신 재접종 필요
⑩ A형간염 : 생후 12개월 이후에 1차 접종하고 6~18개월 후 추가접종(제조사에 따라 접종 시기가 다름)
⑪ 일본뇌염(사백신) : 1차 접종 후 7~30일 간격으로 2차 접종을 실시하고, 2차 접종 후 12개월 후 3차 접종.
⑫ 일본뇌염(생백신) : 1차 접종 후 12개월 후 2차 접종
⑬ 사람유두종바이러스 : 만 12세에 6개월 간격으로 2회 접종(2가와 4가 백신 간 교차접종은 권장하지 않음)
⑭ 인플루엔자(사백신) : 6~59개월 소아의 경우 매년 접종 실시. 이 경우 접종 첫 회에는 1개월 간격으로 2회 접종하고 이후 매년 1회 접종(단, 인플루엔자 접종 첫 해에 1회만 접종받은 경우 그 다음해 1개월 간격으로 2회 접종)
⑮ 인플루엔자(생백신) : 24개월 이상부터 접종 가능하며, 접종 첫해에는 1개월 간격으로 2회 접종하고 이후 매년 1회 접종(단, 인플루엔자 접종 첫 해에 1회만 접종받은 경우 그 다음해 1개월 간격으로 2회 접종)

출처: 질병관리본부, 대한의사협회, 예방접종전문위원회(2020). 표준예방접종일정표.

하다. 어린이집에서는 예방접종에 관한 안내문이나 정보를 부모들이 쉽게 볼 수 있는 장소에 게시하거나 가정통신문을 통하여 부모들에게 예방접종 시기와 백신 종류를 알려주도록 한다. 영유아에게 예방접종을 하기 전에 소아과 전문의의 검진을 받아 이미 감염된 질병 혹은 열은 없는지, 이전에 예방접종을 했을 때 특이한 반응은 없었는지 알아본 후 접종하도록 한다.

(4) 환아 관리

① 투약의뢰서 구비

영유아에 대한 해열제나 소화제와 같은 투약은 반드시 부모의 동의하에 이루어져야 하므로, 교직원 교육과 지침을 만들고 이를 숙지하도록 한다. 따라서 투약의뢰서는 지정된 양식으로 정확하게 기록하고 투약의뢰서가 없는 경우에는 약을 투약하지 않는다.

〈표 9-7〉 **투약의뢰서 예시**

투약의뢰서	투약확인서
금일 투약을 의뢰합니다. 원 아 명 : 원아증상 : 약의종류 : □ 물약 □ 가루약 □ 연고 보관방법 : □ 상온 □ 냉장 투약시간 : 시 분 투약횟수 : 회 투약용량 : 20 년 월 일 요일 투약으로 인한 책임은 보호자(의뢰자)가 집니다. 의뢰자 (사인)	자녀의 투약을 보호자의 의뢰에 따라 아래와 같이 투약하였음을 알려드립니다. 원 아 명 : 원아증상 : 약의종류 : □ 물약 □ 가루약 □ 연고 보관방법 : □ 상온 □ 냉장 투약시간 : 시 분 투약횟수 : 회 투약용량 : 20 년 월 일 요일 담당자 (사인) ○○○ 어린이집

② 비상약품 및 간이 의료기구 구비

비상약품은 용도별(실내용, 실외용)로 구비하여 활용하고, 약품은 영유아 손이 닿지 않는 곳에 잠금장치를 하여 보관한다. 약품은 종류별로 사용(유효)기한을 표기하는데, 약품용기는 분실될 우려가 있으므로 약품에 직접 사용(유효)기간을 표시하고, 사용(유효)기간이 지나거나 표시가 없는 약품은 사용하지 않는다. 투약하는 약은 상온, 냉장보관 등 보관방법에 따라 보관하며 냉장보관약품은 뚜껑이 있는 용기나 지퍼락에 보관한다. 또한 구비약품목록을 작성하여 약품과 함께 보관한다.

〈표 9-8〉 **비상약품 및 간이 의료기구로 갖추어야 할 내용물**

비상약품(외용재)	간이 의료기구
항생재 외용연고, 근육용 마사지 연고, 생리식염수, 벌레 물린 데 바르는 연고	붕대, 거즈, 소독솜, 삼각붕대, 탄력붕대, 칼, 가위, 핀셋, 반창고, 일회용 장갑, 일회용 반창고, 부목류, 체온계

출처: 어린이집 안전공제회(2019). 건강 · 환경 · 위생 · 급식.

(5) 건강주치의제도

지역사회 보건소 및 의료기관의 재능기부를 활용하여 질환 조기발견, 질병 예방교육, 예방접종 및 정기 건강검진 등을 통해 어린이집 영유아의 건강증진 도모를 목적으로 한다.

추진방안을 지방자치단체, 어린이집, 의료기관별로 살펴보면 다음과 같다.

지방자치단체에서는 지역의사회 등 의료단체와 긴밀히 협의, 주치의제에 참여할 의료기관 파악 및 관련 정보 제공 등 의료기관–어린이집 간 협약 체결 지원 및 독려한다. 어린이집에서는 보호자의 의견을 수렴하고, 접근성 등을 고려하여 의료기관(주치의) 선정 및 상호 협약을 체결하고, 의료기관(주치의)에서는 질병예방을 위한 영유아 · 교직원 교육을 실시하고 의료법 등 관련 법령 규정 범위 내에서 영유아에 대한 건강검진 등 서비스를 제공한다.

(6) 보육교직원의 건강진단

어린이집 보육교직원 및 어린이집에서 함께 거주하는 자는 연 1회 이상 건강진단을 실시한다.

4) 위생관리

(1) 실내·외 청소 및 소독

모든 실내공간은 매일 청소 및 정리정돈을 실시하고 정기적인 소독과 대청소를 실시하여 청결 상태를 유지한다. 모든 실내 설비 및 비품도 청결을 유지하여야 한다. 실외공간이 청결하게 유지되도록 하며 해충이 발생하지 않도록 하는 것도 중요하다.

(2) 침구

모든 영유아는 개별 침구를 사용하고, 정기적으로 주 1회 이상 세탁한다. 여분의 침구를 구비하고, 사용한 침구는 매회 세탁한다. 침구보관장에 먼지, 오물이 없어야 하고, 침구와 다른 물건들을 함께 보관하지 않는다.

(3) 놀잇감

영유아가 활동하는 공간에 있는 놀잇감을 정기적으로 세척 및 소독해야 한다. 특히 입에 넣기 쉬운 영아용 놀잇감은 놀이가 끝나면 별도의 바구니에 분리하여 세척하여 청결한 상태를 유지하는 것이 필요하다. 또한 놀잇감 재질에 따라 적절한 방법으로 세척한다.

〈표 9-9〉 재질에 따른 세척방법

구분	세척방법
원목 및 나무 놀잇감	물수건으로 가볍게 닦아서 건조
헝겊 놀잇감	수시로 먼지 털고, 자주 세탁
플라스틱 놀잇감	따뜻한 비눗물에 담가 세척한 후 말림
고무 놀잇감	영유아용 세제 등을 이용하여 스펀지로 닦고 말림
블록 놀잇감	블록 표면의 먼지나 얼룩은 물수건으로 닦고 틈새는 면봉, 칫솔로 닦음

(4) 화장실

정기적으로 청소와 소독을 하며, 바닥은 물기가 없어야 하고 마른 수건과 비누, 휴지가 늘 비치되어 있어야 한다.

(5) 기저귀 가는 공간

기저귀 가는 공간에 기저귀, 옷가지, 물휴지 등 비품을 갖추도록 하고 영아들이 이동식 기저귀 갈이대를 밟고 다니지 않도록 위생적으로 보관한다. 기저귀를 갈 때마다 기저귀 갈이대를 닦고 소독하는데, 기저귀 갈이대 위에 종이타월 등 별도의 깔개를 사용하는 경우에도 기저귀를 갈 때마다 깔개를 교체한다. 사용한 기저귀나 물휴지 등은 즉시 뚜껑이 있는 쓰레기통에 버리고 쓰레기통을 자주 비워서 보육실 내 악취가 나지 않도록 한다.

어린이집에서 감염성 질병에 걸리거나 전파시키는 것을 줄이는 감염 예방 및 관리를 위한 일반적인 지침은 다음과 같다.

- **화장실 또는 배변훈련 장소**: 매일 1회 이상 깨끗한 상태가 유지되도록 청소하고 소독해야 한다.
- **기저귀 교환 장소**: 사용할 때마다 청소하고 소독을 해야 한다. 아이의 어깨부터 발까지 덮을 수 있을 만한 크기의 방수포로 표면을 덮어야 하며, 사용 후 버려야 한다. 표면이 젖거나 더럽혀지면 바로 청소해야 한다. 기저귀 교환 장소는 음식을 준비하는 장소와 떨어져 있어야 하며 절대 이곳에 음식이나 음료, 식기를 임시로라도 두지 않도록 한다. 기저귀를 교환한 후 손을 씻는 세수대는 음식을 준비하는 공간에 있으면 안 된다.
- **기저귀 교환방법**: 기저귀 교환 장소에 기저귀 교환 절차를 붙여놓는다. 1회용 기저귀는 뚜껑이 있고 손을 갖다 댈 필요가 없는 전용 플라스틱 폐기통에 버린다. 소변이나 변은 기저귀 밖으로 새지 않게 주의하며 주변 환경이나 다른 사람에게 닿지 않도록 한다. 만약 옷에 소변이 묻은 경우 따로 보관하여 집으로 보내어 세탁하게 한다. 기저귀 교환 후에 교환한 어른과 아이 모두 손을 비누로 씻는다.
- **화장실**: 어린이에게 맞는 크기의 변기 또는 어린이 보조시설이 갖춰진 변기 사용을 권장한다.
- **손 위생**: 손 위생 절차를 문서화하여 갖추고 관리해야 한다. 손을 씻을 수 있는 세수대가 화장실과 기저귀 교환 장소 바로 근처에 있어야 하며, 매일 1회 이상 청소 및 소독을 시행해야 하고, 절대 음식을 준비하는 용도로 쓰지 말아야 한다. 아이들 키에 맞는 높이의 세수대, 비누, 종이 수건이 위치해야 한다.
- **개인위생 관리**: 직원과 어린이들을 위한 개인위생 관리 정책을 문서화해야 한다.
- **환경위생 관리**: 환경위생 관리 정책을 문서화한다. 매일 바닥과 물품 보관상자를 청소하고, 놀이탁자를 청소 및 소독해야 하며, 만약 혈액이나 체액이 떨어진 곳이 있다면 그때 바로 청소 및 소독을 시행한다.
- **침구**: 각 침구는 한 명의 어린이만 사용하도록 하며 매주 혹은 다른 어린이가 사용하기 전에 세탁해야 한다. 아기 침구의 매트리스 표면은 방수가 되고 닦아 내기 쉬워야 한다. 만약 젖거나 오염된 경우 세탁하고 소독한다.

- **장난감 관리**: 장난감이 어린이의 입에 닿았거나 다른 체액으로 오염된 경우, 다른 아이에게 닿기 전에 물과 세제로 닦고 소독한 후 공기에 건조해야 한다. 3세 미만의 아이들이 가지고 노는 장난감은 매일 세척하고 소독해야 한다. 부드러우면서 세탁이 불가능한 장난감은 놓아두지 않는다. 3세 이상의 어린이들의 장난감은 최소 주 1회, 또는 오염되었을 경우 세척해야 한다.
- **음식 준비**: 음식 준비 전 꼭 비누와 물을 사용하여 손을 씻어야 하고, 음식을 준비하거나 식사하는 장소는 사용할 때마다 닦고 소독해야 한다. 구토, 설사, 황달 또는 감염성 피부 질환이 있는 사람은 음식을 준비하지 말아야 한다. 원칙적으로는, 어린이들의 기저귀를 교환하는 직원들은 음식을 준비하지 않아야 한다. 불가피하게 해야 한다면, 음식을 준비하고 난 다음에 기저귀를 교환해야 하며, 꼭 철저하게 손을 씻는다.
- **예방접종**: 국가예방접종 정책에 맞는 문서화된 정책을 갖춰야 한다. 주기적으로(최소 매년 1회) 어린이와 직원들의 예방접종 기록을 확인해야 한다. 어린이들은 매년 인플루엔자 백신을 포함하여 나이에 맞는 예방접종을 해야 한다.
- **모유 수유**: 모유를 보관하여 영아에게 수유하는 경우, 모유 관리에 대한 문서화된 정책을 마련해야 한다. 다른 아이에게 잘못 수유하는 일이 없도록, 꼼꼼하게 이름을 붙이고, 보관하고, 해당 영아에게 주기 전에 확인하는 절차를 거쳐야 한다. 또한 이에 대한 모니터링이 이루어져야 한다.

출처: 영유아 건강관리 가이드북 유치원, 어린이집용(2017), 육아정책연구소.

5) 건강지도

(1) 손씻기

대부분의 감염성 질병은 호흡기로 침입하기보다는 바이러스가 묻은 손을 눈이나 코, 입으로 감염되는데, 올바른 손씻기는 감염성 질환의 70%를 예방할 수 있다. 따라서 손씻기의 중요성, 올바른 손씻기 방법, 손을 씻어야 할 때를 반복적으로 지도하여 습관으로 형성할 수 있도록 한다.

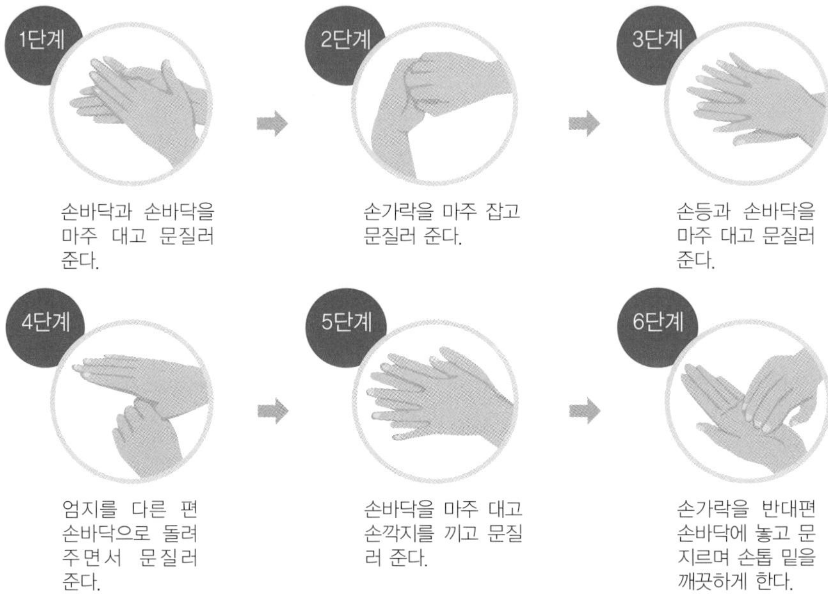

〈그림 9-1〉 올바른 손 씻기 6단계

출처: 한국보육진흥원(2020). 어린이집 평가지표와 함께 하는 감염병 예방을 위한 어린이집 건강수칙.

〈표 9-10〉 영유아와 교사가 손을 씻어야 하는 상황

영유아가 손을 씻어야 하는 상황	교사가 손을 씻어야 하는 상황
• 음식을 먹기 전(점심식사, 오전 · 오후 간식 전) • 바깥놀이 후 • 대소변 이후 • 기타 - 손이 더러운 경우 - 애완동물을 만진 후 - 피, 토사물, 코 흘린 것 등 신체 분비물을 만진 후	• 영유아에게 음식을 먹이기 전(점심식사, 오전 · 오후 간식 전) • 음식을 다루거나 먹고 마실 때 • 바깥놀이 후 • 변기 사용 후, 기저귀를 갈아주거나 영유아의 변기 사용을 도와준 후 • 기타 - 투약을 하기 전(특히, 안약 투약 전) - 상처를 소독하거나 밴드를 붙이기 전 - 애완동물을 만진 후 - 쓰레기통을 만지거나 사용한 후 - 피, 토사물, 코 흘린 것 등 신체 분비물을 만진 후 - 손이 더러운 경우 등

출처: 보건복지부, 한국보육진흥원(2019). 2019 어린이집 평가매뉴얼.

(2) 이 닦기

영유아의 치아는 성장과 발육에 필요한 영양분을 섭취하는 소화의 첫 단계이다. 손상된 치아를 지닌 영유아는 음식물을 씹는 데 고통을 느끼게 되어 연한 음식만을 찾게 되므로 편식이 발생하여 균형 있는 식생활이 어려워진다. 영유아의 치아는 영구치의 정상적 성장을 위한 길 안내자이다. 만약 유치가 일찍 손상되거나 빠져버리면 이웃한 치아가 쓰러지거나 위치가 변하게 되어 영구치의 자리가 막히거나 치열이 가지런하지 못하게 된다. 또한 영유아의 치아는 발음을 배우는 데 중요한 역할을 하므로 치아관리는 중요하다.

적절한 양치 방법

① 이와 잇몸이 접히는 곳에서 칫솔의 털을 45도 각도로 향하게 한다. 즉, 윗니는 위에서 아래로, 아랫니는 아래에서 위로 손목을 돌려 칫솔의 탄력을 이용하여 털어내듯 닦는다.
② 잇몸도 닦도록 한다.
③ 음식을 씹는 면을 닦는다.
④ 혓바닥을 닦는다.
⑤ 이를 닦는 일정한 순서를 각자 정하여 따르도록 돕는다.
예를 들어, 오른쪽 윗니의 안쪽 면 → 오른쪽 윗니의 바깥쪽 면 → 양쪽의 씹는 표면 → 혓바닥과 같은 순서를 따를 수 있다. 또는 유아의 이는 크기가 작으므로 아래윗니를 맞물리게 하고 바깥쪽 면을 닦은 뒤 이의 안쪽 면을 닦을 수 있다.

출처: 어린이집 안전공제회(2019). 건강 · 환경 · 위생 · 급식.

(3) 배변

대소변은 영유아의 건강 상태를 알 수 있는 근거가 된다. 따라서 영아의 경우 기저귀를 간 횟수나 변의 상태를 관찰하고 기록한다. 배변훈련이 완전하게 이루어지기까지는 상당한 시행착오와 시간이 필요하다는 것을 교사가 인식해야 하며, 영유아가 실수할 때에는 여벌의 옷을 두었다가 갈아입히는 등 수치심을 느끼지 않도록 한다.

(4) 낮잠과 휴식

낮잠과 휴식은 하루 일과 중 쌓인 피로를 회복하고 에너지를 재충전하며 심신을 완화시켜 주기 위해 필요하다. 낮잠을 잘 때에는 실내 조명, 온도와 소음 등을 조절하여 편안한 분위기에서 잠들 수 있는 환경을 마련해 준다. 또한 낮잠 직전에는 영유아들이 화장실을 다녀오도록 하며, 낮잠에서 깨어나면 심리적인 안정감을 갖도록 따뜻하게 안아준다. 낮잠을 원하지 않는 영유아에게는 강요하지 않고 잠자는 다른 영유아에게 방해되지 않게 조용한 활동을 하거나 휴식을 취할 수 있도록 배려한다.

2. 영양

영양은 한 인간을 건강하게 성장 · 유지할 수 있게 하는 중요한 기본 조건이다. 특히 영유아기의 영양 상태는 평생을 좌우하며, 면역력과 질병으로부터 저항력을 기르기 위해서 좋은 영양 상태는 필수적이다. 충분한 영양 상태는 영유아가 어린 시기에 성인의 일방적인 지도 차원에서 벗어나 점차로 영유아의 선택에 의해서 결정된다. 따라서 식생활에 대한 올바른 이해와 태도, 영양에 관한 지식교육을 영유아기부터 시작하여야 한다.

1) 영양관리

(1) 성장시기별 영양관리의 중요성

영아의 성장 속도는 어느 시기보다 빠르다. 생후 4~6개월에 출생 체중의 2배, 생후 12개월에는 출생 체중의 3배, 출생 신장의 2배가 된다. 5~6개월까지는 모유나 조제유로 필요한 에너지와 영양소를 얻을 수 있지만, 그 후에는 이유식으로 바꾸는 영양공급의 변화가 필요하다. 영아기에 공급되는 에너지와 단백질 등 각종 영양소의 양은 적절한 성장과 발육을 촉진하기 위하여 충분하게 공급하되 영아의 소화와 배설능력을 초과하지 않아야 한다(식품의약품안전처, 2017).

유아기 성장 속도는 영아기에 비해 비교적 완만하나 성장 발육은 여전히 왕성하므로 단백질, 무기질, 비타민 요구량이 증가한다. 유아기를 통해서 어린이의 사회화가 계속적으로 이루어진다. 또래집단의 식습관이 유아에게 크게 영향을 미치며 유아의 건강과는 직접적으로 연관되며 길게는 평생의 식습관 형성에 영향을 미치게 된다. 영아에 비해 식욕이 감소하거나 불규칙한 경우가 흔하며 음식에 대한 관심이 적어진다. 유아가 음식에 대한 흥미가 떨어지면 다양한 종류의 영양가 있는 음식을 제공하고, 쾌적한 식사환경을 조성한다. 음식 선택과 섭취를 강요해서는 안 되며, 다양한 식품의 종류와 색, 모양 등에도 신경을 쓰면 유아의 창의력과 정서발달에도 도움을 줄 수 있다. 유아기 영양의 문제점으로 다음과 같은 점을 유의해야 한다.

첫째, 이 시기에는 몇 가지 음식만을 계속 먹는 '음식의 탐닉' 현상이 빈번하게 나타나기도 하지만, 식품에 대한 수용과 거부가 신속히 변화되는 시기이므로 체계적인 식생활 교육이 필요하다.

둘째, 배고픔을 훨씬 덜 느끼게 되므로 영양섭취가 적절하도록 식사지도를 해야 한다. 특히 식품 다양성과 적정한 분량의 균형잡힌 식사를 제공하는 것이 무엇보다 중요하다.

셋째, 사회적 환경 변화로 아침 결식, 편식과 비만 등의 문제가 증가하고 있으며,

가정에서의 올바른 식습관 지도 및 식사예절의 부재가 나타나고 있다.

넷째, 고려해야 할 영양문제로는 칼슘, 철 등 미량 영양소 섭취 부족과 에너지 과잉 섭취 등의 영양 불균형을 들 수 있다.

마지막으로, 최근 유아기 영양의 문제는 소식과 편식으로 인한 영양결핍의 문제와 과식으로 인한 영양과잉 또는 비만의 문제로 양분되어 있다. 유아는 아직 음식 섭취량을 스스로 조절 · 관리할 능력이 없으므로, 부모와 어린이집 등의 책임이 크다(육아정책연구소, 2017).

(2) 영유아 영양섭취기준

영양섭취기준은 성별과 연령에 맞게 섭취해야 하는 영양소의 기준량을 의미한다. 이는 필요한 영양소뿐만 아니라 영양소의 과다섭취와 질병의 예방까지도 고려하여 만들어졌다. 영유아 단체급식을 위한 식사를 계획하거나 평가할 때 에너지 및 주요 영양소들의 1일 영양섭취기준은 다음과 같다.

〈표 9-11〉 영유아의 영양섭취기준

항목/연령	0~5개월	6~11개월	1~2세	3~5세
에너지(kcal)	550	700	1,000	1,400
단백질(g)	10	15	15	20
칼슘(mg)	210	300	500	600
철(mg)	0.3	6	6	6
비타민A(㎍RE)	300	450	300	350
티아민(mg)	0.2	0.3	0.5	0.5
리보플라빈(mg)	0.3	0.4	0.5	0.6
비타민C(mg)	35	45	35	40

출처: 보건복지부(2015)

〈표 9-12〉 영유아 영양소 섭취기준 에너지 적정비율

영양소	에너지 적정비율	
	1~2세	3~5세
탄수화물	55~65%	55~65%
단백질	7~20%	7~20%
지방	20~35%	15~30%

출처: 2015 한국인 영양소 섭취기준.

2) 식습관지도

영유아의 미각이나 음식에 대한 호기심을 고려하여 편식이나 결식이 우리 몸에 주는 영향을 이해하도록 지도한다. 영유아들이 싫어하는 음식이나 낯선 음식에 대한 거부 반응은 단계적으로 서서히 고쳐지도록 한다.

식습관 지도 시 주의하세요

- 식습관 지도를 위해 음식을 보상이나 처벌의 수단으로 사용하지 않아요.
- 영유아가 좋아하지 않는 음식이나 바닥에 흘린 음식을 억지로 먹이지 않아요.
- 영유아에게 일정량을 반드시 다 먹도록 강요하지 않아요.

3) 급식관리

(1) 급식

영유아들은 어린이집에서 하루 중 긴 시간을 머무르기 때문에 영양의 균형을 고려한 안전한 급 · 간식을 제공받아야 한다. 이를 위해 영유아가 필요한 영양을 섭취할 수 있

도록 영양사가 작성한 식단에 의해 급식을 공급하고, 영양사를 두고 있지 않은 100인 미만의 영유아 어린이집은 육아종합지원센터, 어린이급식관리지원센터에서 작성한 급 · 간식 식단표를 사용하여야 하며, 어린이집에서 직접 조리하여 제공해야 한다. 배식할 음식은 여분이 있어 더 먹기를 원하는 영유아에게는 추가로 배식하고, 제공된 음식물은 조각이 크지 않아 영유아가 쉽게 먹을 수 있어야 하며, 지나치게 뜨겁거나, 차갑거나, 맵고 짜지 않게 조리되어 자극적이지 않아야 한다.

(2) 보충식

① 간식

간식은 필요한 영양소를 공급해 주면서 정규 식사에 영향을 미치지 않도록 포만감이 작아야 한다. 오전과 오후 간식에 정식 식사 메뉴를 생각하여 빵과 면, 쌀로 만든 죽과 떡이 하루에 겹쳐서 제공되지 않도록 한다. 간식이 당류의 주요 공급원인 점을 고려하여 간식 선택 시 영양 표시를 반드시 확인하여 당류와 나트륨 함량이 적은 식품을 제공하고, 고열량 · 저영양 식품 및 부정불량식품 등은 배제한다(보건복지부, 2011).

② 이유식

이유식은 고형식으로 바뀌어가는 시기에 주는 영양보충식이다. 영아는 4~6개월이 되면 모유나 조제유만으로 영양분을 충분히 공급받을 수 없기 때문에 이유식을 먹는다. 이유식은 영아의 월령, 가정 내에서의 이유식 정도, 유동식과 고형식에 대한 선호 등의 개인적 취향, 알레르기 반응, 영양의 균형 등을 고려하여 여러 가지 맛을 경험할 수 있도록 한다. 처음 이유식을 시작하는 영아의 경우 맛보기의 개별 활동을 통해 이유식을 자연스럽게 유도할 수 있다. 가정에서 가져온 이유식이나 모유 등은 영아의 이름을 써서 냉장고에 보관하며, 수유 및 식사 후에는 먹은 양, 시간 등을 일일보고서에 기록하여 귀가 시 부모가 참고할 수 있도록 한다.

(3) 식단 작성

아침, 점심, 저녁의 영양량 배분은 1:1:1 또는 1:1.5:1.5 등으로 한다. 1일 1식만 제공하는 경우에는 1/3을 제공한다. 영유아 급식의 경우 점심 1식과 간식 2회를 제공하는 경우가 많으므로 점심 급식에는 1일 영양섭취 기준에서 간식으로부터 얻는 양을 제외한 양의 1/3을 제공하는데, 일반적으로 1일 필요에너지의 25~30% 정도를 섭취하도록 계획한다.

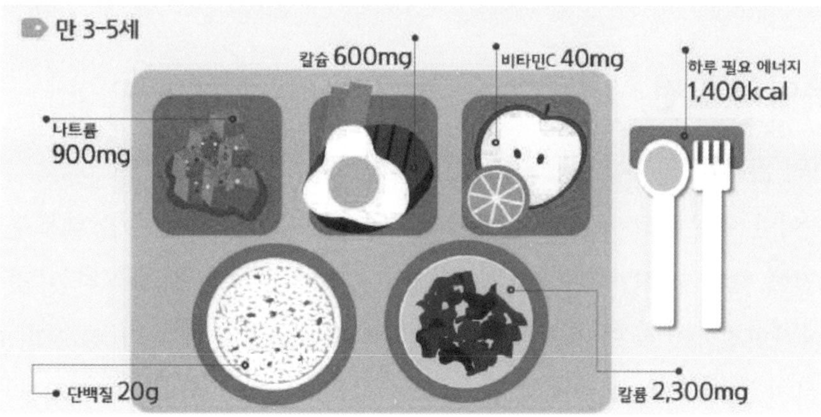

〈그림 9-2〉 **영유아의 1일 식단 구성안**

출처: 서울시식생활종합지원센터(2017). 영유아 급식의 나트륨 줄이기 실천방법.

- 성장기에 있는 유아의 신체발육에 필요한 칼슘과 양질의 단백질이 충분히 함유되도록 식단을 구성한다.
- 다양한 식품으로 식단을 구성하여 영양소를 골고루 섭취하도록 하고 1일 열량필요량 1/3은 점심으로, 10~15%는 간식을 통해 공급되도록 한다.
- 매끼 적어도 한 가지 음식은 만족감을 주는 음식, 적어도 한 가지는 씹는 음식과 더운 음식으로 계획한다.
- 부드러운 음식과 질감이 아삭한 음식을 같이 사용하거나 번갈아 사용한다.
- 색, 형태, 음식의 배열 등 음식을 적절히 변화시킴으로써 항상 새로운 느낌을 주는 식단을 구성한다.

출처: 서울특별시학교보건진흥원(2012). 유치원 급식 운영관리 매뉴얼.

3. 안전

영유아를 안전하게 보호 · 양육하기 위해 가장 우선시되어야 하는 것은 보육공간을 안전하게 생활할 수 있는 환경으로 조성하고, 그 속에서 가정과 연계된 안전생활습관을 형성하도록 하는 것이다. 그러므로 어린이집 공간에 대한 위험요인을 파악하여 대비하고, 일상생활 속에서 발생할 수 있는 안전사고를 줄이기 위해 노력해야 한다.

1) 영유아의 안전

(1) 안전의 필요성

안전(安全)이란 평온하고 무사한 상태를 말한다. 영유아의 안전은 상해로부터 영유아 스스로 안전에 대한 지식, 태도, 그리고 기능을 갖추어 자신을 보호하는 것을 의미한다. 또한 어린이집에서는 영유아에게 안전한 환경을 제공할 의무가 있으며, 위급한 상황이 발생하면 그에 대해 대처해야 할 의무가 있다. 따라서 어린이집에서는 보다 체계적으로 영유아의 안전교육을 실행하는 것이 필요하며, 날마다 일상생활 속에서 영유아들에게 안전한 생활이 습관화될 수 있도록 교육하는 것이 중요하다.

(2) 영유아의 특성과 안전사고

연령별 안전사고의 유형과 건수는 다음과 같다.

〈표 9-13〉 연령별 안전사고 유형의 분포(2018년 통계자료)

구분	1군	2군	3군	4군	5군	6군(기타)
세부 사고 유형	넘어짐 떨어짐 미끄러짐	물체에 부딪힘 사람에 부딪힘	꼬집음/물림/할퀴/당김	화상	이물질 삼킴(삽입) 및 흡입/음식물 섭취	끼임/눌림/찔림/베임/기타
비율	7,318건 (35.4%)	6,596건 (31.9%)	2,172건 (10.5%)	432건 (2.1%)	543건 (2.6%)	3,588건 (17.4%)
0~1세	947건	751건	447건	116건	35건	374건
만 2세	1.865건	1,447건	880건	94건	100건	790건
만 3세	1.721건	1,558건	481건	99건	155건	777건
만 4세	1.217건	1,199건	198건	50건	128건	673건
만 5세 이상	1,568건	1,641건	166건	73건	125건	974건

출처: 어린이집안전공제회(2020). 어린이집 사고 예방 및 대응.

〈0~1세 사고비율 대비 유형별 사고율〉

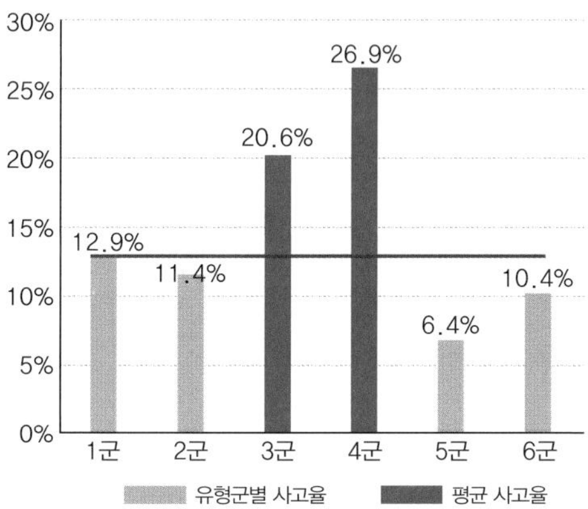

※ 0~1세 영아의 사고비율은 12.9%(2,670건/20,649건)임.
(참고 : 현원 비율은 31.5%)
※ ─── 평균사고율 이상 유형군

① 0~1세 사고 유형

화상 사고(4군) 발생률이 특히 높게 나타났다. 감정조절능력이 부족한 시기로 또래 간 의사소통이 수월하지 않아 꼬집음/물림/할퀴/당김(3군) 사고 발생률이 높게 나타났고, 신체조절능력이 능숙하지 못하여 넘어짐/떨어짐/미끄러짐(1군) 및 물체나 사람에 부딪힘(2군) 사고 발생률도 비교적 높은 수준을 보였다.

〈2세 사고비율 대비 유형별 사고율〉

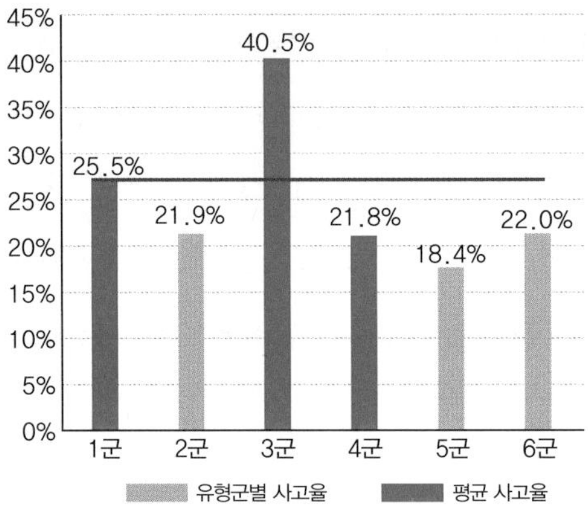

※ 2세 영아의 사고비율은 25.1%(5,176건/20,649건)임.
(참고 : 현원 비율은 28.1%)
※ ─── 평균사고율 이상 유형군

② 2세 사고 유형

감정조절능력이 부족한 시기로 또래 간 의사소통이 수월하지 않아 꼬집음/물림/할큄/당김(3군) 사고 발생률이 가장 높게 나타났고, 화상 사고(4군) 발생률이 높게 나타났다. 또한 신체조절능력이 능숙하지 못하여 넘어짐/떨어짐/미끄러짐(1군) 사고가 물체나 사람에 부딪힘(2군) 사고보다 상대적으로 많이 일어났다.

〈3세 사고비율 대비 유형별 사고율〉

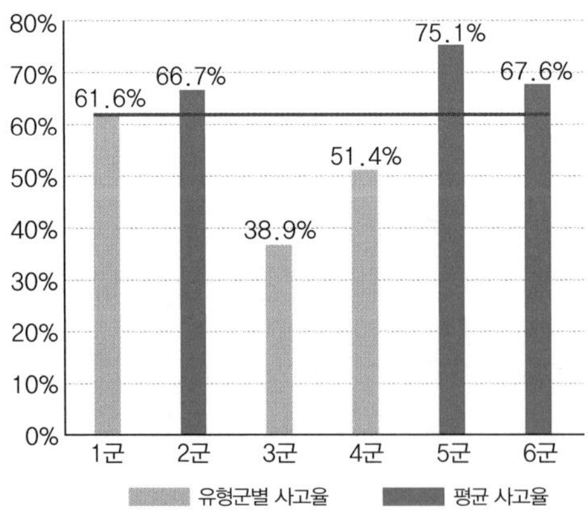

※ 3세 이상 유아(아동)의 평균사고율은 62.0%(12,803건/20,649건)임.
(참고 : 현원 비율은 40.4%)
※ ─── 평균사고율 이상 유형군

③ 3세 이상 사고 유형

이물질 삼킴(삽입) 및 흡입, 음식물 섭취(5군) 사고 비중(위험도)이 가장 높게 나타났다. 신체활동성이 높아지고 활동영역 및 공간이 늘어남에 따라 끼임/눌림/찔림/베임 및 기타 사고(6군)의 비중도 높아지고 있다. 또한 대근육의 발달 등 신체움직임이 활발해짐과 함께 충돌 사고(2군)가 높게 나타났다.

(3) 안전사고 유형별 특성과 예방법

① 유형 1군(넘어짐/떨어짐/미끄러짐, 35.4%) : 전 연령대에서 골고루 발생

행동범위나 움직임이 상대적으로 제한적이고, 주변 대상들에 대한 모방행동이나

즉흥적 놀이를 많이 하게 되는 만 2세 이하 영아들에게 주로 발생한다. 연령별 특성을 감안한 예측과 예방조치가 필요하며, 안전한 장소에서 놀이할 수 있도록 보육실 환경 점검과 배치, 안전한 놀이행동 및 상황 관찰이 필요하다.

② 유형 2군(물체/사람에 부딪힘, 31.9%) : 전 연령대에서 골고루 발생

대근육의 발달로 신체움직임은 활발해지는 반면, 자기 중심적인 상황판단이나 좁은 시야가 지속되는 만 3세 이상 유아들에게 충돌사고(부딪힘)가 자주 발생한다. 생활안전에 대한 반복적인 안전교육이 이루어져야 한다.

③ 유형 3군, 4군 : 특히 영아기 발달 특징과 연관

유형 3군(꼬집음/할큄/물림/당김)은 감정조절능력이 미숙한 상황에서 놀이 중 상대 아동에게 상해를 입히는 경우로 보여진다. 의사소통이 수월하지 않은 만 2세 이하에서 많이 나타난다. 유형 4군은 호기심이 왕성하고 예측 불가한 행동들이 빈번한 만 0~1세에서 월등히 높은 비중을 차지한다. 대부분 보육교직원의 부주의(뜨거운 음료, 글루건 등)와 관련된 사고로 이에 대한 인식과 철저한 주의가 필요하다.

④ 유형 5군(이물질 삼킴(삽입) 및 흡입/음식물 섭취)

영아기의 구강기적 특징과 연관지어 볼 수도 있겠으나, 실제 안전사고 접수 사례들은 주로 유아들에 의한 교구 삼킴(예: 역할놀이 관련 음식 재료 교구 등)이나 동전/건전지 등의 삼킴/삽입, 음식물 섭취로 인한 사례가 발생하였다.

⑤ 유형 6군

끼임, 찔림, 베임, 기타 야외 사고(물에 빠짐 등)나 교통사고 등으로 전 연령기에 걸쳐 나타났다. 활동영역 및 반경이 확대되는 영유아기 특성이 주요 원인으로 파악된다. 또

한 영유아는 사고가 일어날 수 있는 상황에 대한 지식과 상황판단능력이 아직 부족하므로, 보육교사는 영유아에게 발생될 수 있는 위험한 상황에 대해 예측하여 영유아와 함께 사전에 예방하는 방법을 공유하는 등 지속적으로 주의를 기울이도록 해야 한다.

이러한 사고들을 예방하기 위해서는 어린이집에서의 안전조치만이 아니라 가정과의 협력(생활습관, 손톱 정리, 신체적 · 정서적 정보 공유 등)이 반드시 필요하며, 보호자와의 동반자적인 관점에서 해결해야만 하는 요소임을 함께 인식해 나갈 수 있도록 적극적인 협력방안을 모색해야 한다.

2) 어린이집에서의 안전점검

(1) 실내·외 안전점검

어린이집 실내 · 외 놀이환경의 안전을 확보하기 위해서는 매일 그리고 한 달에 한 번 일정한 기간을 정해 정기적으로 안전점검을 하는 것이 바람직하다. 영유아들이 안전하게 놀이할 수 있는 어린이집 놀이환경을 위해 다음과 같은 '어린이집 통합 안전점검표'를 활용하여 사전에 위험발생요인을 제거할 수 있다.

〈표 9-14〉 어린이집 통합 안전점검표(일별)

(점검상태: 양호○, 보통△, 불량×)

구분	점검항목	점검결과						조치사항
		/	/	/	/	/	/	
		월	화	수	목	금	토	
실외환경	어린이집 보호벽 및 주변의 관리 상태는 양호한가?							
	실외놀이 공간 주변의 돌, 유리조각, 요철, 녹이 슨 부분, 벗겨진 페인트, 돌출된 모서리가 방치되어 있지는 않은가?							
	놀이터 바닥에 오물, 방치된 물 웅덩이가 없는가?							

<table>
<tr><th rowspan="3">구분</th><th rowspan="3">점 검 항 목</th><th colspan="6">점검결과</th><th rowspan="3">조치 사항</th></tr>
<tr><th>/</th><th>/</th><th>/</th><th>/</th><th>/</th><th>/</th></tr>
<tr><th>월</th><th>화</th><th>수</th><th>목</th><th>금</th><th>토</th></tr>
<tr><td rowspan="4">실내 환경</td><td>문과 창문 등의 추락 위험은 없는가?</td><td></td><td></td><td></td><td></td><td></td><td></td><td></td></tr>
<tr><td>바닥에는 다칠 수 있거나 미끄러운 곳이 없는가?</td><td></td><td></td><td></td><td></td><td></td><td></td><td></td></tr>
<tr><td>복도, 계단, 비상계단, 미끄럼대 등에 방치된 물건이 없어 피난계단, 미끄럼대 등을 사용하기에 양호한가?</td><td></td><td></td><td></td><td></td><td></td><td></td><td></td></tr>
<tr><td>보육용품이나 비품, 유리창 등에 날카로운 모서리 등이 없는가?</td><td></td><td></td><td></td><td></td><td></td><td></td><td></td></tr>
<tr><td rowspan="4">놀잇감 및 놀이 기구</td><td>망가져 날카롭고 위험한 것 또는 부품이 빠지거나 작은 볼트 등이 빠진 것은 없는가?</td><td></td><td></td><td></td><td></td><td></td><td></td><td></td></tr>
<tr><td>유해 색소가 칠해진 놀잇감은 없는가?</td><td></td><td></td><td></td><td></td><td></td><td></td><td></td></tr>
<tr><td>영유아가 삼킬 만한 작은 놀잇감이나 부품은 없는가?</td><td></td><td></td><td></td><td></td><td></td><td></td><td></td></tr>
<tr><td>놀잇감 및 놀이기구의 수납 상태가 양호한가?</td><td></td><td></td><td></td><td></td><td></td><td></td><td></td></tr>
<tr><td>화장실 · 세면대</td><td>화장실 내 세제나 락스 등 위험한 물건이 영유아들의 손이 닿는 곳에 방치되어 있지 않는가?</td><td></td><td></td><td></td><td></td><td></td><td></td><td></td></tr>
<tr><td rowspan="4">전기 · 화기 · 위험물 ·</td><td>콘센트는 안전덮개로 보호되어 있는가?</td><td></td><td></td><td></td><td></td><td></td><td></td><td></td></tr>
<tr><td>화기에 의한 안전사고 위험은 없는가?</td><td></td><td></td><td></td><td></td><td></td><td></td><td></td></tr>
<tr><td>위험물에 의한 안전사고 위험은 없는가?</td><td></td><td></td><td></td><td></td><td></td><td></td><td></td></tr>
<tr><td>가스밸브와 가스중간밸브 잠금은 양호한가?</td><td></td><td></td><td></td><td></td><td></td><td></td><td></td></tr>
</table>

출처: 중앙육아종합지원센터(2020). 2020 어린이 통합 안전점검표.

〈표 9–15〉 어린이집 통합 안전점검표(월별)

(점검상태: 양호○, 보통△, 불량×)

<table>
<tr><th rowspan="2">구분</th><th rowspan="2">점 검 항 목</th><th>점검결과</th><th rowspan="2">조치사항</th></tr>
<tr><th>월</th></tr>
<tr><td rowspan="3">안전관리</td><td>안전관리의 책임 및 위기관리 체계가 적합한가?</td><td></td><td></td></tr>
<tr><td>일별 안전점검 체크리스트에 의해 관리되고 있는가?</td><td></td><td></td></tr>
<tr><td>응급전화번호 및 비상연락망 등이 잘 관리되고 있는가?</td><td></td><td></td></tr>
<tr><td rowspan="2">실외환경</td><td>어린이집 주변에 감전 위험은 없는가?</td><td></td><td></td></tr>
<tr><td>위험한 적치물, 축대 붕괴, 맨홀 등에 대한 위험은 없는가?</td><td></td><td></td></tr>
<tr><td rowspan="2">실내 환경</td><td>모든 설비는 움직이거나 떨어지지 않도록 바닥과 벽면에 단단히 고정되어 있는가?</td><td></td><td></td></tr>
<tr><td>창문, 방충망의 상태는 안전한가?</td><td></td><td></td></tr>
<tr><td rowspan="3">현관 · 통로 · 계단 · 비상구</td><td>출입문, 현관문 등의 안전장치는 정상 작동하는가?</td><td></td><td></td></tr>
<tr><td>계단, 통로 부분에 미끄럼 방지처리가 되어 있는가?</td><td></td><td></td></tr>
<tr><td>계단의 안전 상태는 양호한가?</td><td></td><td></td></tr>
<tr><td rowspan="2">화장실 · 세면대</td><td>화장실 내 전기 콘센트 등 전기용품은 안전한가?</td><td></td><td></td></tr>
<tr><td>세면대의 고정 상태는 안전한가?</td><td></td><td></td></tr>
<tr><td rowspan="7">실내외놀이 기구 및 공간</td><td>모든 놀이기구가 바닥에 안전하게 고정되어 있는가?</td><td></td><td></td></tr>
<tr><td>놀이 시설물의 상태(틈새나 간격)가 영유아의 몸에 끼이지 않는 넓이인가?</td><td></td><td></td></tr>
<tr><td>기초대, 지지대 등 매설 부분이 노출되지 않았는가?</td><td></td><td></td></tr>
<tr><td>모든 놀이기구 아래와 주위(안전지대)의 충격흡수재 성능은 양호한가?</td><td></td><td></td></tr>
<tr><td>보수가 필요한 놀잇감 및 놀이기구가 방치되어 있는가?</td><td></td><td></td></tr>
<tr><td>놀이기구의 높이가 영유아에게 적합한가?</td><td></td><td></td></tr>
<tr><td>어린이제품안전특별법, 품질경영 및 공산품 안전관리법 등에 의한 안전검사(KC 인증 등)를 필한 제품인가?</td><td></td><td></td></tr>
</table>

구분	점 검 항 목	점검결과	조치사항
		월	
전기 · 가스 · 위험물 안전관리	전선, 콘센트, 플러그 등 손상된 부분은 없는가?		
	한 개의 콘센트에 용량을 초과해 사용하고 있지 않은가?		
	분배전반 및 각종 전기기구의 노후 및 파손된 것은 없는가?		
	가스경보기의 설치 상태가 양호한가?		
소방시설 관리	대피를 위한 대피도가 잘 관리되어 있는가?		
	소화기, 스프링쿨러 등 소화장비의 작동 및 관리 상태는 양호한가?		
	자동화재 탐지설비의 설치 상태가 양호한가?		
	옥내 소화전의 관리 및 작동이 양호한가?		
비상대피 시설관리	비상계단 및 미끄럼대 등이 화재 등 유사시 사용이 가능한가?		
	피난유도등 유도표지 등이 잘 갖추어져 있고 정상 작동하는가?		
	건물 내 대피경로에 장애가 되는 요소는 없는가?		

출처: 중앙육아종합지원센터(2020). 2020 어린이 통합 안전점검표.

(2) 차량 안전점검

어린이집에서 통학차량을 운행하고자 할 경우에는 도로교통법에서 규정하고 있는 어린이 통학버스 신고요건을 구비하여 관할 경찰서장에게 신고해야 한다. 운전자는 통학차량 내부에 안전수칙을 부착하고, 차량용 소화기 및 구급상자를 비치해야 하며, '어린이 통합 안전점검표: 차량 분야'에 의한 안전점검을 실시해야 한다.

차량 운행 시 보육교사 등 어린이집 보육교직원이 동승해야 하며, 36개월 미만 영아는 영아용 보호장구를 착용해야 한다.

〈표 9-16〉 **차량 안전점검표**

(점검상태: 양호○, 보통△, 불량×)

구분	점검항목	점검결과 / 월	/ 화	/ 수	/ 목	/ 금	/ 토	조치사항
운행 전 점검	차량 외부의 이상 유무를 확인한다.							
	차량 내 소화기 · 비상약품의 비치 여부 및 비치 상태가 양호한지 확인한다.							
	차량 시동 후 엔진 및 각종 계기판 이상 유무를 확인한다.							
	엔진 및 차체의 잡음은 없는가?							
	차량 출발 전 탑승자의 안전벨트 및 문단속을 확인하고 전·후방 사각지대에 영유아 또는 장애물이 있는지 확인한다.							
운행 중 점검	차량에 영유아를 보호할 수 있는 사람(보육교사 등)이 탑승하는가?							
	창문 밖으로 머리, 손을 내미는 영유아가 있는가?							
	안전운행을 위하여 교통안전규칙을 철저히 지킨다.							
	정차는 후방의 차량에 최대한 방해되지 않는 곳에 한다.							
	운행 중에는 휴대폰, 이어폰 등을 사용하지 않는다.							
운행 후 점검	타이어 압력 및 트랙은 양호한가?							
	주차 브레이크는 정상인가?							
	차량 내 영유아가 전원 하차하였는지 확인한다.							

출처: 중앙육아종합지원센터(2020). 2020 어린이 통합 안전점검표.

3) 영유아 안전교육

영유아 스스로가 자신의 안전을 보호할 수 있는 능력과 기술을 가지도록 교육하는 것이 필요하다. 어린이집에서는 비상대응계획을 작성하고, 소방 대피, 지진 대피, 폭설 대비 훈련을 포함한 다양한 유형의 재난 대비 훈련을 월 1회 실시해야 하는데, 비상대응계획이란 소방, 지진, 폭설, 수해, 영유아 돌연사 등 어린이집에서 일어날 수 있는 다양한 유형의 비상사태와 재난에 대비하기 위해 세우는 계획을 말한다. 어린이집의 원장은 보육대상 아동의 연령을 고려하여 아동복지법령의 안전교육 기준에 따라 매년 안전교육계획을 수립하여 교육을 실시해야 한다.

〈표 9-17〉 **안전교육 기준(아동복지법 제31조 및 같은 법 시행령 제28조)**

구분	성폭력 · 아동학대 예방교육	실종 · 유괴의 예방 · 방지교육	감염병 및 약물의 오용 · 남용 예방 등 보건위생관리 교육	재난대비 안전교육	교통안전교육
실시 주기 (총시간)	6개월에 1회 이상 (연간 8시간 이상)	3개월에 1회 이상 (연간 10시간 이상)	3개월에 1회 이상 (연간 10시간 이상)	6개월에 1회 이상 (연간 6시간 이상)	2개월에 1회 이상 (연간 10시간 이상)
교육 내용	1. 내 몸의 소중함 2. 내 몸의 정확한 명칭 3. 좋은 느낌과 싫은 느낌 4. 성폭력 예방법과 대처법	1. 길을 잃을 수 있는 상황 이해하기 2. 미아 및 유괴 발생 시 대처방법 3. 유괴범에 대한 개념 4. 유인 · 유괴 행동에 대한 이해 및 유괴 예방법	1. 감염병 예방을 위한 개인위생 실천 습관 2. 예방접종의 이해 3. 몸에 해로운 약물 위험성 알기 4. 생활주변의 해로운 약물 · 화학제품 그림으로 구별하기 5. 모르면 먼저 어른에게 물어보기 6. 가정용 화학제품 만지거나 먹지 않기 7. 어린이 약도 함부로 많이 먹지 않기	1. 화재의 원인과 예방법 2. 뜨거운 물건 이해하기 3. 옷에 불이 붙었을 때 대처법 4. 화재 시 대처법 5. 자연재난의 개념과 안전한 행동 알기	1. 차도, 보도 및 신호등의 의미 알기 2. 안전한 도로 횡단법 3. 안전한 통학버스 이용법 4. 날씨와 보행 안전 5. 어른과 손잡고 걷기

구분	성폭력 · 아동학대 예방교육	실종 · 유괴의 예방 · 방지교육	감염병 및 약물의 오용 · 남용 예방 등 보건위생관리 교육	재난대비 안전교육	교통안전교육
교육 방법	1. 전문가 또는 담당자 강의 2. 장소 · 상황별 역할극 실시 3. 시청각 교육 4. 사례 분석	1. 전문가 또는 담당자 강의 2. 장소 · 상황별 역할극 실시 3. 시청각 교육 4. 사례 분석	1. 전문가 또는 담당자 강의 2. 시청각 교육 3. 사례 분석	1. 전문가 또는 담당자 강의 2. 시청각 교육 3. 실습교육 또는 현장학습 4. 사례 분석	1. 전문가 또는 담당자 강의 2. 시청각 교육 3. 실습교육 또는 현장학습 4. 일상생활을 통한 반복 지도 및 부모교육

출처: 보건복지부(2020). 2020년도 보육사업안내.

이밖에도 인터넷 · 스마트폰 과의존예방교육을 실시한다. 어린이집의 원장은 보육대상 아동에게 국가정보화기본법 제30조의8 제2항 및 동법 시행령 제30조의2 제2항에 따라 인터넷중독 예방 및 해소 관련 교육을 연 1회 실시한다. 미디어(인터넷, 스마트폰 등)안전이란 우리가 일상생활에서 활용하고 있는 다양한 미디어기기로 인하여 발생할 수 있는 위험 및 부작용을 방지하는 일련의 과정이다. 미디어안전을 통한 미디어기기의 적절한 활용은 영유아에게 시청각을 활용한 풍부하고 다양한 경험을 제공할 수 있으며, 미디어가 제공하는 정보와 기능을 능동적으로 받아들이는 태도를 기를 수 있다. 미디어안전교육은 영유아 발달수준에 적합한 미디어를 사용하고 있는지 확인하고, 미디어교육에 대한 내용을 부모와 연계하여 교육한다.

4) 응급처치 및 귀가동의서

(1) 응급상황에 대한 준비

비상시 대처방안을 마련하고 역할분담을 명확하게 하며 응급상황이나 안전사고 발생 시 도움을 구할 수 있는 곳의 전화번호를 잘 보이는 곳에 부착한다. 또한 응급상황이나 안전사고 발생 시 취할 수 있는 응급처치법을 숙지하고 상비의약품과 기구를 준비해 둔다. 치료 시 필요한 영유아에 대한 개인 정보를 미리 수집하여 기록 · 보관하고, 응급상황의 대처과정에 필요한 부모의 사전 동의를 받아두는 것이 필요하다.

〈표 9-18〉 **부모동의서 및 조사서**

부모동의서 및 조사서(일부)

○○어린이집에서는 영유아보육법 및 시행규칙, 사업지침 등에 따라 아래의 내용을 대하여 보호자의 동의를 받아 진행 여부를 결정하고자 합니다. 구체적인 내용을 확인하시고 해당내용에 동의 여부를 빠짐없이 체크해 주시기 바랍니다.

〈영유아 기본 정보〉

<table>
<tr><td>성명</td><td colspan="2">(남/여)</td><td>반이름</td><td></td></tr>
<tr><td>주소</td><td colspan="2"></td><td>생년월일</td><td></td></tr>
<tr><td rowspan="3">보호자</td><td>성명</td><td colspan="2">영유아와의 관계</td><td>연락처</td></tr>
<tr><td></td><td colspan="2"></td><td></td></tr>
<tr><td></td><td colspan="2"></td><td></td></tr>
</table>

응급처치 및 귀가동의

구분	처리내용
응급 처치	응급상황 발생 시 위의 보호자에게 연락하여 주십시오. 필요시 119구조대에 연락하여 □ 기관지정 의료기관( )이나 □ 보호자지정 의료기관( )으로 수송해 주십시오.
귀가 동의	위 영유아의 귀가 시 위의 보호자에게 인도하여 주십시오 정해진 보호자 외 다른 사람에게 인계할 경우 사전에 반드시 연락을 취하겠습니다. ※ 우리 어린이집에서는 영유아를 성인 보호자에게 인계하는 것이 원칙입니다. 다만, 보호자가 보육아동의 13세(중학생) 이상 형제 · 자매에게 인계를 희망하는 경우에는 예외적으로 가능하며, 이때 인계 후 발생하는 안전사고 등에 대한 책임은 보호자에게 있습니다.(동의함 □) - 등 · 하원방법 : □ 보호자 동행 □ 차량(어린이집) - 차량이용 시 등하원 시간 : 등원(시 분), 하원(시 분) (필요 시 기재) - 부모 외 인계보호자 : (필요시 기재)

출처: 보건복지부(2020). 2020년도 보육사업안내

아프거나 다친 영유아에 대한 처리 절차 및 응급처치동의서 작성안내(작성 예시)

- 아픈 영유아는 정도에 따라 어린이집 내에서 휴식을 하거나 양호실을 이용할 수 있습니다.
- 특이한 체질이나 알레르기 등의 증상이 있는 경우에는 미리 알려주십시오.
- 전염성 질환의 위험이 있는 경우에는 격리되어 휴식을 취하도록 하고 부모에게 연락을 드려 귀가 조치합니다.
- 의사의 검진 결과 전염성 질환에 걸린 경우 완쾌될 때까지 등원할 수 없으며, 집단보육 상황이므로 등원 시 전염성이 없고 완쾌되었다는 의사의 소견서나 진단서 제출 후에 등원할 수 있습니다.
- 어린이집에서는 의사의 처방 없이 해열제 등을 임의로 투여할 수 없습니다. 반드시 처방된 약을 투약할 수 있도록 협조해 주시기 바랍니다.
- 투약의뢰서가 없는 경우에는 약을 투약하지 않습니다.
- 투약의뢰서는 지정된 양식으로 정확하게 기록하여 주시기 바랍니다.
- 비상시 사고 발생에 대비하여 응급처치 동의서를 작성하여 주시기 바랍니다.
  응급처치 동의서의 비상연락망이 변경되었을 경우에는 반드시 어린이집으로 알려주시기 바랍니다.
- 응급처치 동의서는 자필로 기재하시고 서명해 주시기 바랍니다.

등 · 하원 절차 및 귀가동의서 작성 안내(작성 예시)

- 등 · 하원 시(차량 이용 시 포함) 영유아는 반드시 보호자와 어린이집 선생님이 서로에게 직접 인계해 주십시오.
  ※ 저희 어린이집에서는 부모님이 원하시더라도 영유아를 보호자 없이 혼자 귀가시키지 않습니다.
- 등하원 시 데려오고 데리고 갈 사람을 귀가동의서에 기재해 주시고 다른 사람이 데리러 올 경우에는 반드시 선생님에게 연락을 해주시기 바랍니다. 보호자의 연락 없이는 다른 사람이 영유아를 데리고 갈 수 없습니다.
- 귀가동의서의 내용이 변동될 경우에는 반드시 어린이집으로 알려주시기 바랍니다.
- 귀가동의서는 자필로 기재하시고 서명해 주시기 바랍니다.

출처: 부산성모병원(2016)

(2) 응급상황 및 사고 발생 시 대처방법

① 응급상황 시 대처방법

교사는 응급상황에 대처하는 절차와 방법을 잘 숙지하여야 하고 이를 실천할 수 있어야 한다.

〈표 9-19〉 응급상황 대처절차

즉시 행동, 침착한 상태 유지	➡	의식 확인	➡	119로 연락, 부모에게 연락	➡	응급처치 실행	➡	영유아와 함께 있기

〈표 9-20〉 응급상황 시 대처방법 및 보육교직원의 자세

응급상황 시 대처방법	응급상황에 대처하는 보육교직원의 자세	응급처치의 기본원칙
• 당황하지 않고 사고의 원인을 파악하여 필요한 조치를 취함 - 보육교직원이 당황하면 영유아들이 더 불안해함. - 위험유발요소 제거 • 다친 영유아의 부상 정도를 파악하여 적절한 대처법 실시 • 119나 응급실에 구조를 요청 • 남은 영유아를 안심시킴 • 사고보고서를 작성	• 모든 보육교직원은 응급처치법에 관한 교육을 받도록 함. • 손이 쉽게 닿는 곳에 구급상자 준비 • 비상연락망, 도움 요청 기관의 전화번호 등을 전화기 옆에 비치 • 야외학습 시 구급상자 및 비상연락망 준비 • 응급상황 발생 시 조치에 대한 부모동의서를 받도록 함.	• 응급처치자 먼저 안전 확보 • 신속, 침착, 질서 있게 대처해야 함 • 여러 환자가 있는 경우 긴급한 환자 먼저 처치 • 이송이 필요한 상태면 신속히 119 신고 ※ 응급환자 신고 시 전달할 기본정보 ① 환자가 발생한 위치, 주소 및 전화번호 ② 응급상황이 발생한 경위와 환자 상태 ③ 주위의 위험요소 유무(화재, 사고, 위험물질 등) ④ 환자의 수 • 치료가 끝나기 전까지 물, 음식물을 주지 않기 • 고정하지 않고 부상자 이동 시 상태 악화시킬 수 있음

출처: 어린이집안전공제회(2020). 어린이집 사고 예방 및 대응.

② 재난 시 교사의 대응방법

화재, 지진, 태풍, 낙뢰 등의 재난 시 교사의 대응방법은 다음과 같다(서울특별시, 2015).

- 화재
  - 사전에 지정된 대피경로를 통해 신속하고 질서 있게 영유아를 대피시킨다.
  - 화재발생지점과 반대방향(연기가 보이지 않는 방향)의 비상구로 대피해야 한다. 아래층으로 대피가 불가능하면 옥상으로 대피하여 구조를 기다리거나 현재의 위치에서 연기의 유입을 막고 바람과 반대방향에 위치한 후 구조 신호를 보내며 침착하게 기다린다.

- 지진
  - 지진은 길어야 1~2분 이내에 종료되므로 멀리 대피하려 하지 말고 영유아들과 함께 있던 자리에 머무른다.
  - 영유아들이 책상 밑으로 몸을 피할 수 있도록 도와준다.
  - 실외활동 시 지진이 발생한다면 건물이나 전선 등에서 멀리 떨어진 곳으로 대피한다.
  - 떨어지는 물건들로부터 머리를 보호할 수 있도록 한다.

- 태풍
  - 교실에 창문과 문을 닫는다.
  - 가급적 외부 활동을 피하고 주변의 상습 범람 지구나 침수 지역, 산사태 위험 지역 등을 사전에 알아두고 주변에 접근하지 않는다. 또 물에 잠긴 도로나 교량을 걸어다니지 말고 즉시 안전한 곳으로 대피한다.

- 낙뢰
  - 실내: 전기제품의 플러그를 빼두고, 전등이나 전기제품에서 1m 이상의 거리를

유지한다. 창문을 닫고, 감전 우려가 있으므로 물에 닿지 않도록 한다.

- 야외: 평지에서는 키 큰 나무나 전봇대는 피하고, 몸을 낮추어 물이 없는 움푹 파인 곳이나 건물이나 낮은 장소로 대피한다. 대피할 때에는 다른 사람들과는 5~10m 이상 떨어지되, 무릎을 굽혀 자세를 낮추고 손을 무릎에 놓은 상태에서 앞으로 구부리고 발을 모은다.

참고문헌

교육부(2016). 식품알레르기 교육 참고자료.

박은혜, 김혜금, 남궁선혜(2005). 보육시설 운영 매뉴얼 및 영유아 보육프로그램 개발2: 영유아의 건강 및 안전보호. 서울특별시.

보건복지부(2015). 2015 한국인 영양소 섭취기준.

보건복지부(2020). 2020년도 보육사업안내.

보건복지부, 질병관리본부, 국민건강보험(2015). 2015년 영유아 건강검진 검진의사 매뉴얼 별책.

보건복지부, 한국보육진흥원(2019). 2019 어린이집 평가매뉴얼.

서울시식생활종합지원센터(2017). 영유아 급식의 나트륨 줄이기 실천방법.

서울특별시(2015). 서울시 어린이집 안전수칙 매뉴얼.

서울특별시학교보건진흥원(2012). 유치원 급식 운영관리 매뉴얼.

식품의약품안전처(2016). 알아두면 힘이 되는 식품 알레르기 표시 바로알기.

식품의약품안전처(2017). 어린이 급식관리 지침서.

어린이집 안전공제회(2019). 건강 · 환경 · 위생 · 급식.

어린이집안전공제회(2020). 어린이집 사고 예방 및 대응.

영유아 건강관리 가이드북 유치원. 어린이집용(2017). 육아정책연구소.

영유아전염성 질환 대책(별첨4).

중앙육아종합지원센터(2020). 2020 어린이 통합 안전점검표.

질병관리본부, 대한의사협회, 예방접종전문위원회(2020). 표준예방접종일정표.

한국보육진흥원(2020). 어린이집 평가지표와 함께 하는 감염병 예방을 위한 어린이집 건강수칙.

Chapter

10

어린이집 환경

어린이집 환경

환경은 그 안에서 생활하는 모든 사람이 느끼고 행동하는 데 직접적인 영향을 주고 사람과의 상호작용 여부를 결정짓는 데도 지대한 영향을 미친다. 특히 자신의 환경을 자신의 요구에 맞춰 벗어나거나 변화시키기 어려우므로 주어진 환경에 놓일 수밖에 없는 영유아들에게 있어 환경의 영향은 더욱 지대하리라 생각된다(김영옥 외, 2010). 그러므로 영유아들이 집을 떠나 오랜 시간을 머무는 어린이집의 환경은 자신의 집처럼 편안하고 안정감을 느끼면서 탐색할 수 있도록 구성되어야 한다.

1. 어린이집 환경의 중요성

영유아를 둘러싸고 있는 공간이 어떤 특징적인 요소로 짜여 있는가 하는 것은 그 속에 머물고 있는 영유아가 무엇을 중요하게 여기게 되는가에 영향을 준다. 물리적 환경과 공간의 배열은 영유아의 생활과 행동반경에 영향을 주며, 동시에 공간과 환경 배열은 영유아의 욕구와 생활리듬을 고려하여 이루어져야 한다. 따라서 공간은 활동적인 시간을 보내는 데 유용하고 안전한 장소 이상으로 구성되어야 한다. 기관의 건물과 형태, 공간의 배치와 기능은 물리적 설치와 기관이 추구하는 교육적 선택과 철학이 분명하고, 자연스럽게 연결되도록 디자인되어야 한다. 또한 그 안에서 생활하는 영유아들의 욕구를 충분히 반영하기 위해서는 교사와 영유아가 함께 환경을 만들어가는 것이 필요하다.

서영숙과 서지영(2002)은 레지오 에밀리아 접근법에서 어린이집 환경이 가지는 중요성과 의미를 여러 각도에서 설명하고 있다. 이 레지오 에밀리아 접근법에서는 환경을 '제3의 교사'라 칭할 만큼 중요하게 여겨 어린이집의 물리적 환경에 특별한 정성을 기울인다. 이러한 공간에서 생활하는 영유아와 성인 모두 주인의식을 가질 수 있게 된다. 영유아도 성인도 서로 존중하고 존중받음으로써 그 공간 안에서 자신들의 생각과 경험, 그리고 사고의 과정을 서로 드러내고 협의하여 학습을 이루어 나가는 성공적인 경험이 지속됨으로써 자신들이 주인됨을 느낄 수 있게 된다. 또한 결과가 아니라 과정을 중시하며 그것이 공간 안에서 시간이 흐름에 따라 문화로 차곡차곡 쌓여나가게 된다. 기관의 발자취와 영유아들의 작품은 전시되어 기록물로 보여지게 하고, 방문객이 현관에 들어서면 정보, 작업일지, 사진, 그림, 영유아들의 대화를 전달해 준다. 영유아와 교사가 함께 호기심을 가지고 탐색하고 연구하며 그들의 잠재력을 가시적으로 드러내는 과정을 통해 성장하고 변화하는 기쁨을 서로 나누는 경험이 가능해지고 그들의 문화가 되어진다. 리날디(Rinaldi)는 환경에 대해 "우리는 아주 '이상적인' 공간을 조성하려고 하기보다는 공간 자체가 변화할 수 있는 '가능성이 있는' 공간을 이루고자 한다. 그 이유는 이상적인 교육, 이상적인 영유아, 이상적인 인간을 위해 존재하기보다는 단지 한 영유아, 한 인간, 자신의 경험과 시간과 문화의 관계에서 성장하는 영유아와 인간을 위한 것이다"라고 하였다. 이러한 과정지향적 환경은 그 자체로 의사소통을 할 수 있는 공간이고 의사소통이 증진되는 공간이다. 영유아는 환경 안에서 즐거워야 하고 모든 감각을 통해 탐색할 수 있어야 하며, 배움이 일어나야 한다.

또한 유아의 보호와 발달의 권리뿐 아니라 놀 권리, 쉴 권리, 참여의 권리 등 유아의 권리 차원에서 유아들이 하루 중 가장 많은 시간을 보내고 있고 유아들과 함께 생활하고 있는 교사의 권리 측면에서 환경은 중요하다. 영유아기의 건강한 발달에 필수적인 어린이집 환경이 갖추어야 할 기능과 특징을 레지오 에밀리아 접근법에서 강조하는 내용을 중심으로 알아보면 다음과 같다(서영숙, 서지영, 2002).

① 안락함과 따뜻한 친밀감을 주는 공간

어린이집은 영유아, 교사, 가족이 편안함을 느낄 수 있는 환경을 만드는 것이 중요하다. 영유아가 안락함을 느낄 때 심리적 안정감을 찾게 되고 주변에서 일어나는 사건이나 사물에 관심을 가지고 탐색하게 된다. 이를 위해서 영유아가 바닥에서 놀 수 있도록 넓은 공간이 필요하며, 영유아가 늘 환영받고 귀하게 여겨지는 느낌을 주는 환경이어야 한다.

환경은 새로운 발견으로 흥분되면서 동시에 고요함의 분위기도 갖추고 있어야 한다. 예를 들어 영유아가 부모와 떨어질 때 느끼는 격리불안을 완화해 주기 위해 현관을 유리로 마감하거나 유리벽을 통해 영유아와 부모의 움직임이 보이게 하거나, 출입구에 안락의자를 놓아 부모가 어린 자녀와 잠시 쉬거나 교사와 부모와 이야기하는 것을 보여주는 공간, 카펫이 깔리고 쿠션이 있어 심리적 안정감을 주는 공간 등이 마련되어야 한다.

② 아름다움을 느끼고 발견하게 하는 공간

영유아들이 자라는 기관의 환경은 영유아의 미적 감각을 자극할 수 있어야 한다. 환경은 지역사회의 문화를 반영하고 사회적 상호작용을 이끌어 내는 환경디자인을 갖추면서 동시에 미적이어야 한다. 이러한 환경과의 상호작용을 통해 영유아들은 아름다움을 느끼고 발견해 나가게 된다.

③ 대화, 상호작용, 협동을 자극하고 유지하는 공간

우리는 환경 안에서 그 환경이 주는 메시지나 의미를 읽는다. 그 환경에서 시간을 보내는 영유아와 성인과의 관계에 대해서도 알 수 있다. 협동이나 상호작용을 최대한 이끌어 낼 수 있도록 프로그램과 환경을 통합하려고 시도하여 영유아들이 자라는 환경이나 자원, 프로젝트 등 보육프로그램의 모든 요소에서 영유아 간의 상호작용과 의사소통을 소중히 여기고 유지시키고자 한다는 것을 느끼도록 해야 한다(Rinaldi, 1990).

예를 들어, 레지오 에밀리아 보육기관 건물에는 피아자(piazza)라 불리는 중앙 공용공간이 있는데, 각 반에 흩어져 있던 영유아들이 다른 반 영유아들과 만남이 이루어지고 어울리는 장소이다. 피아자는 이탈리아 도시의 특징인 광장을 실내에 옮겨놓은 것으로 내부공간은 이 공용공간으로 향해 서로 통하도록 개방되어 있다. 이 공간은 각 개인과 집단의 안녕을 보장하면서도 부모와 자녀, 교사와 영유아, 영유아와 영유아 간의 상호작용이 일어날 수 있게 배치한다. 이러한 공간의 구조는 자연스러운 만남과 대화를 자극하고 있다.

④ 탐색하고 배우고 표현하도록 준비된 공간

보육환경은 영유아의 연령과 발달수준에 적절하며, 영유아들이 하는 활동의 질과 형태의 다양성을 느끼게 하는 공간이어야 한다. 그러므로 교사는 영유아의 요구에 반응하고 영유아가 지식을 구성해 가는 데 도움을 주는 환경을 조성해야 하고 수정해 나가야 한다.

물체나 재료, 구조물도 단순히 수동적인 요소가 아니라 영유아와 언어의 행동을 조정하는 요소이며 적극적으로 움직이는 요소로 동시에 그들의 행동에 의해 조정받는 요소이다. 영유아가 사용할 상황에 맞게 갖추어진 재료, 영유아가 어떻게 반응할 것인지를 고려하여 선택한 재료, 영유아는 이런 재료를 활용하여 자신에게 의미 있는 활동을 하면서 몰두하게 된다.

레지오 에밀리아의 아틀리에에 들어가면 온갖 재료들을 다 모아둔 것 같은 수많은 매체들을 갖추고 있다. 거기에는 온갖 재활용 자원도 한몫한다. 자기가 표현하고자 하는 어떤 자료라도 쉽게 찾아 쓸 수 있는 환경을 마련해 준다면 영유아들은 우리가 생각하는 것 이상으로 표현욕구와 역량을 드러낼 것이다.

⑤ 영유아 나름의 생각과 표현에 몰두할 수 있는 공간

영유아의 사고 발전에는 또래 간의 상호작용뿐만 아니라 영유아 자신의 과거, 현재 생각과의 상호작용도 중요하다. 영유아는 제 나름의 속도에 따라 성장하므로 영유아 개개인에게 주어지는 환경에도 개인을 고려해야 하는 것을 의미한다. 영유아가 자신의 흥미와 관심에 따라 각 영역에서 개별적으로 또는 소집단으로 활동함으로써 자신의 관심과 역량에 맞는 활동을 하도록 도와야 한다.

⑥ 기록하는 공간, 기관의 역사를 보여주는 공간

어린이집은 영유아의 사고의 과정을 볼 수 있는 전시공간이 있다. 영유아가 탐구하고 표현하는 경험을 기록하고 전시하는 것을 중요하게 여기고 활동과정의 기록을 전시한다. 그래서 말라구찌(Malaguzzi)는 "벽은 말하고 기록한다"고 하였다. 전시는 영유아가 기관에서 어떻게 생활하고 있고 영유아들의 생각들이 어떤 맥락에서 나타나고 어떻게 연결되어 있는지를 보여준다.

이러한 기록의 특징으로 인해 환경은 각 기관의 철학과 역사를 보여주는 공간이 되며, 환경은 그동안 그 기관을 거쳐간 영유아의 역사가 숨쉬는 독특한 공간이 된다. 기관이 처음 개원했을 당시의 사진에서부터 그때 영유아들의 작품 등 기념비적인 장면들의 기록이 계속 전시되기도 하고, 특별한 프로젝트인 경우 그대로 보존하여 그 기관의 역사를 보여주기도 한다.

⑦ 지역과 주민의 역사와 문화, 이상을 반영하는 공간

환경은 만든 사람의 문화가 반영된다. 어린이집도 시설 나름의 문화가 스며들어 있을 뿐 아니라 지역사회의 문화도 스며들어 있다. 이탈리아는 아름다움과 조화에 관심을 기울여 공간을 디자인하고, 사회적 상호작용을 유도하는 디자인을 하면서도 외적인 환경에 관심을 기울인다.

레지오 에밀리아 접근법에서는 영유아를 위한 환경은 신축이든, 수리든 부모, 교사가 함께 생각하고 만들어야 한다고 생각한다. 그래서 시설 건축이나 보수와 관련된 일에 장학사와 교사, 부모 등 어린이집 이용자와 전문가들이 모두 의사결정에 참여하여 건축가와 상담한다. 어린이집에서 오랜 시간 일하고 지내는 사람이 환경 구성에 대한 의사결정에 참여하도록 노력해야 할 것이다.

2. 어린이집 환경의 구성원리

보육실은 가능한 활동하기에 불편함이 없어야 하고, 통풍이 잘 되고, 매력적이며, 깨끗하게 구성함으로써 자칫 딱딱할 수 있는 기관의 분위기를 부드럽게 만들어 주어 영유아들이 하루종일 에너지를 유지하고 반응적으로 활동할 수 있도록 마련해 주어야 한다. 또한 영아들의 보육실은 신뢰와 애착관계를 형성시키고 감각운동적 탐색을 증진시키는 환경으로 구성하는 것이 바람직하며, 유아를 위한 놀이공간은 주도성을 증진시키는 보육환경으로 구성해야 한다.

영유아들은 발달 특성상 움직임이 많고 활동적이므로 서로 부딪치지 않도록 공간을 확보해 주어야 하며 적당한 조명과 환기가 필요하다. 온도, 채광, 색채, 잡음, 환기, 설계, 설비와 교구의 배치 등도 영유아들과 교사의 활동을 촉진시키기도 하고 억제하기도 한다.

전통적으로 보육실의 구성은 조용하고 건조한 곳, 활동적이고 건조한 곳, 조용하고 물이 있는 곳, 활동적이고 물이 있는 곳으로 영역을 구분하였다. 따라서 보육실의 구성과 배열은 이러한 네 가지 구성원리에 근거하여 흥미영역으로 구성할 수 있다. 영아 보육을 위한 환경에는 흥미영역인 활동영역 외에 일상생활을 경험하는 기저귀갈이영역, 수유영역, 낮잠 및 휴식영역 등이 포함되어야 한다.

제1지역인 조용하고 건조한 영역에는 낮잠 및 휴식영역, 언어영역, 게임과 소집단 활동으로 구성하고, 제2지역인 활동적이고 건조한 영역에는 쌓기놀이영역, 역할놀이 영역, 목공놀이, 음률영역으로 구성할 수 있다. 제3지역인 조용하고 물이 있는 영역에는 기저귀갈이영역, 요리, 간식, 미술활동을 할 수 있게 구성하고, 제4지역인 활동적이고 물이 있는 영역에는 물감놀이, 물을 사용한 과학활동, 모래놀이 등으로 구성할 수 있다.

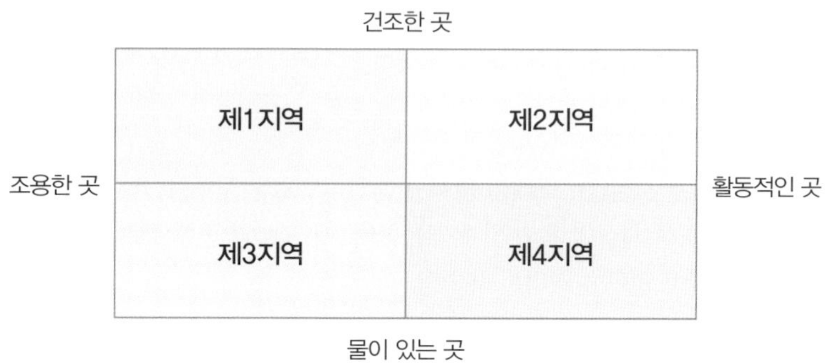

〈그림 10-1〉 **활동 특징별 영역 구분**

이런 보육실 구성의 대체적인 기준이 있다고 해도 영유아들이 그 구성을 바꾸어 배치하고자 하면 얼마든지 서로 상의하여 서로가 공통으로 원하는 배치를 할 수 있도록 기회를 주고 지원해야 한다(서영숙 외, 2010). 동시에 각 활동영역들은 놀이들이 존중되고 서로 방해받지 않도록 어느 정도의 독립성을 가지면서도 영유아들이 놀이에 따라 영역 간의 통합이 일어날 수 있도록 배치되어야 한다.

어린이집 면적에 따른 정원 책정방식 및 전용면적 산정방법

<table>
<tr><th>면적기준 / 시설규모</th><th>어린이집 전용면적</th><th>보육실 면적</th><th>놀이터 면적</th><th>산정 기준</th></tr>
<tr><td>50인 미만 시설</td><td rowspan="2">영유아 1인당 4.29㎡</td><td rowspan="2">영유아 1인당 2.64㎡</td><td></td><td rowspan="2">각 면적산정 인원 중 가장 적은 수를 정원으로 함</td></tr>
<tr><td>50인 이상 시설</td><td>영유아 1인당 3.5㎡ 원칙</td></tr>
</table>

〈기타 사항〉

① 어린이집 전용으로 사용하는 시설(실내)

- 아동보육과 직·간접적 관련이 있다고 인정되는 실내 공간으로, 기본시설(보육실, 조리실, 목욕실, 화장실, 교사실), 기타 시설(사무실, 양호실, 식당, 자료실, 상담실, 강당 등), 정원 50인 미만 시설의 옥내놀이터, 어린이만의 공간으로 사용하는 부분(건물 현관·복도·계단 등)이 해당됨.
- 보육실은 교실, 거실, 포복실, 유희실이 포함됨.
- 다만, 지하에 설치된 시설(단, 조리실 면적만 예외적으로 인정), 농산어촌 등에 설치하는 기숙시설, 정원 50인 이상 시설의 옥외 및 옥내놀이터, 타 시설과 공동으로 사용하는 부분(건물 현관·복도·계단 등), 인근 놀이터는 제외됨.

② 보육실 면적: 보육실은 영유아가 주로 생활하는 실내 공간으로, 보육실, 거실, 포복실 및 유희실이 포함됨.

③ 옥외놀이터 및 대체놀이터(정원 50인 이상): 설치된 옥외놀이터·실내놀이터 및 인정받은 인근 놀이터

출처: 보건복지부(2020). 2020 보육사업안내.

3. 실내환경

1) 실내환경의 구성

어린이집의 모든 시설 및 설비는 영유아와 보육교직원을 포함한 이용자 모두에게 안전하고 사용에 편리하도록 설계 · 시공되어야 한다.

(1) 현관

현관은 어린이집에서 처음으로 접하는 공간이며 다른 사람과 만남고 헤어지는 공간이므로 편안하고 안전한 느낌이 들도록 구성해야 한다. 등하원 등 영유아가 일시적으로 몰릴 경우를 대비하여 여러 명의 영유아가 동시에 신발을 신고 벗을 수 있는 공간과 신발장을 확보한다. 그리고 어린이집의 교육철학을 담은 게시판, 그동안 어린이집에서 이루어진 활동이나 현재 진행 중인 내용을 전시하면 기관을 소개하는 데 도움이 된다. 공간이 허락된다면 보호자와 떨어지는 데 어려움이 있는 영유아를 위해 보호자와 잠시 놀면서 머물 수 있는 공간을 마련한다. 현관은 어린이집의 첫인상을 좌우하는 중요한 공간이라고 할 수 있다.

〈사진 10-1〉 현관

(2) 교직원을 위한 공간

교직원이 영유아를 위한 교육활동을 연구 · 계획하고 서로의 의견도 교환하며 하루의 일과를 정리하고 내일을 계획하는 공간이다. 이 공간에는 교직원의 책상, 옷장, 관련 서류를 보관할 수 있는 서류장을 포함한 보관장, 그리고 함께 모여 의견을 나눌 수 있는 테이블 등을 구비해 둔다. 출입구에서 가까운 곳에 배치하고 크고 투명한 유리창을 설치하여 드나드는 모든 사람들을 응대하고 지원할 수 있게 한다.

(3) 화장실

〈사진 10-2〉 화장실

화장실은 교실 내에 있거나 가까이 배치하여 영유아가 자유롭게 배변할 수 있도록 한다. 영유아가 배변에 대해 긍정적인 감정을 갖도록 쾌적하고 매력적으로 구성될 필요가 있다. 변기, 세면대, 거울 등은 영유아의 신체치수에 적합해야 한다. 또한 영유아의 안전을 위해 화장실 문에 손 끼임 방지장치를 설치하고, 바닥은 물기로 인해 미끄럽지 않도록 미끄럼 방지장치를 해야 하며, 온수 조절 수도꼭지, 안전샤워기 등을 설치하여 냉 · 온수의 온도를 조정 및 고정할 수 있어야 한다. 양치용품(칫솔, 컵)을 보관하는 자외선 살균소독기를 마련하여 개별적으로 사용 후 제자리에 정리할 수 있도록 한다.

(4) 낮잠 및 휴식공간

영유아의 낮잠공간을 위해 별도의 방을 마련할 수도 있고, 필요에 따라 교실을 활용할 수도 있다. 창을 통해 직사광선이 들어오지 않도록 커튼이나 블라인드 등으로 조절할 수 있어야 한다. 개인용 침구는 윗부분과 아랫부분이 쉽게 구별되도록 표시하여 머리를 두는 곳과 발을 두는 곳을 일정하게 하도록 지원한다.

(5) 교재교구 자료실 또는 준비실

자료실은 교재교구의 보관이 주된 기능이며 평소에 이용하는 물품뿐만 아니라 소모품 등을 체계적으로 관리하는 공간이다. 영유아의 연령별, 프로그램별, 자료 크기별 그리고 사용빈도별로 자료 수납이 구분되는 것이 효과적이고 교재교구 목록을 작성하여 교사들이 내용물을 쉽게 찾아볼 수 있도록 정리한다.

〈사진 10-3〉 **교재교구 자료실**

(6) 개인적 공간

영유아는 때로 홀로 있기를 좋아하고 개인적인 공간이 필요하다. 교실 안에 또는 교실 밖에 조그만 공간을 마련하여 혼자 조용히 시간을 보낼 수 있도록 배려한다. 공간을 아늑하게 꾸미기 위해 천을 이용하거나 편안한 쿠션 등으로 꾸며줄 수 있다. 이러한 개인공간은 자신의 내면 감정을 탐색할 수 있고 집단활동에 참여하고 싶지 않을 때 잠시 쉴 수 있는 기회와 나만의 공간을 제공하게 된다.

(7) 조리실

오랜 시간을 어린이집에서 지내는 영유아들에게 식사와 간식은 중요하며 식사와 간식을 준비하는 곳은 건강관리를 위해 위생적으로 관리될 필요가 있다. 조리실에는 가열대, 냉장고, 작업대, 식품저장실, 개수대, 냉 · 온수 싱크대 등을 설치할 수 있는 공간을 확보해야 하며, 성인들만 드나들 수 있도록 해야 한다. 또한 가스누출탐지기, 소화기, 통풍장치 등의 안전설비 및 위생설비를 갖추어야 한다.

(8) 벽면

기관의 벽면과 부분적인 게시판은 영유아의 삶의 이야기와 기관의 철학이 담긴 기록물이나 정보 등을 전시하고 함께 감상하는 공간이다. 이러한 전시는 교사의 솜씨를 뽐내는 것이기보다는 영유아와 함께 삶의 과정을 남기고 그 경험을 재방문할 수 있는 기회를 제공하는 것이 되어야 한다.

〈사진 10-4〉 **벽면**

2) 자유로운 흥미영역 구성

보육실은 여러 흥미영역으로 구성된다. 흥미영역이란 보육실이 공간을 분리하여 비슷한 놀이방법이나 내용을 가진 교재 및 교구를 분리하여 비치한 것으로 영유아들이 다양한 영역의 발달과 활동방법을 사용할 수 있도록 돕는다.

흥미영역은 영유아가 자유스럽게 놀면서 주변 환경을 탐색하는 요구를 자연스럽게 충족시킬 수 있도록 환경구성을 효과적인 방법으로 하되 영유아의 흥미에 따른 활동이 진행될 수 있도록 몇 가지로 나누어서 배치한다. 어린이집 물리적 환경 관련 구성 시 유의점(어린이집평가인증사무국, 2012)을 보면 각 흥미영역은 3~4명 이상의 영유아가 활동할 수 있을 정도의 공간을 확보할 것과 흥미영역은 보육실의 크기와 영유아의 연령을 고려할 것을 제안하고 있다. 흥미영역은 역할놀이영역, 쌓기놀이영역, 음률영역, 미술영역, 과학영역, 수 · 조작영역, 언어영역, 물 · 모래놀이영역 등을 들 수 있다. 이 밖에도 어린이집에서는 필요에 따라 다른 영역을 추가할 수 있다.

그런데 흥미영역의 내용이나 배치에 대해 일정한 규칙이 있는 것은 아니다. 흥미영역은 영유아의 놀이활동을 확장시키고 창의성을 증진시키는 것에 일차적인 목적이 있으므로 지나치게 영역에 따른 활동에 얽매여서 자유로운 활동을 방해하지 않도록 유의해야 한다(Morrison, 1988). 특히 2019 개정 누리과정에서는 유아중심, 놀이중심 누리과정 운영을 강조하며 놀이의 특성을 자유로움, 주도성, 즐거움으로 설명하며, 자유롭다는 것은 목적이나 규칙, 사실, 사실, 시간과 경계로부터 자유롭다는 점을 적시하고 있다(정선아 외, 2019). 즉 흥미영역의 내용이나 공간에 맞추어 놀아야 되는 것이 아니고 영유아의 요구와 흥미에 따라 얼마든지 융통성 있게 사용될 수 있어야 한다는 것이다. 그러므로 흥미영역은 그야말로 영유아로 하여금 다양한 활동을 할 수 있도록 자극하고 지원하는 하나의 매개체일 따름이다.

〈표 10-1〉 연령별 흥미영역 구성의 예

연령	흥미영역
만 0세	신체영역, 언어영역, 감각 · 탐색영역
만 1세	신체영역, 언어영역, 감각 · 탐색영역, 역할 및 쌓기놀이영역
만 2세	신체영역, 언어영역, 감각 · 탐색영역, 미술영역, 음률영역, 역할 및 쌓기놀이영역
만 3~5세	언어영역, 미술영역, 음률영역, 수 · 조작영역, 과학영역, 역할놀이영역, 쌓기놀이영역

출처: 보건복지부, 한국보육진흥원(2019). 2019 어린이집 평가 매뉴얼.

(1) 역할놀이영역

역할놀이영역은 실생활에서의 역할을 연장하며 자기중심적 사고나 행동에서 벗어나 타인과의 관계를 통한 사회화 기술이 증진되는 영역으로 움직임이 많고 활동이 다양하므로 동적인 활동영역과 인접하여 배치한다. 쌓기놀이영역과 통합될 때 보다 다양한 놀이로 확장될 수 있다. 영유아의 키에 알맞은 크기의 부엌도구와 그릇 등을 마련해 주어 영유아 상호 간의 활발한 교류가 일어나도록 도와주며 성인들의 여러 가지 행동을 모방해 볼 수 있는 역할놀이를 장려해 주도록 병원놀이 소품, 주방소품, 미용사 가운, 음식점놀이 용품, 시장놀이 소품, 우체국놀이 용품, 여자 옷, 남자 옷, 아기 옷, 모자, 신발, 가방, 경찰 호루라기 등을 마련해 둔다.

〈사진 10-5〉 역할놀이영역

(2) 쌓기놀이영역

쌓기놀이영역은 활동적이고 건조한 곳에 위치하는 것이 바람직하며 주로 역할놀이영역에 인접해 위치하게 된다. 블록을 부수고 쌓는 과정의 소음을 줄이기 위해 부분적으로 카펫을 깔아 놓는다. 블록을 최대한 활용해 구성할 수 있도록 충분한 공간을 확보해 주어야 하며 출입이 빈번한 곳에 위치할 경우 영유아들의 구조물을 건드리게 되어 빈번한 갈등요인이 될 수 있다. 블록정리장은 문이 없는 개방형으로 하되 아래쪽에는 큰 블록을 정리하고 작은 것은 위에 정리하도록 한다. 진행되는 주제에 따라 동식물, 사람 모형, 탈것, 나무, 교통표지판 등의 소품을 주제에 맞게 제공한다. 역할놀이영역과 쌓기놀이영역은 놀이 확장이 가능하도록 인접해 배치하도록 한다.

〈사진 10-6〉 쌓기놀이영역

(3) 음률영역

영유아들은 리듬이나 음악에 맞춰 몸 움직이기와 같은 활동을 본능적으로 즐기며 좋아한다. 따라서 음률영역은 정서적 감정을 풍부히 하고 감각기능 및 창의성을 발달시키는 기회를 제공하며 영유아는 음악에 맞추어 신체를 자유롭게 움직일 수 있도록 넓은 공간이 요구된다. 또한 다양한 악기를 탐색하므로 바닥은 소음을 흡수할 수 있도록 카펫을 까는 것이 바람직하고 소음이 발생하므로 조용한 영역과 떨어져 배치한다.

다양한 악기소리를 만들기도 하며 소리를 변별하는 활동을 하고, 함께 연주하며 움직이는 활동적인 영역이다. 그러므로 소음으로 다른 영역활동에 방해가 되지 않도록 배치한다. 악기로는 다양한 타악기나 전통악기(소고, 장구 등), 외국 악기 및 주변 생활용품을 활용한 악기 등을 비치하고, 동작활동 자료로 보자기, 스카프, 한삼, 탈 등을 제공한다.

(4) 미술영역

미술영역은 영유아들이 다양한 매체를 사용해 창의적인 표현활동 및 감각활동을 경험하게 되고 완성된 작품을 감상하면서 즐거움을 느끼는 영역이다. 이 영역은 활동적이고 물이 필요하므로 물 사용이 용이한 공간에 배치한다. 영유아의 작품 게시를 위한 공간이 필요하며 영유아의 눈높이에 맞춘 게시판이나 입체작품 진열장 등을 구비한다. 미술영역에는 다양한 표현이 이루어질 수 있도록 그림물감, 크레파스 등의 그리기 재료, 찰흙, 밀가루 점토 같은 점토류, 열매, 낙엽 같은 자연물, 잡지, 헌옷, 단추, 플라스틱류 등 재활용할 수 있는 다양한 재료를 제공한다.

〈사진 10-7〉 미술영역

(5) 과학영역

과학영역에서 영유아들은 동물과 식물, 생물과 무생물, 물질의 성질 등의 계절과 상황에 따른 자연물을 보고, 만지고, 감상하고, 탐구하며, 조작해 보는 등의 관찰활동의 기회를 가지게 된다. 동식물을 키울 수 있도록 햇볕이 잘든 곳에 배치하며 영유아는 동식물과 함께 생활하면서 생물을 보호하고 존중하는 태도를 자연스럽게 갖게 된다. 또한 다양한 발견학습에 참여하므로 과학과 연관된 용어나 개념을 습득하게 되며 과학적 태도를 기를 수 있다. 영유아의 흥미를 끄는 자연물들(솔방울, 도토리, 잡곡류, 해조류, 자석, 누에고치 등)을 계절 및 주제에 맞게 적절히 제공해 호기심을 갖고 탐색하게 한다.

〈사진 10-8〉 과학영역

(6) 수 · 조작영역

영유아들은 사물을 직접 탐색하고 조작하는 활동을 통해 탐구적 태도와 사고가 발달된다. 수 · 조작영역은 조용한 곳에 배치하여 영유아들이 놀이를 통해 주변의 사물을 분류, 서열화, 비교할 수 있도록 자연물, 단추, 구슬 같은 구체물과 수카드, 숫자판, 게임자료 등을 마련해 둔다.

〈사진 10-9〉 수 · 조작영역

〈사진 10-10〉 **언어영역**

(7) 언어영역

언어영역은 영유아들이 밝고 따뜻하며 안정된 분위기 속에서 집중할 수 있도록 교실의 한쪽 구석 조용한 영역에 자리 잡도록 하는 것이 좋다. 바닥에는 푹신한 깔개를 깔아 주고 편안한 의자를 놓아 준다. 책장은 영유아의 키에 맞게 낮게 하고 책의 전면이 전부 보일 수 있도록 진열하며 유리가 끼어 있지 않은 개방서가를 택하여 영유아가 보고 싶은 책을 마음대로 선택하도록 배려한다. 말하기, 듣기, 읽기, 쓰기 등의 다양한 언어활동을 촉진시키기 위해 이야기를 담은 테이프를 듣거나 인형극놀이, 융판, 컴퓨터, 헤드셋, 전화기, 종이류와 필기류 등을 소음과 활동 크기에 따라 적절히 구분하여 배치한다.

(8) 기저귀갈이영역

기저귀갈이를 위해 물이 가까이 있는 정해진 장소가 필요하며 교사가 서서 일을 처리할 수 있도록 보호대가 있는 기저귀갈이대가 설치되면 집단보육 시 편리하다. 기저귀갈이영역은 음식을 준비하는 곳과 떨어져 설치하는 것이 바람직하며 기저귀갈이 후 즉시 손을 씻을 수 있도록 세면대가 가까이 있어야 한다. 또한 기저귀를 가는 동안 다른 영아의 활동을 볼 수 있고 영아 자신도 볼 수 있도록 벽면에 거울을 부착하는 것이 바람직하다.

(9) 수유영역

수유영역은 교사의 편안함이 영아에게 아늑함과 편안한 감정으로 전이되도록 구성하며 잠자는 영역과 인접하여 배치한다. 음식에 대한 초기 경험은 영아의 사회적 태도에 영향을 미치게 되므로 조용한 환경에서 개별적 관심을 받으며 음식을 먹는다면 소중하게 보호받는 느낌을 받게 될 것이다.

이 영역에는 각 가정에서 가져온 모유나 이유식을 보관할 수 있도록 실내에 냉장고와 간단히 데울 수 있도록 전자레인지가 구비되어 있어야 한다. 우유병을 사용하는 어린 영아일 경우 안고 먹일 수 있도록 흔들의자를 준비하는 것이 바람직하며 먹다 남은 우유나 이유식 등은 다시 먹이지 않도록 한다.

(10) 낮잠 및 휴식영역

충분한 휴식 및 수면은 영유아의 신체발달 및 수면 이후의 활동에 긍정적인 영향을 미치게 되므로 숙면을 취할 수 있는 환경을 마련해야 한다. 낮잠이나 휴식공간은 교사가 쉽게 상황을 관찰할 수 있는 공간이어야 하며 수면을 돕기 위해 자연채광 및 빛의 밝기를 조절할 수 있는 장치를 마련해야 한다.

나이가 어린 영아일수록 높은 침대보다는 바닥에서 많이 떨어지지 않은 침대나 바닥에서 재우는 것이 안정적이다. 침구류는 개별로 사용해야 하되 땀을 잘 흡수할 수 있는 면소재로 하며 통풍이 잘 되는 곳에 보관하고 정기적으로 일광소독을 실시해야 한다.

(11) 흥미영역의 재구성

앞에서도 설명하였듯이 흥미영역은 영유아의 놀이 진행에 따라 영역 간 연계 또는 통합이 가능하고, 공간을 축소 또는 확장하는 것이 가능하다. 흥미영역은 고정된 것이 아니라 영유아의 흥미와 욕구를 반영하여 충분히 재구성할 수 있으며, 영유아의 놀이가 통합적으로 이루어진다는 것을 이해한다면 그 놀이를

〈사진 10-11〉 새롭게 만들어진 빛놀이공간

존중하여 영역 간의 연계 또는 통합이 자연스럽게 이루어질 수 있을 것이다. 또한 공간의 크기도 변화할 수 있음을 이해해야 한다. 앞서 소개한 영역들의 이름도 영유아들과 함께 정해볼 수 있으며, 새롭게 만들어지는 놀이 상황에 따라 새로운 흥미영역이 만들어질 수도 있다.

4. 실외환경

영유아의 건강한 발달을 위해서는 실내환경은 물론 실외환경도 중요하며 실외에서의 다양한 신체적인 활동은 영유아의 활동욕구와 교사의 통제욕구 사이의 긴장을 해소하는 데 일조하는 역할이 되기도 한다(최목화 외 역, 2009). 영유아는 실외활동 시 소음에 긴장하지 않고 실내에서 불가능했던 다양한 활동을 하며 내적 에너지를 마음껏 발산할 수 있어 신체적으로 뿐만 아니라 정서적으로 성장할 수 있는 기회를 갖게 된다. 그러나 도심 속 좁은 공간에서 살아가고 있는 영유아들에게 반드시 필요한 공간임에도 설치비용 등의 이유로 실외활동을 축소하거나 간소화하여 대근육활동 위주의 동적인 놀이기구 몇 점을 비치하는 등 형식적으로 설치하는 사례가 발생하기도 한다.

동적인 놀이기구와 정적인 놀이기구가 적절히 구비된 바람직한 실외환경은 영유아들에게 활동을 다양하게 확장시키도록 고무하며 또래들과 함께 집단을 구성하여 신체적 성장과 사회성 발달을 증진시키는 기회를 제공한다. 반면에 바깥 놀이터에 시소나 그네 등의 몇 가지 놀이기구들만 비치되어 동시에 많은 영유아들이 이용해야 할 경우 결국 몇몇 영유아들의 전유물이 되거나 기다림이 긴 줄서기가 강요된다면 오히려 영유아에게 스트레스나 좌절감을 주며 갈등의 요인이 되기도 한다(서영숙, 김경혜, 2006).

그러므로 어린이집에서는 영유아들이 안전하게 다양한 신체활동을 할 수 있도록 발달에 적합한 실외활동 기구를 설치할 뿐만 아니라 진행되는 주제에 따라 다양한 대·소근육 활동자료를 충분히 제공함으로써 공간이나 놀잇감으로 인한 갈등을 최소화해야 한다.

1) 실외환경의 구성

일반적으로 어린이집의 실외환경이 갖추어야 할 몇 가지 특성을 살펴보면 다음과 같다. 실외환경의 위치는 밝고 햇볕이 하루 종일 비치는 건물의 남쪽 편이 좋으며, 출입문은 영유아들이 드나들기 쉽고 출입구의 길은 평평하거나 약간 비스듬하게 설치하며, 잔디나 자갈을 깔아 흙이나 모래가 실내에 들어오지 않게 해야 한다. 실외환경 공간계획에 있어서는 실외공간의 전체 면적 중 1/2~2/3 정도는 잔디를 심고 자전거길이나 통로는 딱딱한 바닥으로 하고 꽃이나 나무를 심을 수 있는 곳에는 흙땅으로 두며 놀이기구가 설치된 곳에는 모래나 완충소재를 깔아 두는 것이 바람직하다.

실외환경이 갖추어야 할 조건으로는 첫째, 안전해야 하며, 둘째, 실내환경에서 이루어지는 활동과 유사한 활동이 이루어지도록 구성해야 하고, 셋째, 실내활동과 마찬가지로 영역이 구분되어 구성할 것과 마지막으로 심미적인 즐거움을 줄 수 있도록 구성되어야 한다. 서영숙과 김경혜(2006)는 실외환경 구성의 원리를 다음과 같이 설명하였다.

(1) 안전성

실외환경은 우선적으로 안전하게 구성되어야 하며 놀이기구들을 매일 점검하여야 한다. 그네, 오르기 기구 등은 땅에 단단히 고정되어 있는지, 못, 유리, 바위 등과 같은 위험한 물건들이 바닥에 떨어져 있는지, 예리한 모서리, 튀어나온 못 등은 없는지 미리 점검해야 한다.

실외환경을 구성함에 있어서 안전을 위해 고려하여야 할 사항은 다음과 같다

(Marhoefer & Vadnais, 1988).

- 영유아들의 신체치수에 맞는 기구를 제공한다.
- 기구가 설치된 영역에 맞는 놀이를 제공한다.
- 영유아들이 도전할 수 있으면서 안전을 최우선으로 고려한다.
- 미끄럼틀, 시소, 그네는 영유아가 쉽게 놀이할 수 있도록 구성한다.
- 기구의 끝마무리를 잘하여 갈라진 틈이나 모서리가 없도록 구성한다.
- 기구에서 떨어지는 경우 크게 다치는 일이 없도록 바닥에 고무판이나 모래를 깐다.
- 놀이하다 영유아들 간에 서로 부딪히는 일이 없도록 배치한다.
- 안전한 높이의 난간을 만들어 사고로 떨어지는 일을 미연에 방지한다.
- 시설물 아래에 나무껍질이나 모래, 나무판 같은 쿠션재를 깔아 사고를 줄일 수 있다.
- 영유아의 몸이 시설물 사이에 끼일 정도의 틈이 있는지 점검한다.
- 시설물 접촉부분에 영유아의 옷이 걸리지 않게 해야 한다.
- 시설물에 날카로운 모서리나 돌출부분이 있는지 점검한다.

(2) 다양한 기구와 설비

기구와 설비를 다양하게 갖추어야 한다. 다양한 기구들은 영유아들이 근육을 사용하여 협응능력을 기르는 데 도움을 준다. 미는 장난감, 기어오르는 기구, 그네, 장난감집, 모래 파내는 도구 등은 실외영역에서 기본적인 기구들이다. 그네 타고 정글짐에 올라가고 자전거를 타면서 공간지각을 배울 수 있으며 평형감각을 발달시킬 수 있다. 비용이 들지 않는 재료들이라도 적절히 바깥 놀이터에 비치해 주면 온갖 작업이나 운동, 상상놀이를 하는 데 유용하다. 냉장고 등을 감쌌던 커다란 상자나 나무받침대, 바구니, 바퀴, 널빤지 등도 각종 극놀이나 무대장치 같은 것을 만드는 데 유용하게 쓰인다. 바깥 놀이터는 벽면에 커다란 천이나 종이를 붙여 벽화를 제작할 수도 있고, 이젤 등을 갖춘 미술활동, 물놀이, 목공놀이, 악기연주 등을 하기에도 좋은 공간으로 공룡 같은 커다란 물체 구성과 만들기를 할 수도 있다.

(3) 영역 구분과 바닥표면의 다양화

영역 구분과 바닥표면이 다양화되어야 한다. 실내영역과 마찬가지로 실외영역도 영역이 구분되어야 한다. 뛰뛰기, 오르기, 구덩이 파기 등과 같은 다양한 종류의 신체활동을 위한 공간을 주의 깊게 계획해야 한다. 커다란 나무나 천막이 처진 구역은 햇빛을 막아 그늘을 만들어 주며 조용히 책을 보거나 게임을 하고, 편안히 쉴 수 있는 분위기를 제공해 준다.

모형 집을 놀이터에 설치해 주면 햇빛을 가려 주기도 하며 사회화와 문제해결 기술을 고무해 주는 놀이를 즐기는 장소가 된다. 여러 표면들은 아이들에게 안전과 탐구심을 제공해 주는 데 필요하다. 기어오르는 기구와 그네 밑에는 모래, 푹신푹신한 매트, 나뭇조각 등과 같은 충격흡수재질로 표면 처리한다. 잔디는 뛰어다니고 게임을 하는 데 유용하며, 아스팔트와 시멘트는 자전거 타는 데 좋은 길을 만들어 준다. 바깥놀이터에 수도가 연결되어 있다면 손발을 씻거나 날씨가 좋을 때는 물놀이를 할 수 있으며 그림 그리기나 과학활동, 모래놀이에도 유용하다.

(4) 심미적 즐거움

심미적 즐거움을 제공해야 한다. 실외놀이는 영유아들이 제한된 공간에서 제약을 받고 놀이하던 실내공간에서 벗어나 긴장을 풀고 자유로이 활동할 수 있는 영역이다. 또한 자연의 변화와 아름다움을 체험할 수 있는 공간이므로 가능한 자연물이 포함될 수 있도록 공간구성을 함으로써 자연의 변화와 아름다움을 느낄 수 있는 기회를 제공해야 할 것이다. 예를 들어 사계절의 변화를 느낄 수 있는 나무, 꽃화단 등이 마련되고 야채들을 가꿀 수 있는 텃밭 가꾸는 공간, 동물사육장 등은 영유아들로 하여금 점차 메말라가는 생태적 감수성을 개발시켜 자연환경의 아름다움과 고마움을 경험할 수 있는 기회가 될 것이다.

또한 실외 놀이터 도색 시 천편일률적으로 삼원색을 사용해 시각을 자극하는 경향이 있는데 주변 전경에 자연적 미를 반영할 수 있는 색채를 선정하거나 그 위치의 단조로움을 보상할 수 있는 색채를 선정한다면 영유아들의 미적 감수성을 높이는 계기가 될 것이다.

2) 실외환경의 내용

실외환경에는 실내에서와 마찬가지로 다양한 활동이 이루어질 수 있도록 영역을 배치해야 하는데 특히 어린이집의 실외 놀이터는 여러 연령이 함께 이용하게 되므로 영아들이 안전하게 실외놀이를 할 수 있도록 유아들과 시간을 구분하여 계획하여야 한다(양옥승 외, 2011). 실외놀이 공간에 구성할 수 있는 활동영역에 대해 알아보면 다음과 같다.

(1) 휴식영역

〈사진 10-12〉 휴식영역

휴식영역은 대부분 실외 놀이터에서 마련하지 않는 영역이지만 활발하게 놀이하고 싶지 않거나 몸이 아플 경우 또는 열성적으로 놀다 힘이 들어 쉬고 싶을 때 필요한 공간이다. 이 공간은 부드럽고 편안한 느낌을 주는 개인적인 공간으로 나무그늘 밑에 돗자리나 평상, 벤치 등을 준비해 둔다.

(2) 운동놀이영역

운동놀이영역은 미끄럼틀이나 그네 등과 같은 구조물을 이용하거나 움직임을 유발하는 공, 막대 등의 도구를 이용한 놀이가 주로 이루어진다. 구조물들은 영아용과 유아용을 분리 설치해야 하며 모서리, 칠 등이 안전하게 처리되어야 한다.

(3) 역할놀이영역

실외에서의 역할놀이는 실외에서 발견되는 자연물을 이용해 놀이하게 되므로 영유아의 상상력을 자극하게 된다. 특히 모래놀이영역과 가까이에 놀이집과 놀잇감을 마련해 준다면 모래놀이와 역할놀이가 연계되어 확장된 활동으로 나타나게 된다.

〈사진 10-13〉 역할놀이 정리공간

(4) 물놀이영역

물은 정해진 모습과 틀이 없이 다양하므로 영유아에게 연령에 상관없이 즐거움과 환상을 제공한다. 물놀이는 실내 · 외에서 이루어질 수 있으며 특히 주변의 바닥이 미끄러지지 않도록 배려해야 하고 위생상 물을 쉽게 갈아줄 수 있도록 배수시설이 갖추어져 있어야 한다.

(5) 모래·흙놀이영역

모래나 흙놀이영역은 주로 실외에서 이루어지며 영유아의 호기심과 흥미를 자극하여 다양한 탐색을 통한 감각경험 및 창의력이 발달된다. 모래나 흙은 먼지 발생을 막기 위해 자주 물을 뿌려주어야 하고 유리 파편이나 동물의 배설물이 있는지 정기적인 검사와 소독을 실시해야 하며 모래나 흙이 유실되므로 1년에 1, 2회 보충해 주어야 한다.

〈사진 10-14〉 모래 · 흙놀이영역

(6) 목공놀이영역

〈사진 10-15〉 목공놀이영역

목공놀이영역은 소음이 발생하고 활동적이므로 다른 활동에 방해가 되지 않는 곳에 배치한다. 망치, 톱, 드라이버와 같은 목공용 도구를 사용해 나무 등을 자르고, 붙이고, 못질하고, 무엇인가를 만들어 보면서 물체의 성질과 촉감, 특성, 차이점 등을 알 수 있는 창의적인 영역이다. 목공놀이에 필요한 작업대를 마련해 주어 서너 명 정도 함께 작업하도록 한다. 위험성이 따르는 작업이므로 교사는 활동과정을 항상 지켜보며 보안용 안경 등을 준비해 영유아의 안전관리에 특히 세심한 배려를 해야 한다.

(7) 탈것영역

바퀴 달린 놀잇감인 자전거, 자동차 등을 탈 수 있는 공간과 길을 마련해 주고 주차할 공간도 필요하다. 자전거길 위에는 횡단보도, 중앙선 등의 교통규칙을 배울 수 있는 기회를 제공한다. 세차 및 주유 등을 할 수 있는 공간이 제공된다면 영유아의 놀이가 다양하게 확장될 것이다.

(8) 동식물 기르기 영역

식물 기르기 영역은 햇볕이 잘 들고 배수가 원활하며 바람이 잘 통하는 곳에 설치한다. 꽃밭이나 텃밭 공간이 부족하다면 화분을 이용할 수 있다. 동물사육은 동물로부터의 병이 전염되지 않도록 위생적 관리가 철저히 이루어져야 할 것이다. 동식물 기르기 영역은 물이 필요하므로 물 가까이에 배치하는 것이 바람직하다.

〈사진 10-16〉 동식물 기르기 영역

(9) 그 밖의 영역

영유아의 흥미와 관심에 따라 놀이공간을 꾸밀 수 있다. 그 예로 바깥놀이 공간에서도 음률영역을 만들어 마음껏 놀이하기도 하였다.

〈사진 10-17〉 음률영역

무엇보다 매일매일을 함께 살아가는 영유아와 함께 공간을 구성해 보면 어떨까요?

영유아의 놀이와 일상생활을 보면서 교사가 융통성 있게 공간을 바꾸어 볼 수도 있고, 영유아에게 생각을 물어볼 수 있다. 함께 교실을 만들어가는 과정에서 어린이집 교실이 나의 공간이 생각이 커진다. 스스로 공간을 구성할 수 있다는 자신감, 어려움이나 문제점이 있을 때 해결하고자 하는 적극성이 커진다. '이렇게 하면 어떻게 될까?' 하며 상상하고 함께 협력하는 경험을 하게 된다.

출처: 서울특별시육아종합지원센터(2020). 좋은 교사되기 핸드북.

어린이집 실외놀이터 이외에도 지역사회의 놀이터 또는 산책로를 이용하기도 합니다. 그렇다면 지역사회 환경은 어때야 할까요?

놀 권리가 보장되는 지역사회 환경

Tim Gill(유니세프 · 성북구, 2018)은 "놀이정책 국제포험-놀 권리, 지역에 뿌리내리기"라는 이름의 국제포럼에서 아동의 놀 권리를 충분히 보장하는 지역사회 환경을 만들기 위해서는 다음의 사항들에 집중해야 한다고 주장한다. 주목할 만한 것은, 아동의 놀 권리 보장을 위하여 놀이 혹은 놀이터 자체에만 집중하지 않았다는 것이다. 대신, 아동의 일상 속 자유의 증진, 그리고 놀이터에서 나아가 아동이 안전하고 자유롭게 활동할 수 있는 지역사회의 물리적 환경 구축을 강조한다.

〈표 10-2〉 Tim Gill이 제안한 아동의 놀 권리 보장을 위한 지역사회 환경 구축 방안

	내용
아동의 놀 권리 보장을 위한 두 가지 원칙	첫째, 아동의 일상 속 자유에 집중해야 한다. 둘째, 놀이를 위해 단순히 놀이터나 놀이 공간에만 집중하는 것이 아니라, 아동이 자유롭게 친구들과 어울릴 수 있는 기반시설 구축에 집중해야 한다.
세부 방안	• 최근 수 십년간 전 세계 아동은 성인의 통제와 간섭으로 인해 일상 속 자유가 점점 줄어들고 있음. 아동이 자유를 맛보고 책임감을 기르며 성장할 수 있는 방법을 찾아야 함. • 동네에서 아동이 선택할 수 있는 폭이 넓어야 하며, 동시에 아동이 바깥에 마음껏 돌아다닐 자유가 있어야 함. 즉, 시설과 공간뿐 아니라 이에 대한 아동의 접근성과 자유에 대해서도 생각해야 함. • 아동이 좋아하는 장소: 친구와 놀 수 있고 안전하며 다양하고 자유로운 활동을 할 수 있는 녹지 vs. 아동이 좋아하지 않는 장소: 차량이 많거나 쓰레기가 굴러다니는 곳 • 아동이 성인 없이도 안전하고 건강하게 지낼 수 있는 도시를 만들어야 함. 예) 네덜란드 로테르담: 차량을 줄이기 위해 도로 재설계, 아동과 가족이 길거리를 탐험하도록 인도 개선, 자전거 길 개선 • 성인의 시각 변화 필요. 전 세계 곳곳의 성인들은 아동의 안전에 지나치게 신경씀으로써 아동이 탐험하며 신나게 놀고 모험할 수 있는 기회를 빼앗음. 반드시 모든 위험요소를 기피해야 하는 것은 아님. 예) 런던 올림픽공원 내 놀이터 Tumbling Bay: 위험-이익 평가 도구 이용하여 아동이 충분히 탐험하고 모험하고 도전하면서 자신의 안전을 지키는 방법을 배울 수 있는 놀이터 설계 • 아동이 디지털 화면 속이 아닌 바깥에서 시간 보내기를 원한다면, 공원, 학교 운동장, 길거리, 동네 살펴보고 아동기반 시설이 아동을 위해 얼마나 잘 작동하고 있는지 끊임없이 질문해야 함. • 아동의 놀 권리와 일상의 자유를 위해 함께 싸워야 함.

자료: 유니세프 · 성북구(2018). 놀이정책 국제포럼-놀 권리, 지역에 뿌리내리기. pp.17-29 내용을 요약 · 정리함.

〈표 10-3〉 아동이 풍요롭게 놀 수 있는 환경의 구성요소 및 각 주체의 역할(아마노 히데아키 제안)

<table>
<tr><th colspan="2">환경의 구성요소</th></tr>
<tr><td colspan="2">1. 풍요로운 놀이환경을 측정하는 지표: 어린이가 스스로 부수어도 되는 것이 얼마나 있는가?</td></tr>
<tr><td colspan="2">① 물건: 나무를 부수어 종이를 만든다. 판을 잘라 무언가를 만든다. 부수지 않고서는 어떠한 것도 만들 수 없다. 창작은 이러한 행동의 반복을 통해 자라난다.
② 이미지: 나뭇가지 하나를 보며 다양하게 상상한다. '지휘자의 지휘봉', '마법 지팡이', '땅에 그림을 그리는 도구', '칼' 등 상상력은 이러한 상황 속에서 자라난다.
③ 규칙: 장소와 사람 수, 연령과 성별 등 다양한 조건에 따라 기존의 규칙에서 벗어나 새로운 규칙을 만든다. 이 과정에서 '어린이의 세계관'이 자라난다.
④ 관계: 친구들과 부딪히며 싸우는 과정을 통해 인간관계를 회복하기 위해 노력한다. 이를 반복하면서 소통능력을 기른다.</td></tr>
<tr><td colspan="2">2. 과정을 소중히 여기는가?: 도시화되지 않은 공간</td></tr>
<tr><td colspan="2">• 도시화의 특징 중 하나는 목표를 달성하기 위해 과정을 최대한 합리화하고 간소화하는 것이다. 그러나 놀이는 '과정'이 중요하다.
• 도시화에는 경제적인 요소도 중요하게 작용한다. 설명 혹은 지시대로 물건을 사용할 것을 요구하기 때문에 완성품을 부수면 안 되며 사용자는 수동적일 수밖에 없다.</td></tr>
<tr><td colspan="2">3. 다양성을 보장하는가?</td></tr>
<tr><td colspan="2">① 사회적 다양성: 세대 / 장애의 유무 / 민족 / 사회적 위치 등이 얼마나 다양한가?
② 환경적 다양성: 소재 / 도구와 공구 / 재료 / 생물 등이 얼마나 다양한가?</td></tr>
<tr><td colspan="2">4. 어린이에게 영향력이 큰 환경 = 어른</td></tr>
<tr><td colspan="2">아무리 매력적인 공간이더라도 어른들의 지시와 설계에 따라 어린이들을 움직이게 하면 결과적으로 모든 게 엉망이 될 수 있다.</td></tr>
<tr><th colspan="2">각 주체의 역할</th></tr>
<tr><td>지역주민</td><td>① 놀이를 일상에서 쉽게 접하는 문제로 생각한다. 문제에 대한 대응이 신속하고 개별 어린이에 대해 관심을 가질 수 있으며, 여러 분야에 종사하는 주민들이 존재하는 만큼 다양한 능력을 서로 공유할 수 있다. 주민들끼리 서로 동등한 위치에서 소통할 수 있다.
② 예산이 없고 통솔하기 어려우며 원칙과 제도가 없다. 계획성을 가지고 움직이기 어렵다.
③ 한 어린이가 가진 문제에 대한 해결책을 마련할 수 있어 개별 사례와 관련해서는 신속, 정확하게 움직일 수 있지만, 한 어린이의 문제를 통해 제도를 바꾸는 것까지 나아가기 매우 어렵다.</td></tr>
</table>

각 주체의 역할	
정부 (행정)	① 장점: 예산이 있고 제도화가 가능하다. 한 번 결정되면 위에서 아래로 내려가는 형태로 조직을 움직일 수 있다. 담당자가 바뀌어도 계속 유지된다. ② 단점: 절차에 따라야 하기 때문에 시간이 걸린다. 매뉴얼이 있지 않은 프로젝트는 움직이지 않고 개별 대응이 어렵다. 수직적인 형태로 진행되기 때문에 수평적으로 연계되기 어렵다. ③ 종합적인 관점에서 필요한 것을 제도화하고 예산을 구성하는 것은 가능하지만 이를 추진하는 데 상당한 시간이 걸리며 개별 사례에 맞게 일일이 대응하기 힘들다.
NPO	① NPO는 지역 주민과 행정 간의 연결 고리 역할을 담당할 수 있다. ② 지역 주민과 행정의 장단점은 서로 뒤바뀌어 있을 정도로 정반대의 성격을 지니고 있다. 다양한 사회적 입장에 있는 어른들이 어린이에게 힘이 될 수 있도록 NPO는 각 입장의 접점을 끌어내며, 중요한 사회적 역할이 될 수 있다. ③ NPO 자체가 사회적 자원과 다양한 네트워크를 맺는다면 문제해결의 가능성은 더욱 높아진다. ④ NPO를 통해 수직적인 행정은 쉽게 극복될 수 있다. 한 어린이가 겪는 문제를 해결하기 위해 여러 부서를 연계하며 행정을 촉진시킬 수 있다. ⑤ 각기 다른 생각을 가진 개개인의 주민들을 연결하여 공동체를 형성하는 데 도움을 줄 수 있다

자료: 유니세프 · 성북구(2018). 놀이정책 국제포럼-놀 권리, 지역에 뿌리내리기. pp.32-33.

한편, 아동의 놀이할 권리(right to play)에 관한 책에서 Foley와 Castranova(2004)는 간단하면서 아동이 자유롭게 조작할 수 있는 개방적인 재료(open-ended materials)와 환경(simplified environment)의 중요성을 강조한다(Foley & Castranova, 2004: 217). 창의적인 놀이를 위한 구역(zone)은 활발한 학습구역(active learning zone), 탐험적 놀이 공간(adventure play area), 조용한 구역(quite zone), 자연 구역(nature zone), 그리고 동물 구역(animal zone)이 포함된다(Daurte, 2004: 226-227). 활발한 학습구역은 아동이 안전한 방식으로 그들의 근육기술을 자유롭게 연습할 수 있는 공간을 의미하는데, 다양한 움직임 옵션을 제공하는 큰 조각(piece)의 장비들로 이루어져 있고, 이를 위한 활발한 학습구역에는 작은 사이즈의 기어오르는 기구(climber), 언덕, 걷기 공간이 포함될 수 있다. 탐험적 놀이 공간의 경우, 신생아(infant), 걸음마기아(toddler), 그리고 유아(preschool)를 위한 공간이 사이즈, 안정성, 복잡성 측면에서 매우 달라야 한다. 탐험적 놀이 공간은 시간에 따라 변하는 장비에 적합해야 하고 다양한 레벨의 경사로, 파빌리온 (pavilion), 계단, 미로, 터널, 통로 등이 포함될 수 있다. 조용한 공간은 조용한 성찰(reflection), 관찰, 혼자 있는 시간을 위한 장소로, 작은 텐트, 작은 구조물, 벤치, 피크닉 테이블 등이 포함된다. 자연 공간은 숲, 물, 꽃 정원, 채소밭 등으로 통하는 램프와 다리가 포함될 수 있고, 자연적인 지형(terrain)이 있는 공간이면 아주 좋다. 마지막으로 동물 공간에는 새집, 햄스터 케이지, 토끼 등이 포함될 수 있는데, 여기에는 동물에 대한 안전과 보호에 대한 매우 구체적인 표시판이 있어야 한다. 벌레, 나비채 등이 있는 과학테이블은 이 공간의 주제를 바꿀 수 있는데, 이러한 프로젝트는 어떤 놀이 공간에서도 이루어질 수 있다(Daurte, 2004: 227).

어린이 놀이시설 혁신을 위한 토론회에서 제충만(2015)은 한국의 놀이터 관련 규정의 문제점을 지적하고, 아동의 놀 권리 확보를 위한 놀이터를 위한 법적, 제도적 방안을 제안한다. 토론문에 의하면, 놀이기구가 없더라도 지형과 자연물 등을 활용해서도 아동이 활발하게 놀이할 수 있지만 국내법상 일정 규모 이상 주택단지에는 놀이터를 설치해야 하는데, 놀이기구가 설치된 곳만 놀이터로 인정받을 수 있고(주택건설기준 등에 관한 규정 제55조의2) 놀이기구에만 초점을 맞추어서 안전 평가를 실시하도록 한 「어린이 놀이시설 안전관리법」으로 인해 구조적으로 새로운 놀이터를 만들기 어려울 뿐만 아니라 설치된 놀이터에서도 아동의 놀 권리가 제한된다고 하다. 이러한 상황에서 새로운 유형의 놀이기구가 개발되기 어렵고, 위험해 보이지 않으면서 관리가 쉬운 획일적인 놀이터가 양산된다고 지적하였다. 따라서 놀이시설의 정의를 "어린이가 야외에서 놀 수 있도록 만들어진 공간, 즉 터의 개념으로 바꾸어야 한다."고 제안하였다.

한편, 안전관리법이 2008년 시행되었음에도 해마다 놀이터 안전사고 건수가 증가한 것을 통해, '안전'에 대한 새로운 개념화를 제안하였다. 놀이터의 위험요소는 놀이기구에만 존재하는 것이 아니기 때문에, 놀이기구 중심의 안전관리체계를 놀이터 주변의 위험요소까지 고려한 'School Zone', '학교환경위생정화구역'과 같은 체계로 개편할 것을 제안하였다. 오히려 아동에게 적당한 위험을 경험하게 하는 유럽 놀이터의 안전사고 비율이 한국보다 낮은 것을 통해, 아동에게 적당한 모험과 위험처리능력 발달의 기회를 제공하는 놀이터를 만들 수 있도록 안전관리체계의 개편이 필요하다고 주장하였다.

출처: 김은영, 강은진, 김혜진, 최혜영(2019). 유치원과 어린이집 격차 완화를 위한 로드맵 연구(II): 물리적 환경을 중심으로. 육아정책연구소.

참고문헌

김영옥, 백혜리, 최미숙, 황윤세(2010). **아동발달론**. 공동체.

김은영, 강은진, 김혜진, 최혜영(2019). 유치원과 어린이집 격차 완화를 위한 로드맵 연구(Ⅱ): 물리적 환경을 중심으로. 육아정책연구소.

보건복지부(2020). 2020 보육사업안내.

보건복지부, 한국보육진흥원(2019). 2019 어린이집 평가 매뉴얼.

서영숙, 김경혜(2006). **보육학개론**. 양서원.

서영숙, 서지영(2002). **레지오 에밀리아 접근법: 다양성과 협력의 가치**. 학지사.

서울특별시육아종합지원센터(2020). 좋은 교사되기 핸드북.

유니세프 · 성북구(2018). 놀이정책 국제포럼–놀 권리, 지역에 뿌리내리기.

정선아 외(2019). 개정 누리과정; 놀이이해자료집. 교육부, 보건복지부.

제충만(2015). 아동의 놀 권리로 본 어린이 놀이시설 안전관리법과 개선방안. 어린이 놀이시설 혁신을 위한 토론회(이학원의원 주관) 자료집, 101–108.

최목화 외 역(2009). **보육시설 환경디자인**. 교문사.

Duarte, G.(2004). The collaborative play of parents, children, and teachers in creating a diverse play space. In R. L. Clements, & L. Fiorentino(Ed.), *The child's Right to Play – A Global Approach*(pp.225–232). Westport, CT: PRAEGER.

Foley, G. M., & Castranova, J.(2004). Simplifying the envirionment: A look at the effects of open–ended materials on young minds. In R. L. Clements, & L. Fiorentino(Ed.), *The child's Right to Play – A Global Approach*(pp.217–220). Westport, CT: PRAEGER.

Marhoefer, P. E., & Vadnais, L. A.(1988). *Caring for the developing child*. Albany, NY: Delmar Publisher Inc.

환경사진 출처: 구립 백송어린이집.

Chapter 11

어린이집 유형과 운영

어린이집 유형과 운영

현대사회의 가족 구조 변화와 여성의 경제활동 참여율의 증가, 저출산율 심화 등의 사회변화는 가족친화적인 성격의 보육사업에 대한 요구가 높아지게 되었고, 이에 따라 정부는 보육은 국가의 생존과 번영을 위한 전략사업으로 보고 그에 대한 지원을 확대하고 있다.

이에 다양한 보육유형과 그 현황에 대해 살펴봄으로써 우리나라의 전반적인 보육실태를 알아보고자 한다. 아울러 보육 서비스의 질을 향상시키기 위해 요구되는 인적 · 물적 관리의 내용을 포함하는 어린이집의 전반적인 운영관리에 대해 알아본다.

1. 어린이집 유형과 운영

보육제도와 형태는 각 국가들의 사회문화적 배경이나 여건에 따라 다르게 운영되고 있다.

국가마다 보육을 보는 관점에 따라 운영체계는 차이가 있으나 저출산과 맞물려 보편적으로 부모의 양육부담을 경감시키고 국가와 사회가 보육서비스를 지원해야 한다는 방향으로 정책이 마련되고 있는 추세이다.

한국의 보육정책도 2004년 영유아 보육법 전면 개정 이후 한국은 유례없는 지속적 성장을 하였고, 특히 지난 10여 년 간 보육정책의 패러다임 전환이라고 볼 수 있는 굵직한 변화들이 나타났다. 취약계층 중심의 선별적 보육 지원에서 2013년 전체 영유아를 대상으로 보육비 지원이 확대하면서 보육예산 또한 매년 지속적으로 증가해왔다.

또한 보육정책은 국·공립 어린이집의 획기적 확충 정책을 추진하여 양적인 확충을 이루었다.

국·공립 어린이집은 2009년 1,917개소로 전체어린이집 중 5,4%를 차지하였으나, 2020년에는 4,641개소로 142% 성장하여 전체어린이집의 13%를 차지하고 있다.

지난 10여 년 간 어린이집 형태별 양적 변화 비율을 보면 다음과 같다.

〈표 11-1〉 **어린이집 형태별 양적 변화 비율**

년도	국·공립 어린이집	사회복지 법인 어린이집	법인 단체 등 어린이집	민간 어린이집	가정 어린이집	협동 어린이집	직장 어린이집	총개소
2009	1,917	1,470	935	13,433	17,359	66	370	35550
	5.39%	4.13%	2.63%	37.78%	48.82%	0.18%	1.04%	100%
2020	4641	1326	677	11810	15816	151	1183	35604
	13.03%	3.72%	1.90%	33.17%	44.42%	0.42%	3.32%	100%
개소의 변화 폭	+142.09%	-9.79%	-27.59%	-12.08%	-8.88%	+128.78%	+219.72%	
퍼센트의 변화폭	+7.64%	-0.41%	-0.73%	-4.61%	-4.4%	+0.24%	+2.28%	

보육의 공공성을 강조하는 사회적 분위기에 따라 국·공립 확충은 보육정책의 주요한 화두가 되어왔다. 서울시는 2020년 보육정책을 보육시설의 30%를 국·공립으로

채우고, 어린이집에 다니는 2명 중 1명은 국 · 공립을 다닐 수 있게 하겠다는 정책을 제시하고 있다(서울시보육비전2020). 하지만 최근 출산율의 저조와 지역적 편차 등을 고려할 때 양적 성장만의 강조에 대하여 여전히 논란의 여지가 많다. 단순한 양적 성장만을 강조할 것이 아니라 보육서비스의 질적 발전을 함께 도모하는 다각적인 노력이 동반되어야 할 것이다(서울시여성가족재단, 2015).

1) 운영주체에 따른 유형

영유아보육법에서는 어린이집의 종류를 다음과 같이 규정한다.

제10조(어린이집의 종류) 어린이집의 종류는 다음 각 호와 같다.
〈개정 2011. 6. 7., 2011. 8. 4., 2016. 2. 3., 2017. 3. 14.〉

1. 국 · 공립어린이집 : 국가나 지방자치단체가 설치 · 운영하는 어린이집
2. 사회복지법인어린이집 : 「사회복지사업법」에 따른 사회복지법인(이하 "사회복지법인"이라 한다)이 설치 · 운영하는 어린이집
3. 법인 · 단체등어린이집: 각종 법인(사회복지법인을 제외한 비영리법인)이나 단체 등이 설치 · 운영하는 어린이집으로서 대통령령으로 정하는 어린이집
4. 직장어린이집 : 사업주가 사업장의 근로자를 위하여 설치 · 운영하는 어린이집(국가나 지방자치단체의 장이 소속 공무원 및 국가나 지방자치단체의 장과 근로계약을 체결한 자로서 공무원이 아닌 자를 위하여 설치 · 운영하는 어린이집을 포함한다)
5. 가정어린이집 : 개인이 가정이나 그에 준하는 곳에 설치 · 운영하는 어린이집
6. 협동어린이집 : 보호자 또는 보호자와 보육교직원이 조합(영리를 목적으로 하지 아니하는 조합에 한정한다)을 결성하여 설치 · 운영하는 어린이집
7. 민간어린이집 : 제1호부터 제6호까지의 규정에 해당하지 아니하는 어린이집

(1) 국 · 공립어린이집

선진화된 복지국가들은 복지대상의 모든 영유아들에게 골고루 복지혜택을 제공하는 보편주의 정책을 수립하고 있다. 특히 영유아를 위한 프로그램은 모든 영유아의

성장 및 발달에 최적의 조건을 제공하고자 국가는 전폭적인 재정적 지원을 통해 영유아의 삶의 질 향상과 부모의 다양한 보육요구를 만족시키고자 노력하고 있다(양옥승, 1999). '육아천국'이라 불리는 프랑스나 스웨덴은 보육시설의 80% 이상이 국가가 운영하고 있는 대표적인 공보육을 실천하고 있는 나라로 꼽을 수 있는데, 일본도 국 · 공립 47%, 비영리법인 53%로 개인운영 어린이집은 거의 없는 것으로 보고되고 있다(한유미 외, 2005).

영유아보육법에서 국 · 공립어린이집은 국가나 지방자치단체가 설치 · 운영(위탁운영 포함)하는 어린이집으로 상시 영유아 11인 이상을 보육할 수 있는 시설로 명칭은 ○○어린이집으로 한다. 설치는 국가 및 지방자치단체의 장이 인가 절차 없이 직접 설치하되, 어린이집 수급계획 등을 포함한 보육계획을 사전에 수립하여 지방보육정책위원회의 심의를 거쳐야 한다고 규정하고 있으며, 저소득층 밀집지역 및 농어촌지역 등 취약지역, 산업단지지역 등에 우선 설치하는 등 지역별로 균형 있게 배치하는 것을 원칙으로 한다. 또한 지방자치단체는 「주택법」에 따른 신규 500세대 이상 공동주택에 설치되어야 하는 어린이집을 국 · 공립어린이집으로 운영하여야 한다.

국 · 공립어린이집은 지방자치단체로부터 위탁 운영되고 있으며, 2018년 보육실태조사에 따르면 개인위탁이 54.6%로 가장 많은 비중을 차지하며, 그 다음으로는 사회복지법인 위탁 15.2%, 종교법인 위탁 9.6%, 직영과 단체 위탁이 공히 5.8%로 조사되었다. 소재지별로 개인위탁 비율은 중소도시와 읍면지역에서 각각 71.7%와 75.9%로 평균보다 높은 수준이었으며, 대도시지역에서는 사회복지법인 위탁과 종교법인 위탁의 비율이 각각 22.8%와 14.1%로 이외 지역들에 비해 상대적으로 높게 나타 났다. 규모별로는 20명 이하에서 개인위탁 비율이 76.5%로 월등히 높게 나타나며, 기관 규모가 커질수록 개인위탁 비율은 줄고 사회복지법인 위탁이나 종교법인, 학교법인 위탁 비율이 증가하여 위탁체 유형이 보다 다양화되는 양상을 보인다.

국 · 공립어린이집을 운영위탁하는 경우, 공공성과 투명성을 바탕으로 다양하고 전문적인 보육서비스의 제공, 탄력적 운영, 책임 운영, 창의적 운영 등의 장점이 있다. 반면 위탁 운영의 단점으로는 위탁기간의 제한으로 연속적 운영 불가, 위탁경쟁의 과열 등이 지적되고 있다.

보건복지부는 국·공립어린이집 운영위탁에 관한 전국적인 통일성과 형평성을 확보하고 위탁체 선정의 객관성, 공정성, 투명성을 도모하고자 영유아보육법에 의거 '국·공립어린이집 위탁체 선정관리 권장 표준안'을 마련하여 사용하도록 하고 있다.

최근 국·공립어린이집 운영의 공공성 강화를 위해 사회보장원 우선위탁사업 실시를 통한 국·공립어린이집의 직영체제로의 전환에 대한 논의는 국·공립어린이집의 현재 운영위탁제의 단점을 해소하기 위한 타당한 대안으로 보기 어렵다. 국·공립어린이집을 직영하는 경우도 분명 문제점이나 단점은 존재하고 그 문제점이나 단점을 보완하고 극복하기 위한 대안 중 가장 실효성 있는 대안의 하나가 운영위탁제이기 때문이다(하은경, 2017).

2018년 우리나라 어린이집 이용 어린이 141만 5000명 중 국가가 책임지고 관리하는 '국·공립어린이집'에 다니는 경우는 14%(20만 명)에 머물고 있다. 특히 이용률은 지역별로 차이가 컸다. 이용률이 제일 높은 서울(35.1%)과 제일 낮은 대전(4.5%) 간에는 8배

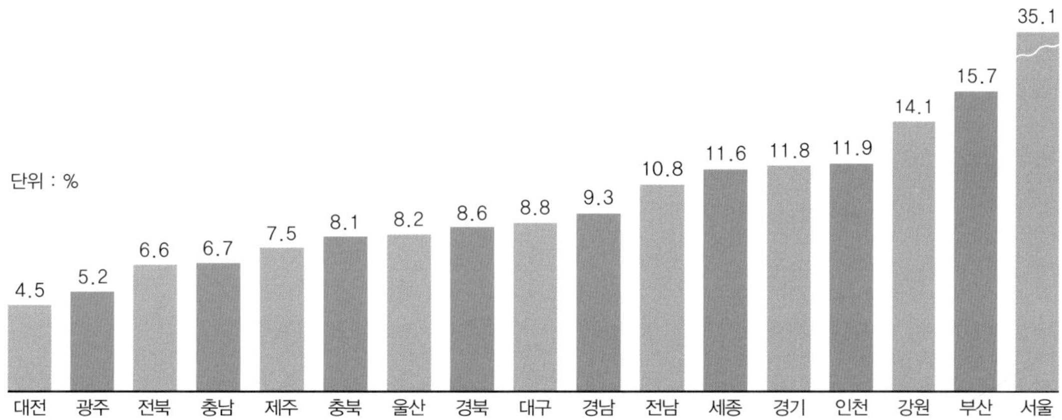

〈그림 11-1〉 **시도별 국·공립어린이집 이용률**

이상 차이가 벌어졌다.

보건복지부는 2019년 중장기 보육계획으로 국 · 공립어린이집 이용률 40% 달성을 위한 국 · 공립어린이집 확충과 특히 지방의 국 · 공립 확충 및 균형 배치 여건 개선을 포함하고 있다. 국 · 공립 설치는 지방정부가 모두 충당하기는 부담스러워 실제적으로 실행하기 어려운 면에 많으므로, 국 · 공립어린이집 확충방식의 다양화와 함께 정부는 지역에 예산을 더 배분해 국 · 공립어린이집을 선진국 수준으로 확충해 나가야 할 필요가 있다.

(2) 사회복지법인 어린이집/법인 · 단체 등 어린이집

사회복지법인어린이집은 「사회복지사업법」에 의한 사회복지법인이 설치 · 운영하는 어린이집을 명칭하며, 법인 · 단체 등 어린이집은 각종 법인(사회복지법인을 제외한 비영리법인)이나 단체 등이 설치 · 운영하는 어린이집을 말한다.

상시 영유아 21인 이상을 보육할 수 있는 시설을 갖추어야 하며, 관할 시장 · 군수 또는 구청장에게 사전에 인가를 신청해야 한다. 명칭은 '○○어린이집'으로 해야 하며, 유치원, 학원 등 유사기관으로 오인할 수 있는 명칭은 사용할 수 없다.

사회복지법인, 법인 · 단체 외 어린이집은 국 · 공립처럼 위탁심사가 아닌 '인가'를 통해 법인이 어린이집을 운영한다. 우리나라의 경우 사회복지법인이 운영하는 어린이집은 정부로부터 국 · 공립어린이집에 준하는 지원을 받고 있으며 국 · 공립어린이집과 보육료의 기준이 동일하다. 다만 국 · 공립은 5년마다 재위탁 또는 신규위탁 심사를 거쳐 운영이 적절하지 않는 경우 탈락되기 때문에 일정 부분 보육서비스 질을 담보할 수 있다는 점에서 차이가 있다.

2020년6월 보육통계에 의하면 전국 어린이집 35,605개소 중 사회복지법인 어린이집은 1,326개소, 법인 · 단체 등 어린이집은 677개소이며, 전국 1,202,601명 중 두 유형의 보육아동 현황은 110,321명이다.

(3) 직장어린이집

직장보육이란 보육에 대한 기업의 책임을 강화하고 근로자의 보육부담 경감을 위해 직장에 어린이집을 설치 및 운영하는 보육 형태를 지칭한다. 기혼여성의 경제활동 참여율이 증가하는 가운데 취업 여성들이 육아문제로 경력단절 현상이 나타나는 것을 방지하고 여성의 취업률을 향상시킴과 동시에 자녀양육 부담을 사회가 지원하기 위해 도입된 제도이다.

직장어린이집은 사업주가 사업장의 근로자를 위하여 설치 · 운영하는 어린이집(국가 또는 지방자치단체의 장이 소속 공무원 및 근로계약을 체결한 자를 위하여 설치 · 운영하는 어린이집 포함)으로 상시 영유아 5인 이상을 보육할 수 있어야 하며, 명칭은 '○○어린이집'으로 관할 시장 · 군수 또는 구청장에게 사전에 인가를 신청하여야 한다.

직장어린이집은 영유아보육법상의 설치기준을 모두 갖추어야 하며, 관할 시장 · 군수 또는 구청장에게 사전에 인가를 신청 사업주가 직장어린이집을 설치할 경우에는 안전사고 및 재난에 대비한 시설을 갖추어 건물 내 5층까지 보육실을 설치할 수 있다.

'상시 여성 근로자 300명 이상 또는 근로자 500명 이상을 고용하고 있는 사업장의 사업주는 직장어린이집을 설치해야 한다는 직장어린이집 설치를 의무화하는 법제를 마련하고 불응한 사업장의 명단을 공표할 수 있도록 하고 있다.

직장어린이집의 형태는 사업주가 단독으로 어린이집을 설치하는 유형, 공동 조합 모형으로 몇 개의 회사가 연합하여 어린이집을 운영하여 운영비용과 책임을 서로 나누어 부담하게 되는 유형, 재정지원형으로 자녀양육 수당을 지급하거나 면세혜택을 주는 방법, 정보지원형으로 육아에 대한 정보 제공과 소개 등으로 고용주의 육아지원 서비스 형태와 같이 다양하다.

공공기관 및 정부(재)투자기관, 정부출연기관 등의 경우 우선적으로 직장어린이집을 단독 또는 공동으로 설치 · 운영하도록 적극 지도하고 있으며, 부득이한 경우(사업장 내 또는 인근에 영유아의 안전을 위협하는 위험시설이 있거나 보육수요가 부족한 경우) 위탁보육으로 직장어린이집 설치를 대체하도록 한다.

직장보육은 부모에게 영유아의 보호에 대한 심리적 안정을 제공하고 휴식시간에 젖먹이 자녀를 돌보는 등의 양육이 허용되는 점에서 직원들의 충성심을 높이게 되고 작업능률을 증진시키게 되며 자녀양육과 관련해 결근이나 조기 출 · 퇴근 사례를 줄일 수 있다는 점에서 효과적이다.

정부에서는 직장어린이집의 설치비 및 운영 경비에 대한 직접적인 지원과 함께 간접지원으로 부동산 관련 세제지원, 소득세 또는 법인세 공제 및 개별소비세 면제 등의 세제지원을 통한 적극적인 지원을 하고 있어 2009년 370개소에서 2020.6월 기준 1,183개소로 220% 증가되었고, 보육아동 현황은 66,712명이다.

그러나 나이 어린 자녀를 데리고 출 · 퇴근해야 하는 어려움과 직장과의 거리, 교통혼잡 등으로 인한 번거로움, 잦은 야근, 외근 및 출장 등은 직장어린이집을 이용하는데 장애요인이 되기도 한다.

(4) 협동어린이집

보호자 또는 보호자와 보육교직원 11인 이상이 조합을 결성하여 설치 · 운영하는 어린이집으로 상시 영유아 11인 이상을 보육할 수 있어야 하며, 명칭은 '○○어린이집'으로 한다.

설치는 관할 시장 · 군수 또는 구청장에게 사전에 인가를 신청하며, 상시 영유아 20인 이하를 보육하는 협동어린이집은 가정어린이집을 설치할 수 있는 곳에도 설치할 수 있다.

보육아동을 둔 보호자 또는 보호자와 보육교직원 11인 이상이 상호 출자하여 공동자금을 마련하여 어린이집을 설치하며, 조합원의 3분의 2 이상의 찬성으로 업무집행자를 선임하며, 원장을 겸직하여 전임하도록 한다.

원장 선임, 교사 채용, 보육과정의 계획 및 운영 등 보육 운영 전 과정에 공동으로 참여하고 의사결정을 함으로써 수요자의 다양한 요구를 반영할 수 있는 긍정적인 측면이 있으나 조합 설립 초기 충당비율이 대상 가정에 부담이 되기도 하고 회원의 적극적인 참여가 이루어지지 않을 경우 참여자 간 갈등상황이 초래되기도 한다. 전국에 부모협동 어린이집 164개소, 초등돌봄교실 6,078개소, 대안초등학교 5개소(2018년 기준)가 있다.

(5) 민간 및 가정어린이집

우리나라는 1990년 후반 실행된 어린이집 3개년 확충계획에 의해 기하급수적으로 시설 수가 증가해 양적 확충의 목표가 달성되었다. 그런데 전체 어린이집에서 민간어린이집의 비중이 2005년 88.6%에서 2009년 94.5%로 증대되어 점차 그 비중이 더 높아짐을 알 수 있으며 민간어린이집 중 법인 시설과 직장보육, 부모협동 어린이집을 제외한다면 89%인 3만 7천여 개가 개인이 설립한 민간 및 가정어린이집인 것으로 나타나고 있다.

이는 정부가 시설 부족을 해결하기 위해 민간에게 시설 설치를 적극 유도해 온 결과이며, 이로 인해 어린이집 공급 부족 문제는 상당히 해소되었으나 열악한 시설, 낮은 교사 처우, 초과 보육으로 인한 교실 과밀화, 부모부담분 지속적 증가, 정부지원 시설과의 서비스 격차 등으로 인하여 민간주도의 양적 성장에 대한 반성과 함께 공보육에 대한 요구가 점점 높아지게 되었다.

정부는 기본보조금 제공 및 공공형 어린이집 도입을 통해 서비스 수준의 개선을 시도하였으나 그 효과에 대해서는 논쟁이 계속되어 왔으며, 정책적으로 공보육 확충을 강조하기 시작하면서 국·공립어린이집으로의 전환을 유도하여 민간 및 가정어린이집이 2014년 3만 8천 개소에서 2020년에는 2만 6천 개소로 32% 감소하였다.

국·공립어린이집은 2014년 2,489개소에서 2020년 4,641개소로 142% 증가하였다. 하지만 여전히 전체 어린이집의 77%에 달하는 민간·가정어린이집의 질적 수준 향상은 보육서비스 품질 향상에 중요한 과제이다.

〈표 11-2〉 전국 어린이집 연령별 보육아동 현황(2020년 6월 기준)

구분		계	국공립	사회복지 법인	법인 · 단체 등	민간	가정	부모협동	직장
전국	계	1,202,601	243,653	76,364	33,975	566,011	212,198	3,706	66,712
	만0세	75,276	10,066	1,772	666	19,023	41,757	64	1,928
	만1세	241,694	40,563	9,348	3,775	89,317	86,491	392	11,807
	만2세	325,754	57,921	16,661	6,936	145,938	82,389	779	14,950
	만3세	222,883	51,041	18,095	7,908	128,994	916	840	15,139
	만4세	179,027	43,764	15,186	7,303	98,697	357	861	12,859
	만5세	152,745	39,194	13,257	6,501	82,889	245	744	9,915
	만6세 이상	5,402	1,104	2,045	867	1,203	43	26	114

2) 보육장소에 따른 유형

(1) 자기 집 보육

자기 집 보육은 보육장소가 영유아 자신의 집이므로 정서적으로 안정되고 이동과정의 불편함이 없다는 점에서 부모가 편안하다는 장점이 있고 부모가 보육자를 선택할 수도 있다. 친숙한 자기 집에서 돌봄을 받게 되거나 가까이 사는 대리양육자(친척, 이웃)나 방문 베이비시터 등이 영유아의 집을 방문해 보육되는 형태이다.

영국의 내니(nanny) 개념 이후 모델화되었는데 우리나라에서는 2008~2015년까지 자기 집 보육 형태로 경기도에서 '가정보육교사제'를 실시하였다. 경기도에서 실시한 가정보육교사제는 육아종합지원센터가 자격 있는 보육교사와 방문보육 요구가 있는 가정을 연결해 취업여성들의 양육부담 경감을 통한 저출산 문제 해소 및 여성의 사회적 진출 확대, 재정 지원을 통한 보육료 경감, 보육교사 일자리 창출 등을 목표로 실시하였으나 재정적인 문제로 폐지되었다. 현재 여성가족부에서 아이돌보미 제도가 실시되고 있다.

아이돌보미 제도는 만 12세 이하 아동의 집으로 찾아가 임시보육, 놀이활동, 등·하원 동행 등 돌봄서비스를 제공하는 제도로 종합형과 보육교사형이 있다. 종합형은 시간제 돌봄에 아동과 관련한 가사를 추가하여 돌봄을 제공하며, 영아종일제 돌봄으로 만 3~24개월까지 이유식 먹이기, 젖병 소독, 기저귀 갈기, 목욕 등 종일 돌봄서비스 제공하며, 보육교사형은 보육교사 자격이 있는 아이돌보미가 돌봄을 제공하는 서비스이다.

자기 집 보육은 보육자가 보육대상 영유아의 가정을 방문하는 서비스로 변화된 환경 적응에 어려움이 있는 영유아들에게 정서적 안정감을 제공하게 되는 등의 장점이 있으나 다양한 또래와의 관계형성 등의 단점이 발생되기도 한다. 장단점은 다음과 같다.

〈표 11-3〉 **자기 집 보육의 장단점**

장 점	단 점
• 부모가 보육모를 선택할 수 있다. • 융통성 있게 시간을 조절할 수 있다. • 영유아나 부모가 이동해야 하는 번거로움이 없다. • 영유아가 친숙한 자기 집에서 보육되므로 정서적으로 안정된다. • 성인, 영유아의 상호작용의 기회가 기관보다 훨씬 많고 개별적인 관심을 쏟을 수 있다. • 영유아가 이웃의 또래와 계속해서 놀 수 있다. • 자녀가 여러 명이 있는 경우는 경제적이다.	• 보육모의 대체인력을 구하기 어렵다. • 보육모에 대한 감독이 제한적이다. • 영유아에게 또래와의 경험과 체계적인 보육 경험을 제공하지 못한다. • 놀잇감 및 보육 경험이 제한될 수 있다. • 고가의 양육비용을 지불해야 한다. • 보육모 능력에 따라 보육내용의 질이 차이가 있을 수 있다. • 불규칙적인 생활을 할 가능성이 높다.

(2) 보육자 가정보육

영유아가 자기 집이 아니고 보육자의 가정집에서 이루어지는 보육서비스를 받는 형태로 많은 부모들은 가정과 유사한 환경을 찾고자 하는데, 보육장소가 자기 집 근처에 있다는 사실에서 보육자 가정보육은 지리적 이점과 심리적 이득을 얻을 수 있다. 운영시간은 가족의 요구에 따라 융통성 있게 조정할 수 있다(서영숙 역, 1990).

보육자 가정보육의 장점과 단점을 정리하면 다음과 같다.

〈표 11-4〉 보육자 가정보육의 장단점

장 점	단 점
• 가정적인 분위기로 인해 환경 변화가 있더라도 영유아의 두려운 정도가 낮다. • 영유아 혼합연령 집단으로 구성되어 있어 다양한 연령층의 영유아와 매우 긴밀한 접촉을 하여 형제 간의 경험과 유사한 경험을 할 수 있다. • 영유아의 가정과 생활양식이나 가치관이 비슷한 가정을 선택할 수 있다. • 양유아의 가정과 가까운 곳을 선택할 수 있어 편리하다. • 어머니의 스케줄에 따라 시간을 융통성 있게 조절할 수 있다.	• 보육모가 아플 때 대체인력을 구하기 어렵다. • 자격을 갖추지 않은 보육자 가정일 경우 비전문적이므로 안정성이 적고 전문성이 결여될 수 있다. • 제한된 공간과 교육적 환경이 열악한 경우가 많다. • 경험 · 자료 · 활동이 다양하지 못하다. • 건강 및 영양이 시설보육에 비해 체계적으로 이루어지지 않을 수 있다. • 야외학습의 기회가 적을 수 있다.

(3) 시설보육

시설보육은 일정 규모를 갖추고 법에서 정한 기준에 의해 제공되는 보육서비스로 가장 일반적인 보육 형태로 "어린이집"이라고 불리는 시설을 말한다. 기관의 규모에 따라 보육교사 외에도 영양사, 간호사 등의 다양한 인력을 요하는 포괄적인 프로그램으로 운영된다. 시설보육은 자격을 갖춘 교사에 의해 프로그램이 진행되므로 교육적 측면이 강하다는 장점이 있는 반면, 교사 대 영유아의 비율이 높아지면 교사-아동의 상호작용 비율이 낮아질 수 있으며 환경이 열악할 경우 질병에 노출될 가능성이 많다는 단점 등이 있다.

시설보육의 장점과 단점을 정리하면 다음과 같다.

〈표 11-5〉 시설보육의 장단점

장 점	단 점
• 관련 관청의 인가와 관리 및 감독을 받는다. • 운영시간이 일정하므로 안정성이 있다. • 자격 있는 교사가 가르친다. • 체계적이고 다양한 경험을 한다. • 다양한 교육적 기회를 제공한다. • 풍부하고 안정된 환경이 제공된다. • 또래들과 같이 놀 수 있는 기회를 갖게 된다.	• 영유아의 개별적 특성이 반영되기 어렵다. • 여러 명을 한 교사가 돌봐야 하므로 개별적 관심을 받기 어렵다. • 다른 영유아와 교사의 질병 및 전염병에 노출될 수 있다.

3) 보육대상에 따른 유형

보육대상 영유아의 연령이나 상태에 따라 보육 유형을 구분할 수 있다.

(1) 영아보육

영아보육 대상은 생후 3주부터 36개월 미만까지이며 교사 대 영유아의 비율은 만 0세아의 경우 1 : 3, 만 1세아의 경우 1 : 5, 만 2세아의 경우 1 : 7로 담당한다. 영아보육이 확충되기 시작한 배경은 1996년도 영아전담 시범어린이집 운영을 시작하여 영아만 전담하여 보육하는 영아전담시설을 확충하기 시작하였고 2007년 영아 기본 보조금 도입으로 인해 민간시설에 영아 1명당 국고지원금을 제공하는 정책이 수행되면서 재원하는 영아 수가 증가하였으며, 2012년 만 0~2세 무상보육제도로 인해 많은 수의 영아가 어린이집을 다니게 되었다.

영아전담 어린이집은 만 3세 미만의 영아만을 20인 이상 보육하는 어린이집으로 만

2세 미만반이 만 2세반보다 많도록 편성해야 한다. 따라서 만 3세가 되면 다른 어린이집으로 옮겨야 하는 등 보육의 연속성이 저해되고, 부모의 접근성 및 적재적소 배치 등에 한계가 있어 2005년부터 추가 지정 사업을 중단하고 대신 민간 시설 영아 기본 보조금 지원을 확대하여 영아보육을 활성화하고 있다.

(2) 유아보육

유아에 대한 전인적인 발달에 대한 전문적인 지식을 지닌 교사가 인지, 신체, 언어, 사회, 정서의 모든 영역에 대한 통합적인 보육과정을 실시한다.

영유아보육법에 의해 만 3세아는 교사 대 아동 비율이 1 : 15이며, 만 4.5세아는 각각 1 : 20이다. 2012년부터 만 5세아는 유치원과 통합교육과정인 누리과정을 운영하여 점차 만 3~4세까지 확대 적용되었으며, 2019년 개정 누리과정을 통해 자발적인 놀이의 중요성을 강조하고 있다.

(3) 방과 후 보육

방과후 보육 또는 열쇠(latchkey) 프로그램이라고도 불리는 보육프로그램은 주로 학령기 아동의 방과 전 · 후의 생활을 지도하기 위해 사용된 용어이다. 프로그램은 지역 단위로 운영되거나 개인단위로 운영되는데 보통 맞벌이 부부 자녀들이 방과 전후에 성인의 돌봄 없이 방치되는 것을 예방하고자 제공되는 보육서비스이다.

2004년 이후 정부의 지원이 축소되어 방과후 어린이집은 점점 줄어들고 있는 추세이며, 2012년에는 5,875명의 아동을 보육하고 있다.

우리나라에서 학령기 아동에게 제공되는 방과 후 아동지도의 유형은 초등학교에서 개설한 방과후 학교, 돌봄교실, 저소득층 지역의 종합사회복지관의 프로그램의 하나인 방과후 교실, 어린이집이나 유치원에서의 방과후 보육, 대도시 저소득층 밀집 지역의 민간이나 종교시설의 비영리공부방, 지역아동센터로 분류될 수 있다.

급격한 사회적 변화로 인하여 방과후 보육의 활성화가 요구되는 시점이지만, 방과후 보육은 감독기관, 시설 인준 프로그램의 내용 등에 있어서 통일성을 갖지 못하고 있다. 따라서 방과후 보육시설의 설치 규정, 재정 지원 등의 개선방안이 요구되며 무엇보다도 방과후 보육의 활성화를 위하여 법적인 근거를 명확히 하여 방과후 보육시설의 설치 규정, 재정 지원 등의 개선방안이 마련되어야 하며, 빈곤지역과 저소득 맞벌이가정의 아동뿐만 아니라 모든 아동들을 포함할 수 있도록 지역별, 사회계층별로 아동이나 학부모의 상황과 욕구에 맞추어 다양한 유형의 프로그램을 개발하고 보급해야 할 것이다.

(4) 장애아보육

장애아 어린이집은 장애아전문 어린이집과 장애아통합 어린이집으로 나뉜다.

장애아전문 어린이집은 상시 12명 이상의 장애영유아를 보육할 수 있는 시설을 갖춘 어린이집으로 시장 · 군수 · 구청장이 장애아전문 어린이집으로 지정한 시설로, 12세까지 아동을 대상(단, 미취학장애아 9명 이상 포함)으로 하며 장애의 연령, 장애의 종류와 정도를 함께 고려하여 반을 편성, 운영하며 교사 대 아동 비율 1 : 3을 전제로 한다. 통합보육을 위해 정원 범위 내에서 40%까지 비장애아를 보육할 수 있다.

장애아통합 어린이집은 정원의 20% 이내에서 미취학 장애영유아를 3명 이상 보육하는 시설로서 시장 · 군수 · 구청장이 지정한 시설로 장애아 전담교사 배치와 교사 대 아동 비율 준수(1 : 3)를 전제로 한다.

국 · 공립 · 법인 등 정부지원 어린이집의 경우 운영자를 신규로 선정하거나 재위탁 계약을 하는 경우에 우선적으로 장애아통합보육 실시를 전제로 위탁하고 있다. 장애아통합보육 실시를 전제로 위탁받은 어린이집은 장애아 기본반 · 통합반 1개 이상 개설을 원칙으로 한다.

4) 운영시간에 따른 유형

어린이집 운영시간은 12시간(07 : 30~19 : 30)을 원칙으로 하고, 부모의 근로시간 및 근로 형태가 다양해짐에 따라 연장보육, 야간보육, 휴일보육, 24시간 보육 등 사회적 요구에 맞추어 다양화되고 있다.

외국의 어린이집 운영시간에 대해 알아보면 OECD 국가들도 부모의 필요 요구에 맞춰 융통적으로 보육시간을 다양하게 운영하고 있다. 프랑스의 경우 어린이집 형태인 크레쉐는 운영시간을 오전 7시 30분부터 오후 6시 30분까지 종일 서비스를 제공하고 있으며 부모의 요구와 지역적인 특수성에 따라 저녁부터 밤까지 또는 24시간 동안 2세 미만의 영아를 둔 학부모를 위해 서비스를 제공하기도 한다. GDP(국내총생산량)의 2% 이상을 어린이집 확대와 유지에 집중하여 공립어린이집이 90% 이상을 차지하고 있고 취업모가 80%에 달하는 스웨덴의 경우 푀르스콜라(유아학교)는 오전 7시부터 오후 6시까지 11시간 동안 보육서비스를 제공하고 있다. 그러나 연장어린이집도 있으며 부모와 영유아의 요구에 따라 보육시간 조정이 가능해 오전 6시 30분에 문을 여는 푀르스콜라도 50% 정도 있으며 취업모의 자녀양육 지원을 위해 "탄력적 근무시간제도"를 운영하고 있다(한유미 외, 2005).

일본은 1994년 아이를 갖고 싶은 가정이 출산 및 육아를 안정적으로 할 수 있는 유아환경을 조성한다는 내용을 표방한 엔젤플랜을 발표하였으며, 이루 1999년 신엔젤플랜에 의해 다양한 보육요구에 부응하며 보육지원 확대정책을 수행하고 있다.

일본의 보육제도의 특징 중 하나는 다양한 수요자의 보육요구에 적절한 서비스를 제공하고자 하는 것이다. 특히 보육시간 운영의 경우 야간보육이 필요한 취업모를 위해 보육시간을 오후 7시에서 오후 10시로 연장하였고 시작시간과 마치는 시간을 수요자의 요구에 따라 신축적으로 운영하는 야간어린이집을 설치하였다. 이 외에도 아픈 아동 · 회복기 아동 보육, 전업주부 아동을 위한 일시 및 특정 보육사업, 휴일어린이집, 22시 야간연장형 시설, 지역자녀 양육지원사업으로 일명 광장사업, 보육마마 지원사업 등이 있다(서문희 외, 2008).

(1) 종일제 보육과 기본보육시간

종일제 보육은 어린이집의 일반적인 운영 형태로 학부모의 근로 형태나 근무시간에 따라 오전 7시 30분~오후 7시 30분까지 운영된다. 어린이집 운영시간은 주 6일 연중 계속 운영하는 것을 원칙으로 하는데, 지역 및 시설 여건을 고려하여 미리 보호자의 동의를 받은 후, 어린이집 운영위원회의 결정에 따라 토요일 휴무를 할 수 있다.

2020년 3월부터 어린이집 운영시간은 기본보육시간과 연장보육시간으로 편성하여 운영하는데, 기본보육시간은 모든 영유아에게 09 : 00~16 : 00(7시간)까지의 보육을 기본적으로 제공되며, 연장보육시간인 16 : 00~19 : 30에는 연장반을 구성하여 연장보육을 신청 및 긴급보육이 필요한 영유아에게 제공된다. 기본보육시간은 전후 30분 탄력적으로 운영할 수 있으며, 오전 연장보육은 담임교사들의 당번제 통합보육으로 운영되며, 오후 연장보육시간은 수요조사를 바탕으로 전담보육교사를 별도로 배정 및 채용하여 운영한다.

(2) 그 밖의 연장형 보육

일반적인 어린이집 운영시간 이후인 오후 7시 30분부터 운영하는 보육의 형태를 말하며, 부모의 근무시간이 일정하지 않거나 유동적으로 변경되는 경우 학부모가 영유아를 안심하고 어린이집에 맡기고 업무에 전념할 수 있도록 하는 등 수요자에게 맞춤형 서비스를 제공하게 되나 영유아가 지나치게 장시간 기관에 머무르게 되는 단점이 있다. 연장형 보육 실시 시 수요자의 요구를 정확히 파악해서 효율적으로 제도를 운영할 수 있는 방안이 필요하다.

그 밖의 연장형 보육 개념

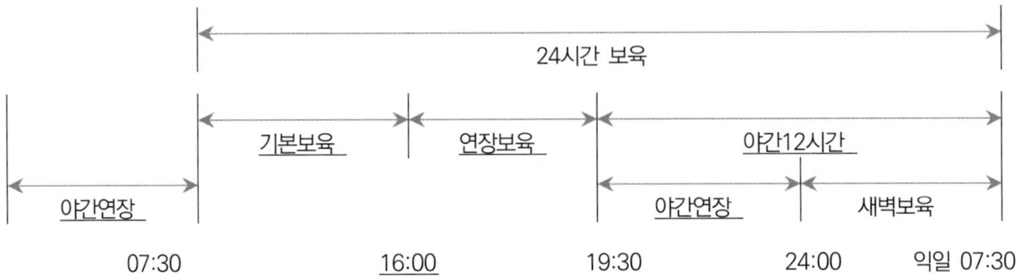

※ 그 밖의 연장보육: 24시간보육(기본보육+연장보육+야간연장보육+새벽보육), 야간연장보육, 야간12시간보육(야간연장+새벽보육), 휴일보육

첫째, 야간연장 보육은 기본보육시간(07 : 30~19 : 30)을 경과하여 최대 24 : 00까지 시간을 연장하여 보육하는 형태로 시 · 군 · 구청장으로부터 야간연장 어린이집으로 지정받은 시설에서 시행한다. 해당 시설의 연장보육 아동을 연장하여 보육하는 것이 원칙이나 주간에 다른 어린이집 등을 이용한 경우에도 이용이 가능하다. 야간연장 보육교사의 근무시간은 19 : 30~21 : 30(토요일은 15 : 30~17 : 30) 동안은 반드시 포함하고 그 시간 전후로 연속하여 총 6시간 이상 8시간 이내 근무가 원칙이다.

국 · 공립 및 정부지원 비영리법인시설의 경우, 부모의 취업 등으로 1명 이상이 보육시간 연장을 필요로 할 경우에는 야간연장 보육을 의무적으로 실시(위반 시 과태료 부과 대상)하여야 한다.

야간연장 보육의 교사 대 아동 비율은 매일 1 : 5를 원칙으로 하되, 장애아 · 0세아는 보육교직원의 업무량을 고려하여 일부 달리 적용할 수 있으며, 유아로만 편성된 경우 1 : 7까지 조정할 수 있다.

둘째, 24시 보육은 24시간 동안(7 : 30~익일 07 : 30) 운영되는 보육의 형태를 말한다. 부모의 야간 경제활동, 한부모 또는 조손가정 등의 사유로 불가피하게 주간보육

(07 : 30~19 : 30)과 야간 12시간보육(19 : 30~익일 07 : 30)을 모두 이용하는 보육 형태이다.

시 · 도지사는 지역 내 야간 12시간 및 24시간 보육서비스 수요를 감안하여 정부지원시설 및 직장어린이집을 대상으로 24시간 어린이집을 지정할 수 있으며, 시 · 군 · 구청장은 야간12시간보육 및 24시간 보육서비스 아동 입소 관리 등을 통해 아동이 장기간 방치되는 사례가 없도록 지도하여야 하며, 24시간 보육서비스 이용 아동 등록은 반드시 시 · 군 · 구에서 확인 후 등록 승인하고, 주기적으로 관리 · 실시하여야 한다. 24시간 어린이집은 보육아동이 수면하기에 적합한 시설(수면실 등)과 조 · 석식을 포함한 급 · 간식 제공 여건 및 자체 야간 보육프로그램을 구비해야 한다.

셋째, 휴일보육은 일요일 및 공휴일에 보육하는 형태를 말한다. 휴일 어린이집은 원래 시설 정원과는 별도로 휴일보육정원을 책정할 수 있으며, 교사 대 아동 비율은 1 : 5를 원칙으로 하되, 장애아, 0세아는 보육교직원의 업무량을 고려하여 일부 달리 적용할 수 있으며, 유아로만 편성된 경우 1 : 7까지 조정할 수 있다.

넷째, 시간제 보육은 시간단위로 보육서비스를 이용하고 이용한 시간만큼 보육료를 지불하는 보육의 형태를 말한다. 월~금요일(09 : 00~18 : 00) 운영하며, 주말 및 공휴일은 제외된다. 시간제 보육서비스는 육아종합지원센터, 어린이집, 그 밖에 시간제 보육서비스의 제공이 가능한 시설로서 비영리법인 또는 단체가 설치 · 운영하는 보육관련 시설에서 제공한다. 기본보육 정원 내, 시간제 보육을 위한 3명 이상의 정원을 확보할 수 있으며, 교사 대 영아 비율은 1 : 3으로 탄력 편성은 불인정된다.

이렇듯 취업모의 다양한 요구를 반영해 정부는 연장형 보육을 활성화하고 수요자 맞춤형 서비스를 제공하기 위한 방안으로 연장형 보육료 지원을 확대하여 부모 부담을 완화하며 다양한 보육서비스를 제공하고자 한다. 지역별로 거점형 어린이집을 두어서 연장형 보육을 필요로 하는 아동을 모아서 예산을 효율적으로 사용하도록 하고 있으나, 이런 경우 접근성의 문제와 영유아의 부적응 문제가 우려된다.

2. 어린이집 운영관리

어린이집 운영이란 시설이 설정해 놓은 목적과 목표를 효과적으로 달성하기 위해 인적, 물적, 자원, 재정적인 자원을 합리적으로 배정하고, 최대한으로 동원하여 과업을 성취하며, 설정된 기준에 근거하여 목표달성을 할 수 있도록 효율적으로 기관 운영과 관련된 사항을 계획(planning), 조직(organizing), 실행(implementation), 평가 및 재검토(evaluation, review)하는 일련의 과정을 말한다(이영자, 신동주, 2006). 즉, 운영관리라 함은 기관의 목적이나 목표를 효과적으로 달성하기 위하여 해당 기관에 소속된 사람, 시설, 환경 및 재정을 합리적이고 체계적으로 운영하는 것을 말한다.

1) 어린이집 운영관리의 개념 이해

어린이집의 원장은 조직 · 인사 · 급여 · 회계 · 물품 · 기타 시설의 운영관리에 관하여 필요한 규정을 제정하고 시행해야 한다(영유아보육법 제24조, 시행규칙 제23조). 어린이집의 원장은 영유아를 보다 잘 보호하고 보육하기 위해 시설을 보다 효율적으로 운영해야 할 것이므로 운영의 기본원리를 살펴보면 다음과 같다(이영자, 권영례, 2003).

첫째, 타당성 원리이다. 어린이집에서 행하는 모든 활동이나 행사, 행정활동 등은 기관의 교육목적 및 철학에 부합되는 활동이어야 한다.

둘째, 민주성 원리이다. 기관 구성원인 영유아, 보육교직원이 기관 운영에 의견을 반영하는 등 소통이 원활히 이루어져야 한다.

셋째, 효율성 원리이다. 어린이집에서 모든 과정은 최소한의 노력과 경비로 최대한의 효과를 얻기 위해 계획되어야 한다는 것을 의미한다. 이는 목적 달성 수단이 과하면 낭비가 될 수 있고 반대로 목적달성 수단이 과소하면 무리가 될 수 있으므로 목적과 수단이 균형을 취해 진행되어야 할 것이다.

넷째, 적응성 원리이다. 어린이집은 과학의 진보나 사회의 변화에 대한 통찰을 통해 적응성을 갖지 않으면 시대에 뒤처져 현실과 괴리감을 갖게 되므로 시대의 변화가 요구될 때, 영유아의 발달을 향상시키는 변화라고 인정될 때 긍정적으로 수용해야 할 것이다.

다섯째, 안정성 원리이다. 이는 적응성의 원리와는 상대적인 개념으로 어린이집 원장은 변화를 수용하고 현실에 적응하는 반면 전통적 가치나 고유의 철학 등에 근거한 장기적인 계획을 수립하고 이를 토대로 운영해야 할 것이다.

2) 영유아 관리

영유아에 대한 체계적이며 지속적인 관리는 어린이집의 수요자인 영유아 및 학부모에게 마땅히 제공해야 할 서비스의 영역으로 보육대상자들의 요구와 필요를 사전에 파악해 운영한다면 수요자에게 맞춤형의 서비스를 제공하게 될 것이다.

영유아의 개별적인 특성과 요구에 적절한 서비스를 제공하기 위해 프로그램의 운영시간이 다양하다. 오늘날 우리 사회는 여성의 경제활동인구가 증가하면서 다양한 형태의 보육 요구 또한 증가하고 있다. 이런 사회적 현상은 보육 및 교육의 역할을 극대화시켜 어린이집에서의 영유아 관리에 대한 필요성을 더욱 강조하고 있다. 영유아 관리를 위해 교사는 영유아가 입소할 때부터 영유아에 관한 정보를 충분히 알아야 하며 부모와의 협력체계를 유지하면서 세심한 배려까지 놓치지 말아야 한다.

(1) 반 편성 기준 및 집단 구성

어린이집 반 편성 시 영유아들에게 질 높은 보육서비스를 제공하기에 여러 가지 측면을 고려하여 편성되어야 한다. 반 편성 시 고려해야 할 사항은 어린이집의 물리적 공간, 법적 기준, 보육교직원 수, 어린이집의 운영철학, 특수한 요구를 지닌 영유아를 포함한 다양한 영유아의 요구 등이 반영되어야 한다. 반 편성은 영유아를 보호 · 교육하는 기본단위로 집단 구성을 어떠한 기준에 의해 편성하느냐에 따라 발달적 측면에서 보육의 효과가 다르게 나타나기도 한다. 영유아 집단 구성 시의 기준은 보육의 질적인 측면 중 구조적인 요인에 해당되는 교사 대 영유아의 비율, 집단 크기는 보육의 효과에 직 · 간접적인 영향을 미치게 된다. 보육의 질적 수준에 영향을 미치게 되는 연령별로 교사가 담당해야 할 영유아 수의 법적 기준에 대해 다음과 같이 정하고 있다.

〈표 11-6〉 연령별 반편성 시 반별 정원기준(영유아보육법 시행규칙 제10조 별표 2)

반별 정원기준	만 0세	만 1세	만 2세	만 3세	만 4세 이상
원 칙	3명	5명	7명	15명	20명

보육대상은 0세에서 만 5세의 취학 전 아동을 원칙으로 하되 필요한 경우 만 12세까지 연장하여 보육할 수 있다. 영유아의 발달을 고려할 때 영유아가 어릴수록 교사 대 아동 비율이 낮게 편성되어야 하는데, 이를 반영하여 영유아보육법은 연령별로 교사 1인당 영유아의 인원을 위의 표와 같이 규정하고 있다.

한편 반을 편성할 때, 전체 정원에 따른 연령별 반 구성, 영유아 현원 및 입소대기 상황, 학부모의 요구, 교실의 면적 등 어린이집의 상황에 따라 복합적인 요인을 고려하여 하는데 일반적으로 동일연령 집단으로 구성하고 있지만 연령 혼합반 편성이 불가피한 경우도 있다. 혼합 연령반 편성 시는 교사 대 영유아의 비율이 어린 영유아를 기준으로 하여 교사 대 영유아의 비율을 적용해야 한다.

〈표 11-7〉 **연령혼합반 편성 시 반별 정원기준**

혼합반 운영	만 0세와 만 1세 영아	만 1세와 만 2세 영아	만 0세와 만 2세 영아	만 2세 이하 영아와 만 3세 이상 유아	만 3세와 만 4세 이상 유아
원 칙	가능	가능	불가능	불가능	가능
교사 대 아동비율	1: 3	1: 5	-	-	1: 15

출처: 보건복지부(2020) 보육사업안내. p.77

단, 정부 인건비 미지원시설은 지역 내 수급 상황(인근 지역 여유정원이 없는 경우 등), 학부모의 요구(형제 등 동반 입소) 등 불가피한 사유가 있는 경우에는 시 · 군 · 구 사전 승인 후 예외적으로 만 2세와 만 3세 아동의 혼합반 운영이 가능하며, 이 중 가정어린이집은 만 2세아와 유아(방과후 포함)의 혼합반 운영 가능하다(보건복지부, 2020).

또한 장애아를 포함한 통합보육의 요구가 있을 때는 장애통합반을 편성하며, 장애아 3명 대 전담교사 1인을 배정하여야 한다. 또한 3인을 초과할 때마다 1인씩 증원되며, 교사 3인 중 1명은 특수교사로 배치하여야 한다.

연장보육 시 반편성은 연령별 또는 연령 혼합으로 편성된다. 연령혼합 반편성 시는 영아와 유아를 구분하여 각각의 반으로 편성하는 것을 원칙으로 한다. 연장보육 시 반별 기준은 영유아보육법에 따라 영아반의 경우 5명, 유아반의 경우 15명, 장애아 포함 시 3명을 원칙으로 한다. 연장보육 반별 정원 탄력편성은 아래 범위 내에서 가능하다.

〈표 11-8〉 **연장보육 반별 정원 편성**

반별 정원	영아반	유아반	장애아 포함 또는 0세반	0세반 아동 포함 영아반	
				1개 반	그 외
원칙	5명	15명	3명	3명	5명
탄력 편성 가능 인원	2명	5명	0명	2명	2명

출처: 보건복지부(2020). 보육사업안내. p.79

(2) 입소순위

어린이집에 입소하기 위해 정부는 입소순위에 대해 영유아보육법과 보육사업안내에서 세부지침으로 정하고 있다. 취약계층과 맞벌이, 다자녀, 한부모가족 등 보호대상자의 자녀에게 우선적으로 어린이집에 입소할 수 있도록 혜택이 주어지고 있다.

우리나라는 1991년 영유아보육법이 제정되면서부터 입소순위정책을 실시하였으나 시대적 상황에 따라 순위의 변동이나 입소대상자에 포함되는 내용 변화가 2003년까지 있었다. 2004년 영유아보육법이 개정되면서 입소 우선순위 대상자가 입양아동, 세 자녀 이상 가정의 영유아, 아동복지시설에서 생활 중인 영유아, 기타 저소득층까지 확대되었다. 2008년 보육에 대한 이념을 어린이집 및 가정양육 지원을 위한 광의의 의미로 확대하면서 취약계층 대상에 다문화 영유아를 포함시키고 입소순위를 1~3순위 군으로 나누어 규정하고 있다. 2010에는 3순위를 삭제해 입소순위를 1순위와 2순위로 구분하였으며 2011년 4월부터는 각 순위의 해당 항목별 점수(1순위 항목당 100점, 2순위 항목당 50점)를 산정해 합산점수 순위로 명부를 작성하도록 되어 있으며 이 점수에 의해 입소순위를 정하도록 하고 있다(보건복지부, 2012).

입소대기는 임신육아종합포털 아이사랑 사이트를 통해 부모들이 직접 입소대기신청하게 되는데, 이전에 다수의 어린이집에 입소대기를 함으로써 보육수요에 대하여 과도히 높게 책정되었으나, 최근 입소 어린이집 포함 3군데의 어린이집에만 입소대기할 수 있도록 하여 실수요 파악에 도움이 된다. 태아는 자녀에 포함되지 않으므로 태아에 대한 입소대기신청은 불가하다.

영유아보육법 제28조 및 시행규칙 제29조에서 정하고 있는 어린이집 입소 우선순위에 대해 알아보면 다음과 같다.

▶ 입소 1순위

- 「국민기초생활보장법」에 따른 수급자

- 「한부모가족지원법」 제5조의 규정에 의한 보호대상자의 자녀
- 「국민기초생활보장법」 제24조의 규정에 의한 차상위계층의 자녀
- 「장애인복지법」 제2조에 따른 장애인 중 장애의 정도가 심한 장애인의 자녀 또는 형제자매
- 아동복지시설에서 생활 중인 영유아
- 부모가 모두 취업 중이거나 취업을 준비 중인 영유아
- 「다문화가족지원법」 제2조 제1호에 따른 다문화가족의 영유아
- 자녀가 3명 이상인 가구 또는 영유아가 2자녀 가구의 영유아
- 산업단지 입주기업체 및 지원기관 근로자의 자녀로서 산업단지에 설치된 어린이집을 이용하는 영유아

▶ 입소 2순위

- 기타 「한부모가족지원법」에 따른 한부모가족 및 조손가족, 입양된 영유아
- 동일 어린이집 재원 중(신학기 입소 확정 포함)인 아동의 형제 · 자매

(3) 원아 정보관리

어린이집에서는 영유아에 대한 정보를 관리해야 한다. 특히 담당교사는 영유아에 대한 구체적인 개인정보를 정확히 알아야 영유아의 개별적 특성과 발달적 요구를 이해하는 데 도움이 되며 적절한 서비스를 제공할 수 있게 된다. 어린이집에서는 영유아가 입소할 때부터 영유아 개인의 양육 관련 정보, 발달 상태, 건강 등에 관한 정보를 사전에 파악하여 지속적으로 기록 · 관리해야 한다.

영유아를 위한 정보관리의 목적은 다음과 같다.

첫째, 원아의 신상정보 관리를 위해 가정환경에 대한 자료를 수집하고 분석하여 보육대상자들인 영유아와 학부모의 요구에 적합한 보육서비스를 제공하기 위한 목적으

로 수집되어야 한다.

영유아의 출생과 성장과정, 가정환경, 건강 상태, 성격 등 기초적인 정보를 파악하고, 영유아의 특이점이나 개인적 욕구를 알아두어야 영유아가 어린이집에 잘 적응할 수 있도록 도움을 줄 수 있다. 영유아의 체계적인 관리를 위해 교사는 생활기록부를 작성하여 지속적으로 추가적인 정보를 기록해 가며 영유아를 관리하여야 한다. 생활기록부에는 영유아의 일반적 현황, 가족관계, 부모의 직업, 영유아의 생활습관, 신체성장기록, 예방접종 현황 및 과거 병력 등 개인정보가 기록된다. 특히 성장에 관한 기록은 18개월 미만의 영아는 2개월마다, 그 이상의 유아는 6개월마다 측정하여 기록해야 한다. 또한 생활습관은 수면, 배변, 식사, 성격 등 여러 면에서 자세하고 정확하게 기록되어야 영유아를 잘 이해할 수 있게 된다.

그 외 이용신청자 명부, 입 · 퇴소 신청자 명부 등과 같은 입 · 퇴소 관리 서류, 영유아 사고보고서와 같은 재원아동 관련 서류가 있으며, 가족과의 협력을 위한 서류로는 운영안내서, 부모상담일지, 응급처치 동의서, 투약의뢰서 등이 있다.

또한 질 높은 보육서비스를 제공하기 위해서는 영유아 행동관찰기록, 발달 검사 및 다양한 평가자료 등을 통해 지속적으로 원아에 관한 정확한 정보관리가 필요하다. 단, 영유아와 그 가정에 관한 정보가 기록된 모든 자료는 부모의 동의가 없이 개인의 정보가 유출되지 않도록 관리되어야 한다.

3) 사무관리

어린이집에서 이루어지는 사무관리란 보육서비스를 효율적으로 할 수 있도록 도움을 주는 업무이다. 즉, 보육업무를 수행하는 과정에서 필수불가결하게 행해지는 일련의 기록과 장부의 작성 및 보관, 공문서 발송 및 접수 등 제반 문서관리를 집행하고 처리하는 업무를 말한다(임재택, 2004). 어린이집에서의 사무관리는 중요한 의미를 지니는데 특히 어린이집이 시설 규모가 작고 구성원이 적으며 행정적인 처리나 문서화, 기록화하는 과정을 철저히 지키지 못하는 사례가 많아 업무의 체계나 지속이 타 기관에 비해 뒤떨어지기도 한다는 지적이 있어왔다.

이러한 단점을 보완하기 위해 보육업무 수행 중에 나타나는 일련의 행위들을 조직적이며 체계적으로 문서화, 기록화 과정을 철저히 지켜 나가려는 노력이 있어야 할 것이다. 이와 같은 체계적인 사무관리는 보육업무의 효율성을 증진시키게 되며 기존 문서를 기초자료로 해서 앞으로의 계획을 수립하고 구체적 · 체계적인 실행에 근거를 제공하므로 궁극적으로 어린이집의 질적 수준을 향상시킬 수 있다(서영숙 외, 2016).

(1) 어린이집의 문서

다음은 어린이집 운영기준에 제시된 장부 등의 비치 서류(영유아보육법 시행규칙 제23조 관련 별표 8. 개정 2010.3.19)를 중심으로 관련 서류의 목록을 제시한 것이다.

상시 영유아 20명 이하인 어린이집으로서 어린이집의 원장이 보육교사를 겸임하는 어린이집의 경우에는 1) · 3) · 4) · 5) · 6) · 8) · 9) · 11) 및 12) 외의 장부 및 서류(전자문서를 포함한다)는 갖춰 두지 아니할 수 있다.

2020년부터 어린이집에서는 전자출결시스템을 통한 모든 재원 아동에 대하여 아동명, 출석일, 등 · 하원시간이 포함된 보육통합정보시스템 전자출석부를 사용해야 한다. 전자출석부에서 체크되는 이용시간을 바탕으로 기본보육료와 연장보육료 지급이 결정된다. 담임교사가 출석부에 아동의 출결 상황 및 등 · 하원시간을 기록하는 것이 원칙이나, 담임교사가 기록하기 곤란한 경우 당번교사, 원장, 보조교사 등이 기록 가능하며, 보호자가 아동을 등 · 하원시킬 경우 보호자도 기록 가능하다.

어린이집 작성 · 비치 서류(시행규칙 별표 8)

1) 재산목록과 그 소유를 증명하는 서류(부동산을 임차하는 경우에는 임대차 계약서를 포함한다)
2) 어린이집 운영일지 및 보육통합정보시스템의 전자출석부
3) 보육교직원의 인사기록카드(채용구비서류, 이력서 및 사진을 포함한다)
4) 예산서 및 결산서
5) 총계정원장 및 수입 · 지출 보조부
6) 금전 및 물품출납부와 그 증명서류
7) 소속 법인의 정관 및 관계 서류
8) 어린이집 이용신청자 명부
9) 생활기록부, 영유아보육일지
10) 보육교직원의 인사 · 복무 및 어린이집 운영에 관한 규정 등
11) 통합안전점검표
12) 영상정보 열람대장
13) 그 밖에 어린이집 운영에 필요한 서류

(2) 기타 어린이집 운영에 필요한 서류

분류	서류명	서류의 종류
어린이집 운영과 관련된 서류	어린이집 안내 책자	학부모들에게 소개하는 어린이집의 기본 철학과 운영 방침에 관한 정보, 보육 시간, 연령별 집단 크기와 수, 원장 및 보육교사의 자격과 경력 등
	부모교육 자료	자모회, 강연회, 부모 참여 수업과 관련된 자료, 양육에 관련된 정보 제공 자료
	운영 위원회의 구성과 활동	운영위원회 회의자료, 운영위원회 회의록, 운영위원회 회칙, 운영 위원회 위촉장
영유아 관련 서류	신입 원아에게 받는 각종 서류	부모 서약서, 식생활 조사표, 알레르기 조사표, 귀가동의서, 비상 연락망 및 응급처치 동의서
	입소 영유아 관리와 관련된 서류	대기자 명단, 영유아 상해 보험 자료, 출석부, 부모 상담 자료, 영유아 퇴소 처리 대장, 수료증 및 졸업장 대장, 보 조금 지원 영유아 관련 서류 등
	보육 활동에 관련된 서류	보육계획안 및 실행 결과 기록 일지, 영유아 일일 보고서, 보육 활동 시 영유아 행동 관찰 기록, 신입 원아 적응 프로그램, 장애아 통합 영유아 정보 조사서, 지역사회 연계 프로그램, 부모 만족도 조사, 각종 행사 계획 및 평가

분류	서류명	서류의 종류
인사 관리에 관련된 서류	종사자 관리	임면 보고와 관련된 서류철, 인사기록카드, 퇴직자 관리 대장, 급여 명세서, 근무 상황부, 출근부, 사회보험과 관련된 서류, 교사 연수 계획안 및 보고서, 보육 교사 평가표, 교사 회의록, 업무 분담표, 신입 교사 교육, 제증명 발급 대장
	대체 교사 관리	대체 교사 자격을 증빙할 만한 서류 및 출근부
	실습 교사 관리	실습 교사 오리엔테이션, 실습 교사 관리 대장, 출근부
건강 · 안전 · 위생에 관련된 서류	양호 관련 서류	건강 업무 일지, 투약 의뢰서 및 투약 보고서, 약품 대장, 안전사고 보고서 등이 있다.
	영양 및 위생 관련 서류	위생 안전점검 일지(주방, 보육실, 화장실), 간식 식단표, 식단 레시피, 주 · 부식 관리 대장, 보존식 및 검식 일지
	소방 관련 서류	소방 훈련 연간 계획안, 소방 교육 및 훈련 일지, 소화기 관리대장, 소방 시설 자체 점검 기록부

(3) 문서의 작성 및 관리절차

① 문서관리

문서관리는 두 종류로 나누어 볼 수 있다.

첫째, 어린이집의 주요 업무인 영유아의 보호 · 교육과 관련된 업무 수행에 수반되는 문서를 기록 · 보관하는 업무이다. 이는 생활기록부, 영유아 보육일지, 보육계획안, 출석부, 영유아 관찰일지 등의 문서관리를 의미한다.

둘째, 일반 행정 운영 관련 문서를 기록 · 보관하는 업무이다. 즉, 어린이집 이용 신청자 명부, 생활기록부, 비품대장, 보육교직원 인사기록카드, 어린이집 운영위원회 회의록, 예산서 및 결산서 등 회계 관련 장부(현금출납부, 총계정원장, 보육료 대장 급여대장) 등의 문서를 말한다.

② 문서등록

어린이집에서 기안하여 원장의 결재가 끝난 모든 문서는 발송된 시행날짜 순서대로 문서발송대장에 반드시 등재해야 한다.

③ 문서접수

외부 기관으로부터 어린이집에 접수되는 모든 문서는 문서접수대장에 접수번호를 기재하고 등재한 후 원장의 선결을 맡은 후 업무담당자가 처리한다.

④ 문서의 정리 및 보존

문서는 그 내용에 따라 보존기간이 있으므로 이 기준에 따라 분류 · 편철하여 보관하고 불필요한 문서로 인해 업무에 차질이 빚어지지 않도록 효율적으로 관리한다.

어린이집에서는 영유아보육법 시행규칙 제23조 별표 8에 의한 장부 등을 비치해야 한다.

장부 등의 보존기간은「공공기록물 관리에 관한 법률 시행령」제26조 제1항에 준하여 아래와 같이 하되, 전자적 문서로 보존할 수 있다.

〈표 11–9〉 어린이집 문서 보존 연한

구 분	보존기간
• 기관 및 단체의 신분, 재산, 권리, 의무를 증빙하는 서류 – 인사기록카드, 보육교직원관리대장 등	준영구
• 공사 관련 장부 및 증빙서류	10년
• 회계 관련 장부 및 증빙서류 – 현금출납부, 총계정원장, 재산대장, 비품관리대장 – 과목전용조서, 수입 · 지출 원인행위 위임에 관한 위임장 – 보육료대장, 봉급대장 – 수입과 지출에 따른 증빙서류 등 • 영유아 생활기록부	5년

구 분	보존기간
• 기타 어린이집 운영에 관한 서류 - 어린이집 운영일지 - 어린이집 이용신청자명부 및 이용아동연명부 - 연간 · 월간 · 주간보육계획안, 보육일지 등	3년
• 기타 업무연락, 통보, 조회 등과 관련된 기록물	1년

4) 재무·회계관리

(1) 수입·지출 기본원칙

어린이집의 재무 · 회계에 관한 사항은「사회복지법인 및 사회복지시설 재무 · 회계 규칙」에 따라 실시해야 하며, 주요 항목별 기준 등을 준수해야 하며, 어린이집의 모든 수입 · 지출만 관리하는 별도 어린이집 명의로 된 통장을 개설통장을 통해서 해야 한다.

수입과 지출 행위 시에는 수입 · 지출 결의를 한 후 현금출납부, 총계정원장에 기록하고 청구서, 영수증, 지급내역서 등 관련근거 서류를 반드시 첨부해야 하며, 어린이집을 운영하면서 생기는 보육료 수입 잉여금은 보육교직원 보수 상향지급, 보육교직원 성과급 지급, 교재교구 구입, 어린이집 환경개선에 균형 있게 사용해야 한다.

또한 어린이집 재무회계 규칙에 의한 회계보고 의무이므로어린이집은 매월 보조금 신청 시 보육통합정보시스템(CIS)에 입력해야 하는 수입 · 지출 항목 등 재무회계 관련 자료를 전송해야 하며, 어린이집의 원장은 보육교직원의 근로소득을 관할세무서에 신고해야 한다.

〈표 11-10〉 재무회계 절차 총괄표

	예산편성	예산집행		결 산
원칙	• 모든 세입과 세출은 예산에 포함	• 예산의 목적 외 사용금지/예산의 전용 • 수입 · 지출의 관리는 예금통장에 의해 행한다.		• 세출예산의 이월
관련 서류	• 사업계획서 • 세입세출예산서 • 준예산 • 추가경정예산	〈장부〉 • 현금출납부 • 총계정원장 • 봉급대장 • 보육료대장 • 비품관리대장	〈증빙서류〉 • 계좌입금증빙서류 • 수입 · 지출결의서 • 반납결의서 • 과목전용조서 • 예비비 사용조서 • 정부보조금 명세서	• 세입세출 · 결산총괄 설명 • 세입 · 세출결산서 • 연도말 잔액증명 • 퇴직적립금 통장사본 & 잔액증명서
과정	• 예산편성지침(2개월전) • 예산안 제출(개시 5일전)	• 수입 · 지출 사무의 관리책임자 선정		• 제출(다음 연도 5월 31일까지)

(2) 수입관리

어린이집에서는 보육료 수납 시 수납영수증 발급이 의무시되지만, 아이행복카드 이용 시 카드발급영수증으로 대체 가능하며 아이행복카드 이외의 일반아동 보육료는 신용카드 및 금융기관 즉, 무통장입금 또는 통장 자동이체, 계좌이체, 지로, 기타 신용카드 등을 이용해서 수납해야 한다.

또한 모든 수입이 발생할 경우에는 수입결의서를 작성하고 관련서류를 첨부해야 한다.

(3) 지출관리

어린이집의 지출은 어린이집 전용 체크(신용)카드, 계좌입금으로 하고, 지출할 때에는 세금계산서, 카드결제영수증, 현금영수증(현금결제) 등 관련 서류를 첨부해야 한다. 특히 보육교직원 인건비 지급시 국 · 공립, 법인어린이집 등 보육교직원 인건비 국고 지원을 받는 어린이집(정부지원어린이집)은 보건복지부장관이 정한 인건비 지원 기준에 따라 급여를 지급하되, 지방자치단체에서 별도 지급하는 교사처우개선비 등은 부가적으로 교사에게 직접 지급된다. 미지원시설의 경우 보육교사에게 근로기준법에 의한 최저임금 이상의 보수를 지급해야 한다. 보육교직원 인건비 지급은 반드시 계좌로 입금해야 하며, 보육교직원에게는 급여명세서를 발급해야 한다.

참고문헌

강문희 외 (1999). **유아교육기관 운영관리**. 학지사.

고용노동부, 미디어리서치(2011). 남녀고용평등 전 국민의식조사.

김경희, 문혁준, 김선영, 김신영, 김지은, 김혜금, 서소정, 안선희, 안효진, 이희경, 정선아, 황혜원(2016). **보육학 개론**. 창지사.

김명순(2009). **보육서비스 질 관리를 위한 운영서비스 합리화 방안**. 보건복지부 · 연세대학교 산학 협력단.

김애실(2007). 기**본보조금 제도의 문제점 및 개선방향**. 김애실 국회의원실.

김정원, 심은희, 이경화, 이연규, 장은주, 전선옥, 조순옥, 조화연, 최일선(2019). **보육학개론**. 양서원.

김혜원(2007). **저출산 및 인구고령화 대응연구 가족친화적 고용정책의 기업수용성 연구**. 한국보건 사회연구원.

대한민국정부(2010). 제2차 저출산 · 고령사회 기본계획: 새로마지 플랜 2011~2015.

보건복지부(2009). 2009년 보육통계

보건복지부(2020). 보육사업안내.

보건복지부(2019). 중장기보육 기본계획.

서문희 외(2009). **보육정책 개편방안 연구: 영유아보육법을 중심으로**. 보건복지부 보육정책과

서문희(2008). **일하는 여성 보육지원 강화 방안**. 노동부.

서문희, 김은영, 최혜선(2007). **민간시설 유아기본보조금 시범사업 평가**. 육아정책개발센터.

서문희, 최윤경, 김은정(2011). **2011 보육정책의 성과와 과제**. 육아정책연구소.

서영숙 역(1990). **탁아(Day Care)**. Clark Steward 지음. 교육과학사.

서영숙, 김경혜(2006). **보육학개론**. 양서원.

서영숙, 서혜전, 김영명, 채혜선, 김진숙.(2014). **보육학개론**. 양서원

서울시(2020). 서울시 보육비전.

송신영(2012). 영유아보육법 및 유아교육법의 개정 내용(2012. 5.). **육아정책포**

럼. 30(6), 49-53.

양옥승 외(1999). **영유아 보육개론**. 학지사.

유희정(2009). 2009년 전국보육실태조사-어린이집 조사 보고서-. 보건복지가족부, 한국여성정책연구원.

이미정 외(2010). **보육학개론**. 창지사.

이부미(2001). **놀면서 자라고 배우는 아이들**. 또하나의 문화.

이영자, 신동주(2006). **유아교육기관 운영관리**. 창지사.

조성연 · 이정희 · 김온기 · 황혜정 · 나유미 · 박진재 · 송혜린 · 임연진 · 나종혜 · 권연희(2018). **최신영유아보육론**. 학지사.

파주시육아종합지원센터(2020). 2020년 보육통계.

Chapter

12

보육평가

보육평가

보육의 질을 높이기 위해서는 먼저 영유아, 보육교사, 어린이집 프로그램에 대한 평가와 관찰이 필요하다. 교사가 보육평가와 관찰에 대한 지식과 실제 평가과정에 참여하는 경험은 자신이 근무하고 있는 기관에서 제공하는 보육서비스의 질적 수준에 좀 더 민감하게 될 것이고 그 개선방안을 도출해 내는 데 관심을 가지게 될 것이다.

본 장에서는 발전적인 보육서비스를 제공하기 위해 반드시 선행되어야 할 평가방법과 보육평가를 대상별로 구분하여 알아보고 2005년에 우리나라에 도입된 어린이집 평가제에 대해 알아보기로 하겠다.

1. 보육평가의 목적과 중요성

보육평가는 진행되고 있는 보육목표의 달성도를 파악함과 동시에 보육활동에 대한 앞으로의 개선방향을 제시하고 영유아의 발달상황을 이해하기 위한 기초자료를 제공함으로써 부모와 협력적인 관계에서 보육목적을 달성하고자 하는 데 필수적인 요소이다. 따라서 보육평가는 지속적이며 체계적으로 실시되어야 하는데 그 중요성 및 목적을 알아보면 다음과 같다(조성연 외, 2008).

첫째, 지속적인 평가를 통해 영유아의 현행 발달수준에 대한 정확한 정보를 획득함으로써 영유아에 대한 전인적인 성장 및 발달에 대한 이해를 돕고자 한다.

둘째, 계획된 보육목표, 보육내용 및 그 실시방법, 교사와 영유아와의 상호작용 등이 적절히 성취되었는지를 알아보고 보육프로그램의 내용이나 그 과정을 개선하고 발전시키는 데 필요한 정보를 제공한다.

셋째, 어린이집과 가정의 유기적인 협력을 통해 보육의 효과를 증대시키기 위하여 부모들에게 자녀에 대한 객관적인 정보를 제공해 줄 수 있다.

넷째, 평가하는 과정 속에서 기관 스스로 자발적으로 보육의 질을 향상시키고 전문성을 증대시키는 촉매제 역할을 하게 된다.

제4차 표준보육과정에서 제시한 평가는 다음 사항에 중점을 두고 실시한다(보건복지부, 2020).

가. 표준보육과정 운영의 질을 진단하고 개선하기 위해 평가를 계획하고 실시한다.
나. 영유아의 특성 및 변화 정도와 표준보육과정의 운영을 평가한다.
다. 평가의 목적에 따라 적합한 방법을 사용하여 평가한다.
라. 평가의 결과는 영유아에 대한 이해와 표준보육과정 운영 개선을 위한 자료로 활용할 수 있다.

2. 보육평가의 방법

보육평가는 그 평가의 대상에 따라 영유아 평가, 교사 평가, 보육과정 및 프로그램 평가, 부모 평가로 나누어 실시된다. 대상별 평가내용 및 방법에 대해 알아보면 다음과 같다.

1) 영유아 평가

영유아의 발달에 대한 지속적이며 체계적인 평가는 영유아 발달에 대한 기초자료에 의한 정확한 이해를 도모하게 되는 것이며 이는 영유아의 전인적 성장 발달에 도움이 되는 자료로 활용된다. 영유아 평가의 목적을 살펴보면 다음과 같다(이정란 외, 2007).

첫째, 영유아의 발달 특성이나 상황에 대한 정확한 정보를 기초로 보육프로그램 및 보육환경 계획에 참고하고자 한다.

둘째, 보육 효과를 극대화하기 위함이다. 어린이집에 자녀를 맡기는 부모의 신뢰도를 높이고 기관과 가정과의 협력적 유대관계를 통해 학부모의 요구를 이해하고 보육만족도를 증진시키기 위함이다.

즉, 영유아 발달에 대한 객관적 평가를 통해 체계적인 지원계획을 수립하는 데 있어 평가는 중요한 영역이다. 특히 각 영유아의 발달과 생육사에 대한 이해와 정보를 가지고 일어난 일들을 평가하고 관찰하는 것은 매우 필요한데 이에 대한 평가방법에는 관찰법, 설문지법, 면접법, 포트폴리오(portfolio), 표준화 검사 등이 있다.

(1) 관찰법

관찰법은 어린이집에서 교사가 영유아를 평가하기 위해 사용하는 평가방법 중 가장 효과적인 방법이라고 할 수 있다. 다양한 시기에 다양한 맥락에서 영유아 발달의 다양한 측면에 대한 정보를 얻는 주요한 방법이다(Wortham, 2005). 특정한 과업을 특정한 장소에서 수행하게 하는 형식적 검사와 달리 영유아를 자연스러운 상황에서 평가할 수 있다는 장점이 있다. 하지만 관찰법은 겉으로 표현되는 행동만 측정할 수 있기 때문에 내면의 속성을 알아내기가 어렵고 관찰의 신뢰도를 높이기 어렵다는 단점도 있다. 따라서 교사는 반드시 객관적이고 충분한 관찰기록을 근거하여 영유아를 평가해야 한다.

관찰법은 기록하기 위해 노트에 쓰거나, 녹음하거나, 비디오로 녹화를 하거나 사진을 찍음으로써 이루어질 수 있다. 관찰은 모든 실내 · 외 영역에서 보이는 놀이나 활동, 견학이나 행사, 일과의 모든 시간에서 영유아가 나타내는 반응이나 행동을 모두 포함해야 하는데 개별 영유아의 관찰기록 자료를 수집하고 해석하여 부모면담 시 기초자료로 활용하거나 영유아의 발달을 객관적이고 종합적으로 평가하는 데 사용된다.

① 일화기록법

일화기록법은 관찰자가 받은 인상을 육하원칙에 근거해 짧게 기록하는 것으로, 교사가 영유아를 이해하고 그들의 사고내용을 파악하는 데 중요한 역할을 한다. 내용은 관심영역, 행동양상, 기분 등 다양하게 관찰하게 된다. 일화기록은 가장 손쉬운 형태의 관찰기록이지만 작성할 때에 유의할 점이 있다(이은해 외, 2006).

- 사건이 생긴 즉시 기록한다.
- 대상인물의 행동과 말을 구별해서 기록한다.
- 장면, 진행 중인 활동 등 상황적인 자료를 반드시 기록에 포함시킨다.
- 대상인물의 행동과 언어기록은 물론 그 상황에 있는 다른 사람들의 반응도 기록한다.
- 대화의 정확한 의미를 파악하기 위해서는 대상인물이 사용한 말 그대로 인용한다.
- 일어난 순서대로 사건을 기록한다.
- 일어난 모든 행동은 일화기록에 포함되어야 한다.
- 객관적이고 사실적이며 정확하게 기록해야 한다.

② 시간표집법

시간표집법은 미리 선정된 행동을 정해진 시간 동안 시간간격을 두고 여러 번 관찰하는 것이다. 시간표집법을 사용한 과거의 연구들을 보면 시간의 길이는 5초에서 20분까지로 다양한데, 대부분 5분 이하의 시간단위를 사용한다.

시간표집법은 사실에 대해서만 기록을 하고, 상황에 대한 관찰자의 인상이나 해석을 집어넣지 않으므로 기록의 객관성이 유지되며 빈번히 발생하고 짧은 시간 동안 지속되는 행동을 관찰하는 데 많이 사용된다. 하지만 영유아의 내면의 감정이나 생각을 관찰하기에 부적절하고 행동 자체에 대한 풍부한 정보를 얻을 수 없다는 단점이 있다.

③ 사건표집법

사건표집법은 어떤 특정한 행동이나 사건이 생길 때에만 관찰하는 방법으로 관찰하고자 하는 행동을 미리 선정하는 측면에서는 시간표집법과 유사하나 사건표집법에서는 관찰하고자 하는 행동이 나타날 때까지 기다렸다가 관찰한다는 측면에서 차이가 있다(김희진 외, 2011). 관찰하고자 하는 행동의 발생 시 행동의 순서를 자세히 기술하려는 시도이므로 관찰자는 특정 행동이나 사건이 발생하기를 기다렸다가 그 행동이나 사건이 일어나면 그때마다 일정한 형식에 따라 그 일이 일어나기 직전에 행한 행동과 그 일의 결과를 자세하게 기록한다.

④ 행동목록법

행동목록법은 연구자가 관심을 가진 영역의 행동목록을 사전에 준비하고 목록에 포함된 행동이 나타나는지를 관찰하여 '예, 아니오'의 형태로 표기하는 방식이다. 관찰 시 사용하는 기록양식을 행동목록(behavior checklist)이라 한다.

행동목록을 작성하는 데 있어서 유의할 점은 다음과 같다(이은해 외, 2006).

- 행동목록에 포함될 문항은 가능한 한 관찰 가능한 구체적 행동을 나타내는 것이어야 한다.
- 행동목록은 관찰하려는 특정 영역에 관해서 가능한 한 포괄적이고 대표적인 목록으로 구성되어야 하며 문항 간 서로 중복이 없어야 한다.
- 가능한 한 논리적으로 행동목록표가 조직되어야 한다.

⑤ 평정척도법

평정척도법은 관찰된 행동의 양이나 질적인 차이를 평가할 때 사용하는 방법으로 연속성이 있는 단계로 수량화된 점수나 가치가 부여된 기록지에 평정하는 것을 말한다. 평정척도는 관찰 시 개인적인 편견이나 오류의 개입 가능성에 대해 주의하여야 한다(김희진 외, 2011).

(2) 설문지법

설문지법은 일정한 양식에 따라 질문과 반응을 할 수 있도록 작성한 문항을 통해 목적에 부합한 자료를 수집하는 방법이다. 설문지법은 동시에 많은 수를 대상으로 조사할 수 있기 때문에 널리 사용된다.

(3) 면접법

면접법은 연구대상을 직접적으로 대면해 알아보고자 하는 내용을 심층적이고 다양한 방법으로 자료를 수집하는 방법으로 개개인의 상황에 맞는 자료를 얻을 수 있다. 특히 면접법은 어떤 인지적 평가에 사용되기도 하지만 주로 정의적 측정, 즉 개인의 태도, 흥미, 인성 등에 관한 정보를 얻는 데 훨씬 더 많이 활용되고 있다. 또한 면접법은 다른 평가방법에 비해 융통성이 있어 여러 가지 귀중한 자료를 얻을 수 있으나 객관도, 신뢰도, 타당도를 높이기 위하여 고도의 기술과 훈련을 요한다.

면접법의 장점은 진실한 자료를 얻을 수 있고, 말하는 사람의 사적인 문제까지도 파악할 수 있으며, 서면으로 얻어진 것보다 정확하고 상세하게 파악할 수 있다. 반면 단점은 면담 시 많은 수의 대상을 조사할 수 없어 시간과 비용의 문제가 발생하고, 대상자의 표정, 몸짓 등에 의해 왜곡된 평가를 할 가능성이 있으며, 다수를 대상으로 할 경우 편견이 생겨서 신뢰성에 문제가 생길 수 있다. 또한 면담의 대상자가 대답할 수 없거나 대답하지 않으려고 하는 경우, 질문이 명확하지 않거나 포괄적이지 못한 경우에는 수집된 정보가 포괄적이지 못하고 부정확할 수 있다.

(4) 포트폴리오

포트폴리오(portfolio)를 통한 평가이다. 영유아의 학습 및 성취를 파악하기 위한 가장 좋은 방법 중의 하나가 포트폴리오 평가방법이다. 포트폴리오는 표준화된 검사와 같은 전통적인 방법과는 다른 평가방법으로서 광범위한 맥락에서 영유아를 관찰하여 정보를 수집한다. 이로써 창의적인 문제해결력을 개발시키고, 영유아 자신의 수행능력에 대한 판단을 내리도록 배우게 된다.

또한 이 평가방법은 실생활의 맥락에서 영유아의 수행능력에 대한 복합적이고 종합적인 관점을 제공해 주고, 영유아도 평가에 참여하게 되며, 독립적이고 자기주도적인 학습자가 되기 위해서 필요한 능력을 개발하도록 공개토론의 장이 마련되기도 한다.

이처럼 포트폴리오 평가방법은 영유아 스스로에 대한 판단을 내릴 수 있는 기초를 제공해 주며, 교사에게는 평가과정에 있어서 유용한 정보를 제공해 준다(Mills, 1994). 따라서 영유아를 위한 가치 있는 평가방법이라고 할 수 있다. 특히 포트폴리오는 한 가지 학습영역뿐 아니라 다양한 영역에서의 영유아의 성취능력, 노력, 진전도 등을 파악하는 데 목적을 둔 자료수집 방법이기도 하다.

또한 영유아의 많은 작품을 포함하는 효과적인 평가방법이다. 개인 작업 파일은 교사가 영유아에 관해 많은 것을 알도록 해주며, 영유아 스스로의 자기평가를 개발시켜 준다. 즉, 포트폴리오는 영유아의 머릿속에서 지금 무슨 일이 일어나고 있는지를 반영해 주는 '창'의 역할을 하므로 개개 영유아의 수준에서 개별화된 교육의 과정을 이해할 수 있도록 교사와 영유아를 도와줄 수 있는 강력한 방법이 될 수 있다.

(5) 표준화 검사

표준화 검사는 이미 타당도와 신뢰도가 검증된 것으로 객관적인 자료를 손쉽게 수

집할 수 있으며 산출된 규준에 의거하여 다른 영유아들과 상대적으로 비교해 볼 수 있다. 진단적 정보를 제공한다는 점에서는 유용하나 연령이 어릴수록 검사 안정성이 낮아지는 경향이 있으므로 다른 평가방법과 병행하여 사용해야 하고 검사 시 세심한 주의를 기울여야 한다(임재택, 2000).

2) 교사 평가

보육활동에 있어 영유아를 일선에서 직접 담당하고 있는 교사는 보육의 질을 좌우하는 중요한 요인이다. 따라서 교사가 수행하는 보육업무의 가치를 정확히 평가하고 판단하는 일련의 과정은 보육교사로 하여금 전문성을 향상시키며 자기발전에 대한 동기를 제공하게 된다.

교사의 자기평가는 일반적 특성 부분과 전문적 특성 부분으로 나누어진다. 일반적 특성은 신체적 건강, 활동성 정도와 같은 신체적인 측면과 적극성, 정서적 안정감, 성실성, 긍정적 태도와 같은 인성적 측면, 다방면에 걸친 풍부한 지적 능력, 조리 있는 언어 사용 등과 같은 교양 및 지적 능력에 관해 평가하게 된다. 또한 전문적 특성은 사명감, 책임감 및 직업윤리와 같은 교직에 대한 태도와 보육과정 실천능력, 교수기술, 보육철학, 영유아 발달에 대한 이해 등 전공 관련 지식에 대해 평가한다. 이러한 교사 평가는 교사로 하여금 자신의 교수활동에 대해 평가할 수 있는 기회를 제공하게 되며 교수방법을 개선하고 보육의 질적 향상을 도모할 뿐만 아니라 보육교사의 자율성과 전문성을 확보하는 데 도움이 될 것이다(양옥승, 1999). 교사 평가의 방법으로 교사 자기평가척도를 제시하면 다음과 같다.

〈표 12-1〉 **교사근무평가 예시**

교사근무평가

※ 교사 개별로 마련

대상	

일시		평가자	

	평가내용 (※원 상황에 맞게 작성 가능)	매우 좋음	약간 좋음	보통	약간 미흡	미흡
업무 태도		⑤	④	③	②	①
		⑤	④	③	②	①
		⑤	④	③	②	①
		⑤	④	③	②	①
전문성		⑤	④	③	②	①
		⑤	④	③	②	①
		⑤	④	③	②	①
		⑤	④	③	②	①
원아 관리		⑤	④	③	②	①
		⑤	④	③	②	①
		⑤	④	③	②	①
		⑤	④	③	②	①
부모와의 관계		⑤	④	③	②	①
		⑤	④	③	②	①
		⑤	④	③	②	①
		⑤	④	③	②	①
동료 관계		⑤	④	③	②	①
		⑤	④	③	②	①
		⑤	④	③	②	①
		⑤	④	③	②	①

※ 출처 : 보건복지부(2020). 2020 보육사업안내 부록 수정 · 보완.

3) 보육과정 및 프로그램 평가

보육과정 및 프로그램에 대한 평가는 보육목표의 달성 정도, 보육내용과 교수-학습방법의 적절성에 대한 평가로 정확한 정보를 제공하기 위해서는 정기적이며 체계적으로 평가가 수행되어야 한다. 이러한 보육과정 및 프로그램에 대한 평가를 위해 정부에서는 표준보육과정 운영에 대한 평가지침을 제시하고 있다(김명순, 2007).

첫째, 보육과정 및 프로그램의 질 관리를 위해 어린이집에서는 주기적으로 보육과정 구성과 운영에 관한 적절성 및 실효성을 평가한다.

둘째, 보육과정 및 프로그램의 모든 내용을 포괄적으로 포함하여 평가한다.

셋째, 영유아의 발달수준, 흥미, 요구에 적합한 경험 및 학습을 촉진할 수 있는 다양한 활동과 교수-학습방법이 운영되고 있는지를 평가한다.

넷째, 평가결과는 다음 연도의 효율적인 보육과정 및 프로그램 수립 및 운영에 반영한다.

보육과정 및 프로그램을 평가하기 위한 방법은 연간보육계획안, 월간 또는 주간, 일일보육계획뿐 아니라 계획된 것이 제대로 실행되었는가를 정기적으로 평가하는 과정과 이러한 평가내용이 차후의 보육과정 계획에 반영하는 데 중요하다(어린이집 평가인증사무국, 2011).

〈표 12-2〉 **주간보육일지 예시**

주간보육일지

초롱반(만 4세)					담임	원장
기간		7/15 월 (맑음)	7/16 화 (맑음)	7/17 수 (맑음)	7/18 목 (맑음)	7/19 금 (맑음)
일과 및 시간		**계획 및 실행**				
등원 및 오전 간식 (07:30~09:30)		• 친구들과 자유롭게 이야기 나누며 오전 간식 맛있게 먹기				
오전 실내놀이 (09:30 ~10:40)	쌓기	여름 옷 가게 만들기	→	패션쇼장 만들기	빨래방 구성하기	→
	역할	여름 옷 가게 놀이	→	패션쇼 놀이	빨래놀이	→
	언어	기상캐스터가 전하는 여름철 날씨	→	→	→	→
		-	여름에 볼 수 있는 옷 이름 따라 쓰기	→	→	→
	수 · 조작	여름에 필요한 물건 분류하기	→	→	가위, 바위, 보 게임	→
	조작	-	여름 옷차림 퍼즐 맞추기	→	→	→
	과학	-	여름 날씨에 변화하는 얼음 관찰하기	→	→	→
	미술	신문지로 여름 모자 만들기	→	신문지로 옷 만들기	→	→
	음률	여름의 소리 들으며 부채질하기	→	부채춤 추기	→	→
	안전 교육	(실종 · 유괴의 예방 · 방지교육) 낯선 사람을 따라가지 않아요				

<table>
<tr><th>일과 및 시간</th><th colspan="5">계획 및 실행</th></tr>
<tr><td>정리정돈 및
손 씻기
(10:40~10:50)</td><td colspan="5">• 함께 정리정돈 후 화장실 다녀오기(손씻기)</td></tr>
<tr><td>바깥놀이(대체)
(10:50~12:00)</td><td colspan="5">여름 하늘 구름 보며 산책하기/꽃과 나무에 물주기
(대체활동) 누구의 부채가 시원할까?</td></tr>
<tr><td>점심식사 및
화장실 다녀오기
(12:00~13:10)</td><td colspan="4">• 화장실에서 손을 씻은 후 점심 맛있게 먹기
• 도시락을 정리한 후 개별적으로 양치질하기</td><td>소방대피훈련
(12:40~13:00)
(유희실에서
불이 났어요)</td></tr>
<tr><td>활동
(13:10~13:30)</td><td>• 이야기 나누기
(여름 옷 차림)</td><td>안전교육
(실종 · 유괴의
예방 · 방지교육)
낯선 사람을
따라가지 않아요</td><td>특별활동
(음악)</td><td>특별활동
(체육)</td><td>동화
(빨래하는 날)</td></tr>
<tr><td>낮잠 및 휴식
(13:30~14:30)</td><td colspan="5">• 이불을 스스로 펴고 편안하게 음악을 들으며 낮잠 자기</td></tr>
<tr><td>오후 간식
(14:30~15:00)</td><td colspan="5">• 개별 침구를 바르게 정리한 후 화장실에서 손 씻기
• 오후 간식 맛있게 먹기</td></tr>
</table>

※ 파란색 표기는 계획하지 않았으나 영유아의 흥미로 인하여 실행된 놀이

<table>
<tr><td colspan="2">오후 실내놀이
(15:00~16:00)</td><td>• 오전과 연계하여 자유롭게 놀이하기</td></tr>
<tr><td>연
장
보
육</td><td>놀이 및
휴식
(16:00~
19:30)</td><td>• 기본보육 아동은 하원하고 연장보육 아동은 연장반으로 이동하기
• 연장반에서 자유롭게 놀이하거나 휴식 취하기
• 부모님이 오시면 순차적으로 귀가하기</td></tr>
</table>

일과 및 시간		계획 및 실행
놀이 실행 기록	월	• 역할영역 교구장에 비치되어 있는 반바지를 살펴보던 유아들이 "선생님 저 집에 이런 바지 있어요, 저두요"라고 하자 "그렇구나. 어디 가서 샀어요?"라고 하며 유아들과 옷 가게에서 여름 옷을 사보았던 경험에 대해 이야기를 나누어 보고 옷가게를 만들어 '주인과 손님'이 되어 '여름 옷 가게놀이'가 진행됨. • 언어영역 벽면에 부착되어 있는 기상 캐스터 화보를 보고 지민이가 마이크를 꺼내어 오늘의 날씨를 전하는 흉내를 내기도 함. "오늘의 날씨가 어때?"라고 물으니 "더워요.", "얼마나 더워?, 몇 도야?"라고 다시 묻자 "온도는 몰라요."라고 하며 아쉬워함. 내일은 날씨의 온도를 알 수 있게 온도계와 기상캐스터가 날씨를 전하는 동영상을 제공하여 놀이가 활발하게 이루어지도록 지원해야겠음. **[특이사항]** **〈건강 및 영양교육〉** 오후 간식으로 나온 고구마를 배식하며 '고구마는 우리 몸속 장의 운동을 도와 방귀가 잘 나오게 하고 대변을 잘 누게 하는 음식'임을 이야기하고 변이 잘 나오지 않는 친구들은 고구마를 잘 먹도록 지도하였음.
	화	• 어제의 활동평가를 반영하여 언어영역에 온 · 습도계 하나를 비치해 두니 ㅇㅇ이가 관심을 보이며 온도계를 어떻게 보는 것인지, 바깥의 온도가 얼마인지 궁금해하기도 하였음. 유아의 요구를 즉시 반영하여 자료실에 있는 온 · 습도계를 한 개 더 가지고 와서 실외놀이터에 두고 얼마 후 보육실로 가지고 와서 실내 · 외 온도를 비교해 보기도 하였음. 기상캐스터가 전하는 날씨 동영상을 재미나게 시청하는 유아도 많았음. • 신문지로 여름 모자 만들기 활동에 관심을 보이기는 했으나, 만들기를 어려워하는 유아는 친구가 만든 모자에 사인펜 등으로 색칠해 보는 활동으로 진행되기도 하였음 • 미세먼지 농도가 높아 실내유희실에서 부채를 이용하여 친구에게 부채 부쳐주기 대체활동을 진행함. **[특이사항]** **〈건강교육〉** 미세먼지가 나쁠 경우에는 실외활동을 자제하고 부득이한 경우 마스크를 착용해야 함을 강조하였고 바깥놀이를 가지 못해서 아쉬워하는 유아들과 실내 유희실에서 부채를 이용하여 대체활동을 진행함. **〈안전교육〉** 별도의 안전교육일지 참조.

<table>
<tr><th colspan="2">일과 및 시간</th><th>계획 및 실행</th></tr>
<tr><td rowspan="2">놀이 실행 기록</td><td>수</td><td>• 이발을 하고 등원한 친구에게 관심을 보인 몇몇 유아가 역할영역 미용놀이 소품으로 계획하지 않은 미용실놀이가 진행되기도 하였음. 한 유아는 음률영역에 비치되어 있는 보자기를 들고 와서 손님의 어깨에 걸치고 미용사처럼 머리 손질을 해주는 흉내를 내며 다른 영역의 자료와 연계하여 놀이가 진행되기도 하였음.
• 일부 유아들이 역할영역에 비치되어 있는 여름옷을 입어보며 서로 뽐내기를 함. 교사가 "모델 같네."라고 하자 "모델들은 무대에 천천히 걸어와서 자세를 취하면 누가 사진을 찍어줘요."라고 하며 패션쇼에 대한 사전 경험을 이야기하고 패션쇼 놀이를 하자고 친구들에게 제한하기도 함. 블록으로 모델이 올라서는 무대를 만들기도 하고 교사는 모델이 되는 친구들의 사진을 찍어주기도 하였음.
• 한 유아가 신문지 한 장을 꺼내더니 옷을 만들 수 있다며 친구들에게 자랑을 하자 친구들이 같이 만들자며 미술영역에 모여 신문지 옷을 만드는 모습이 관찰됨. 이후 신문지 옷을 입고 번개맨 놀이가 진행되기도 하였음.
• 부채를 이용하여 부채춤을 주는 유아가 있어 교사가 음악을 틀어주자 리듬에 맞추어 부채춤을 춰보도록 지원하였음.
• 어제에 이어 오늘도 미세먼지가 "나쁨"이라 실내 유희실에서 부채를 이용하여 종이 날리기 게임을 진행함.</td></tr>
<tr><td>목</td><td>• 언어영역에 다양한 날씨 음향을 들을 수 있도록 비치해 두니 "천둥 소리가 무서워요. 저번에 태풍이 왔을 때 비도 많이 오고 바람도 많이 불고 창문이 많이 흔들려서 엄청 무서웠어요."라고 이야기를 하며 관심을 보여 재난안전교육에 대해 자연스럽게 연계하였음.
• 수 · 조작영역에 비치해 둔 '여름에 필요한 물건 분류하기' 그림카드를 이용하여 두 친구가 가위, 바위, 보를 하여 이긴 친구가 그림카드 가져가기 놀이를 진행하기도 하였음.
• 유아들이 옷가게놀이, 패션쇼놀이를 하다가 "옷에 냄새가 나서 빨래를 해야겠네."라고 말하며 빨래놀이를 하는 유아가 있었음. 빨래를 해 본 경험은 없으나 세탁기에 빨래가 돌아가는 모습을 본 경험과 빨래방에 가 본 경험에 대해서도 이야기를 나누며 놀이가 진행되었음. 유아들이 빨래놀이 중 옷걸이, 빨래집게, 건조대 등의 자료가 있으면 좋겠다고 요구하여 내일은 활동자료를 더 추가해서 제공할 예정임.
• 실외놀이시간에 놀이터에서 놀이 중 나무와 꽃에 물을 주는 활동을 함. 분무기 수가 충분하지 않아 기다리는 유아가 많았으며 내일은 인근 공원에 있는 나무와 꽃에 물을 주자는 의견이 있어 공원으로 이동할 예정이며 오늘보다 좀 더 충분하게 분무기를 준비해서 가져가야겠음.

[특이사항]
〈특별활동〉 평균대 걷기 체육활동 중 일부 유아들이 평균대 중간지점에서 바닥으로 떨어지는 경우가 있어 교사가 손을 잡아주고 끝까지 걸어보도록 도와주기도 하였음. 유아들의 개별적 발달특성을 고려하여 보육실 내 바닥에 색 테이프로 다양한 선을 만들어 중심을 잡고 걸어보는 활동을 반복적으로 해 볼 수 있도록 제공해 줄 계획임.
〈건강 및 영양교육〉 점심식사 후 이를 서둘러서 대충 닦고 실내놀이를 하려는 유아가 늘어나고 있음. 음식을 먹은 후 이닦기의 중요성과 이를 닦는 방법, 유의점에 대해 이야기하면서 매일매일 이를 청결하게 관리하고 습관화되도록 지도하였음.</td></tr>
</table>

일과 및 시간		계획 및 실행
놀이 실행 기록	금	• 어제 유아들의 요구를 반영하여 빨래집게, 건조대 등을 제공해 주었더니 놀이가 더 적극적으로 이루어졌음. 빨래하는 활동보다 빨래를 다 한 후 건조대에 빨래를 널어보는 놀이에 더 흥미를 보이기도 하였음. 한 유아는 집에서 완구용 다리미를 가지고 와서 세탁이 끝난 옷을 다림질하는 놀이로 진행되기도 하였음. 빨래놀이가 다양하게 확장되고 활발하게 이루어져 다음 주에도 연장하여 빨래놀이가 진행될 수 있도록 고려할 계획임. • 어제 유아들의 의견을 반영하여 어린이집에 있는 분무기를 모두 가져가 개별적으로 사용할 수 있도록 지원해 주었음. 인근 공원에 있는 나무와 꽃에 물을 주며 나무와 꽃의 이름을 물어보는 유아가 있어 알려주기도 하고 이름을 모르는 나무와 꽃은 사진을 찍어서 추후에 알아보자고 이야기 나누기도 하였음. **[특이사항]** **〈소방대피훈련〉** 유희실에 전선합선으로 화재가 발생했다는 가정하에 주출입구와 비상구를 통해 대피훈련을 실시하였음. 모든 원아가 옥외놀이터로 집결하였으며 전체원아가 대피하는 데 5분 정도 소요되었음.

출처: 부산시육아종합지원센터(2020). 2020평가길라잡이 문서서식.

4) 부모 평가

가정과의 유기적인 협력관계는 영유아를 이해하고 보육의 효과를 극대화시키는 데 반드시 전제되어야 할 조건이다. 따라서 어린이집의 수요자인 부모의 어린이집에 대한 요구도 및 만족도를 알기 위해서 어린이집은 학부모와의 적극적인 의사소통을 통해 꾸준히 평가해야 한다.

부모 평가를 위한 방법으로는 부모 참여수업 같은 행사에 대한 평가, 부모 만족도 조사, 어린이집 운영위원회를 통한 부모 요구 수렴 등 다양한 방식으로 가정과 기관과의 의사소통 구조를 마련해야 할 것이다.

3. 어린이집 평가제

1) 평가제의 목적

2005년부터 시행되어 온 어린이집 평가인증제도는 어린이집이 지향해야 하는 바람직한 보육서비스의 실제를 제시하고 질적 수준을 공정하게 평가한다. 또한 수요자인 부모의 합리적인 어린이집 선택기준을 제공하고 정부의 효율적인 지원 및 관리체계를 위한 질 관리를 도모하였다. 평가인증제도 도입 후 현재를 돌아보면 저출산 및 양육부담에 대한 사회적 책임 강화로 보육서비스에 투입되는 재정 규모가 증가하였고, 영유아 시기의 중요성 및 아동의 권리에 대한 부모와 사회적인 인식이 높아져 왔다.

반면 평가인증제도는 어린이집의 자발적 신청에 따라 운영되어 미인증 어린이집으로 인한 질 관리 사각지대가 존재하였으며, 최근 아동권리 보호, 아동학대 예방 등 아동인권 및 안전관리 강화에 대한 사회적 요구 증가로 전체 어린이집의 평가 참여 필요성이 제기되어 왔으며, 이에 2019년 6월 12일부터 어린이집 평가제가 시행되었다.

〈표 12-3〉 **어린이집 평가제 변천**

2004.1.	2006.1.	2010.2	2017.11.	2019.6
어린이집 평가인증제도 도입근거 마련 (영유아보육법 제30조)	제1차 어린이집 평가인증 시행	제2차 어린이집 평가인증 시행	제3차 어린이집 평가인증 시행 (통합지표)	어린이집 평가제 시행

어린이집 평가제의 시행목적은 다음과 같다. 첫째, 상시적인 보육서비스 질 관리를 위해 주요 핵심지표를 중심으로 질 관리 표준을 제시하고 어린이집 스스로 질적 수준을 제고하도록 한다. 둘째, 전체 어린이집에 대한 주기적 평가를 통하여 보육서비스 품질관리 사각지대를 해소하고 전반적인 보육서비스 수준을 지속적으로 관리하여 국가의 책무성을 강화하고자 한다. 셋째, 궁극적으로 평가제를 통해 보육서비스의 질 향상을 제고함으로써 영유아의 안전과 건강, 조화로운 성장과 발달을 도모하고자 한다. 이를 위해 영유아의 인권과 놀 권리를 보장하고 영유아가 건강하고 행복하게 성장할 수 있는 안심 보육환경을 조성하며, 보육교직원이 영유아 보육에 집중할 수 있는 여건을 조성한다.

2) 평가운영체계

단계	주관 (내용)	주관 (내용)
준비	어린이집 상시 자체점검	육아종합지원센터 사전컨설팅
대상 선정 및 통보	한국보육진흥원 선정통보(1차) ▶ 확정통보(2차)	어린이집/지자체 대상확인
기본사항 확인 및 자체점검	어린이집 자체점검보고서 제출	지자체 기본사항 확인
현장평가	한국보육진흥원 현장평가보고서 작성 및 검토	
종합평가	한국보육진흥원 소위원회 ▶ 종합평가위원회 등급 조정 및 결정	
결과통보	한국보육진흥원 어린이집 개별 통보 →	소명심사위원회 소명심사 (→ 종합평가)
결과공표	보건복지부 통합정보공시 홈페이지 공개	
평가 후 관리	어린이집 (A-B등급) 연차별 자체점검보고서 제출 (C-D등급) 자체개선보고서 제출	
	한국보육진흥원 · 육아종합지원센터 - 확인점검 - 사후방문지원 *C, D등급 의무 - 평가주기 조정관리	보건복지부 최하위 등급 조정

3) 평가지표

평가지표는 4영역 18지표 59항목으로 구성되었다. 통합지표와 비교했을 때 영유아 권리 존중, 급·간식 위생, 안전분야 필수지표(요소)가 확대되었다. 또한 보육교직원의 근무여건 개선과 보육에 집중할 수 있는 보육환경 마련을 위하여 보육교직원의 처우, 스트레스 관리 관련 지표를 강조하고 직무역량 제고를 위한 항목을 강화하였다. 어린이집 평가등급은 4등급(A, B, C, D)으로 구분하며, A, B등급은 3년, C, D등급은 2년의 평가주기를 부여한다.

〈표 12-4〉 평가영역 및 평가항목 수

영역	지표	항목(59)
Ⅰ. 보육과정 및 상호작용(18항목)	1-1. 영유아 권리존중(필수)	2
	1-2. 보육계획 수립 및 실행	6
	1-3. 놀이 및 활동 지원	3
	1-4. 영유아 간 상호작용 지원	4
	1-5. 보육과정 평가	3
Ⅱ. 보육환경 및 운영관리(14항목)	2-1. 실내 공간 구성 및 운영	4
	2-2. 실외 공간 구성 및 운영	3
	2-3. 기관 운영	4
	2-4. 가정 및 지역사회와의 연계	3
Ⅲ. 건강·안전(15항목)	3-1. 실내·외 공간의 청결 및 안전	3
	3-2. 급·간식	3
	3-3. 건강증진을 위한 교육 및 관리	3
	3-4. 등하원의 안전	3
	3-5. 안전교육과 사고예방	3

영역	지표	항목(59)
Ⅳ. 교직원(12항목)	4-1. 원장의 리더십	3
	4-2. 보육교직원의 근무환경	3
	4-3. 보육교직원의 처우와 복지	3
	4-4. 보육교직원의 전문성 제고	3

* 3-2, 3-4, 3-5 지표 내 필수요소 8개 포함.
출처: 한국보육진흥원(2019). 2019 어린이집 평가 매뉴얼.

〈표 12-5〉 평가항목 내용

영역	지표	평가항목
Ⅰ. 보육과정 및 상호작용 (18항목)	1-1. 영유아 권리 존중(필수)	1. 교사는 영유아를 존중한다.
		2. 교사는 영유아를 차별 없이 대한다.
	1-2. 보육계획 수립 및 실행	1. 표준보육과정을 바탕으로 어린이집의 철학을 반영한 보육계획을 수립한다.
		2. 영유아가 편안한 분위기에서 일상경험을 할 수 있도록 운영한다.
		3. 하루 일과에서 영유아의 자유놀이가 충분히 이루어지도록 한다.
		4. 바깥놀이 시간을 매일 충분히 배정하여 운영한다.
		5. 특별활동은 운영 지침에 따라 운영한다.
		6. 장애영유아를 위한 관련 서비스(치료지원 포함)를 일과 중에 통합적으로 제공한다.
	1-3. 놀이 및 활동 지원	1. 교사는 놀이와 활동이 영유아의 자발적 선택에 의해 주도적으로 이루어지도록 격려한다.
		2. 교사는 영유아의 놀이 상황을 관찰하면서 놀이와 관련된 상호작용을 한다.
		3. 영유아의 다양한 놀이와 활동에 필요한 자료를 제공한다.

영역	지표	평가항목
Ⅰ. 보육과정 및 상호작용 (18항목)	1-4. 영유아 간 상호작용 지원	1. 교사는 영유아의 감정에 공감하고 스스로의 감정을 다룰 수 있도록 돕는다.
		2. 교사는 영유아가 일상에서 자신의 의견, 생각 등을 또래와 나눌 수 있도록 격려한다.
		3. 교사는 영유아가 적절한 약속과 규칙을 지키도록 격려한다.
		4. 교사는 영유아 간 다툼이나 문제가 발생할 경우 다양한 해결방식을 사용한다.
	1-5. 보육과정 평가	1. 반별 보육일지에 하루 일과 및 놀이 실행에 대해 평가한 내용이 있고, 필요한 경우 평가내용을 다음 보육계획에 반영한다.
		2. 개별 영유아의 일상생활, 실내 · 외 놀이 및 활동에 대한 관찰 내용을 기록하고, 영유아의 발달특성과 변화를 평가한다.
		3. 원장은 각 반별 보육과정 운영에 대한 평가를 통해 어린이집 전체 보육과정 운영을 파악하고 있다.
Ⅱ. 보육환경 및 운영관리 (14항목)	2-1. 실내 공간 구성 및 운영	1. 보육실 내 흥미영역 또는 놀이영역은 영유아의 연령 및 발달특성을 고려하여 영유아의 놀이와 연계하여 구성한다.
		2. 실내 시설 및 설비가 영유아의 발달수준에 적합하다.
		3. 영유아의 요구를 충족하는 보육실 이외의 별도의 공간을 마련하고 있다.
		4. 비품과 활동자료를 보관하는 별도의 공간이 있고 체계적으로 정리하고 있다.
	2-2. 실외 공간 구성 및 운영	1. 옥외놀이터 등을 구비하고 있다.
		2. 영유아의 발달을 지원하는 다양한 놀이 및 활동자료가 준비되어 있다.
		3. 영유아의 발달에 적합한 다양한 바깥놀이 및 활동이 이루어진다.
	2-3. 기관 운영	1. 모든 반을 편성 규정에 맞게 운영하고 있다.
		2. 어린이집 운영계획을 수립하여 부모에게 안내한다.
		3. 신규 보육교직원에게 오리엔테이션을 실시하고 있다.
		4. 신입 영유아 적응을 위한 지원을 하고 있다.

영역	지표	평가항목
Ⅱ. 보육환경 및 운영관리 (14항목)	2-4. 가정 및 지역사회와의 연계	1. 어린이집을 개방하여 다양한 부모 참여와 교육이 이루어진다.
		2. 평소 가정과 다양한 방법으로 소통하고 정기적으로 개별면담을 통해 가족을 지원한다.
		3. 지역사회와 연계한 다양한 활동을 실시하고 있다.
Ⅲ. 건강 · 안전 (15항목)	3-1. 실내 · 외 공간의 청결 및 안전	1. 실내 · 외 공간을 청결하고 쾌적하게 관리한다.
		2. 실내 · 외 공간과 설비를 위험요인 없이 안전하게 관리한다.
		3. 실내 · 외 공간의 놀잇감 및 활동자료와 위험한 물건을 안전하게 관리한다.
	3-2. 급 · 간식	1. 영양의 균형을 고려한 급 · 간식을 제공하고 있다.
		2. 식자재의 구입 · 보관 및 조리공간을 위생적으로 관리하고 있다.
		3. 조리 및 배식과정을 청결하고 위생적으로 관리하고 있다.
	3-3. 건강증진을 위한 교육 및 관리	1. 손씻기, 양치질 등 청결한 위생습관을 실천한다.
		2. 교사는 영유아의 건강상태를 살펴보고 적적하게 지원한다.
		3. 영유아와 보육교직원의 건강증진을 위한 예방관리와 교육을 실시한다.
	3-4. 등 · 하원의 안전	1. 교사는 영유아의 출석을 확인하며 인계규정에 따라 귀가지도를 한다.
		2. 영유아는 등원부터 하원까지 성인의 보호하에 있다.
		3. 등 · 하원용 차량을 운행할 경우 안전요건을 갖추어 관리한다.
	3-5. 안전교육과 사고예방	1. 영유아를 대상으로 안전교육을 지속적으로 실시하고 있다.
		2. 보육교직원은 안전교육을 받고 영유아 학대 예방 지침을 준수한다.
		3. 안전설비를 비상시 효율적으로 사용할 수 있도록 관리하고 있다.

영역	지표	평가항목
Ⅳ. 교직원 (12항목)	4-1. 원장의 리더십	1. 원장은 자신의 전문성 향상을 통해 어린이집 발전에 기여한다.
		2. 원장은 보육교직원을 존중한다.
		3. 원장은 건전한 조직문화 조성을 위해 노력한다.
	4-2. 보육교직원의 근무환경	1. 교사를 위한 별도 공간을 마련하고 있다.
		2. 교사를 위한 개인 사물함과 업무지원 설비를 마련하고 있다.
		3. 성인용 화장실을 영유아용과 별도로 설치하여 사용하고 있다.
	4-3. 보육교직원의 처우와 복지	1. 보육교직원의 복무와 보수에 관한 규정이 있으며, 이를 준수하고 있다.
		2. 교사의 직무스트레스를 예방하고 관리할 수 있는 서비스를 안내 및 제공한다.
		3. 보육교직원을 위한 복지제도를 운영하고 있다.
	4-4. 보육교직원의 전문성 제고	1. 보육교직원의 전문성 제고를 위한 다양한 교육기회를 부여하고 있다.
		2. 교사의 상호작용에 대한 관찰과 지원을 실시하고 있다.
		3. 교사에 대한 근무평가를 실시하고 있다.

출처: 한국보육진흥원(2019). 2019 어린이집 평가 매뉴얼.

참고문헌

김희진, 박은혜, 이지현(2011). **영유아교육기관에서의 관찰.** 창지사.

양옥승(1999). **영유아보육개론.** 학지사.

임재택(2000). **유아교육기관 운영관리.** 양서원.

이은해(2006). **아동연구 방법의 이해.** 학지사.

조성연, 이정희, 황혜정, 나종혜, 양성은(2008). **아동관찰 및 행동연구.** 도서출판 신정.

중앙육아종합지원센터(2020). 2020평가길라잡이 문서서식.

Mills, L.(1994). Yes, It and Work! Portpolio Assessment Preschools. ERIC Cocument ED.

Wortham, S. C.(2005). *Tests and measurement in early childhood education*(4th ed.). Columbus, OH: Merrill Publishing Co.

어린이집 평가인증사무국(2011). 2011 어린이집평가인증지침서. 경성문화사.

한국보육진흥원(2019). 2019 어린이집 평가 매뉴얼.

찾아보기

저자 소개

서 영 숙

숙명여자대학교 아동복지학과 명예교수

서 혜 전

대구한의대학교 아동복지학과 교수

안 소 영

인덕대학교 사회복지학과 교수

안 지 혜

국립목포대학교 아동학과 교수

남 미 선

구립 백송어린이집 원장

보육학개론

1판 1쇄 발행 2020년 9월 5일
1판 3쇄 발행 2024년 1월 30일

저 자 | 서영숙 서혜전 안소영 안지혜 남미선
발 행 인 | 박철용
발 행 처 | 양서원
주 소 | 경기도 파주시 직지길 522 파주출판도시
전 화 | 031-955-8000(代)
팩 스 | 031-955-8005
홈페이지 | www.yswpub.co.kr
이 메 일 | yswgroup@naver.com
출판등록 | 1987년 11월 24일 제 406-2003-037 호

ISBN 978-89-994-1057-4

정가 22,000원